KB050306

경호 사격술

- 권총운용자 초급편 -

경호 사격술

- 권총운용자 초급편 -

초판 1쇄 인쇄일 2015년 2월 27일
초판 1쇄 발행일 2015년 3월 9일

지은이 한영선
펴낸이 양옥매
디자인 이윤경
교 정 조준경

펴낸곳 도서출판 책과나무
출판등록 제2012-000376
주소 서울특별시 마포구 월드컵북로 44길 37 천지빌딩 3층
대표전화 02.372.1537 **팩스** 02.372.1538
이메일 booknamu2007@naver.com
홈페이지 www.booknamu.com
ISBN 979-11-5776-022-0(93350)

이 도서의 국립중앙도서관 출판시도서목록(CIP)은 서지정보유통지원 시스템 홈페이지(http://seoji.nl.go.kr)와 국가자료공동목록시스템(http://www.nl.go.kr/kolisnet)에서 이용하실 수 있습니다.
(CIP제어번호 : CIP2015004647)

경호 사격술

- 권총운용자 초급편 -

저자 한영선

책과나무

저자 한영선은 미국 로스앤젤레스 시경 교관 및 미특수전부대(네이비실, 델타포스, 포스리콘) 출신 교관들에게 권총사격 및 경호사격에 관한 교육을 받았으며, 미국사법기관 및 군 출신들을 교육하는 슈어파이어 인스티튜트에서 경호사격 교관 코스를 수료하였다.

저자는 십수 년간 경호 · 경비업계에 종사하면서 해외 민간기업들의 경호 및 국내 국가 주요시설의 특수경비 업무를 담당하였으며, 현재 국내경호업체의 전무이사로 업무총괄을 하며 해외무장 경호원파견 및 특수장비, 해외사격교육 등 해외사업부를 총괄하고 있다. 또한 국내 민간군사기업(PMC)의 인력자문위원을 맡고 있으며, 울산현대축구단, 울산현대 모비스버스농구단 등 대규모 행사장의 안전책임자로 활동하고 있다.

(문의사항 hyslsh@daum.net)

SUREFIRE
INSTITUTE

CERTIFICATE OF ACHIEVEMENT
INTRODUCTION TO EXECUTIVE PROTECTION

HAN YOUNG SUN

HAS DEMONSTRATED SOUND UNDERSTANDING IN EXECUTIVE PROTECTION

12-14 February, 2014 (30 HOURS)

WILLIAM J. MURPHY
SUREFIRE INSTITUTE
NRA L.E.O. INSTRUCTOR #509531

SUREFIRE
INSTITUTE

CERTIFICATE OF ACHIEVEMENT

Executive Protection Firearms Instructor Course Level 1

HAN YOUNG SUN

HAS DEMONSTRATED SOUND UNDERSTANDING IN EXECUTIVE PROTECTION

12-14 February, 2014 (30 HOURS)

WILLIAM J. MURPHY
SUREFIRE INSTITUTE
NRA L.E.O. INSTRUCTOR #509531

Executive Protection Firearms Instructor Course
Certificate of Achievement Introduction to Executive

In Recognition of Completion of Firearmsand Executive Protection

PROLOGUE

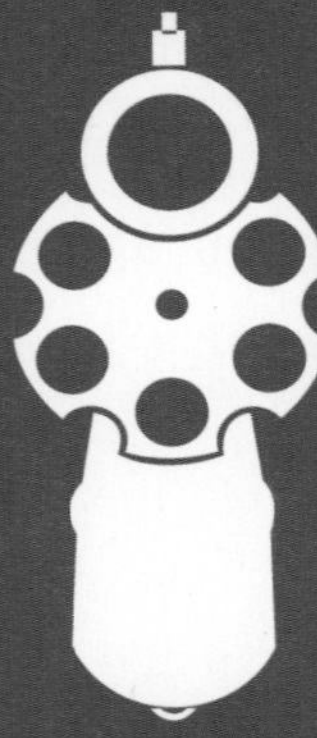

"
경호업무 종사자 및
미래의
경호원이 될 경호학과
학생들에게
"

이 책은 전 세계를 활동영역으로 하는 대한민국의 모든 경호업무 종사자 및 미래의 경호원이 될 경호학과 학생들에게 현장에서 가장 실제적이고 효과적인 권총 경호사격술의 기초를 체득시키는 데 그 목적이 있다. 경호업무에 총기를 사용하게 된다면, 그것은 당연히 최고도의 위협이 존재하는 상황이다. 그러한 상황에서 적합하지 않거나 효과가 없는 기술을 사용하는 것은 본인은 물론, 내 옆의 동료와 함께, 목숨을 내던져서라도 보호해야 하는 경호대상자의 생명도 함께 위협받게 하는 명백한 방임이자 나태이며, 나아가서는 범죄라고 할 수 있을 것이다.

어떤 분야에서 사용하는 기술이라도 실제적이고 효과적이어야 한다. 여기에서 '실제적'이라는 것은 어떠한 기술에 체계적으로 정리된 현장의 경험이 반드시 반영되어 있어야 함을 의미하며, '효과적'이라 함은 실제적인 기술들을 올바르게 사용하는(Do things right) 수준을 넘어 현장의 상황에 따라 올바른 기술을 사용하는(Do right things) 능력을 갖추는 것을 말한다. 따라서 강조하고자 하는 바는 경호업무 종사자들의 총기관련 기술들은 반드시 현장에서 검증받은 것이어야만 하며, 동시에 현장에서 경호업무를 수행하는 데 효과를 발휘해야 한다는 것이다.

그렇다면 우리는 한 가지 의문을 품게 된다. "실제적이고 효과적인 기술을 사용할 수 있는 능력을 갖추기 위해서는 반드시 현장에서의 경험이 풍부해야 하는가?" 하는 것이다. 물론 풍부한 현장 경험이 있다면 더할 나위 없겠지만, 그러한 사람은 매우 드물다. 게다가 그중에서는 전혀 실제적이지도, 효과적이지도 않은 사람도 분명 존재한다. 만약 현장 경험이 풍부한 사람만이 실제적이며 효과적인 기술을 사용할 수 있다면, 본 저자도 이 책을 이쯤에서 접어야 할 것이다.

이 사실을 증명할 수 있는 가장 대표적인 사례는 대한민국 국군이다. 대한민국 국군은 이 시점을 기준으로 63년 동안이나 존재하고 있지만, 모든 군인이 지속적인 실전을 경험하고 있지는 않다. 심지어는 매우 일부만이 실전을, 그것도 아주 짧은 기간 동안만 경험한다. 그럼에도 불구하고 대한민국 국군은 몇 번의 실전 경험이 전군에 고스란히 전달되어 습득되었으며, 그것을 바탕으로 현재까지도 세계적인 수준을 유지하고 있다.

이것이 가능한 이유는 다른 사람의 경험을 체계적으로 이론화하고, 이를 바탕으로 연습과 훈련을 꾸준히 실시하였기 때문이다. 그래서 실전을 지속적으로 경험하지 않아도 그러한 수준을 유지할 수 있는 것이다. 물론 이 말은 실전 경험이 필요 없다는 주장이 아니다. 다만,

체계적으로 성립된 이론과 그것을 바탕으로 한 실습(연습과 훈련)의 이점을 말하는 것이다.

지금도 수많은 경호업무의 현장에서 수많은 사람들이 다양한 경험을 하고 있고, 이것은 또한 수많은 사람들에 의해 체계적으로 이론화되고 있으며, 관련 기관이나 종사자 혹은 관심이 있는 대중 등에 지속적으로 전달되고 있다. 이 책이 미숙한 점이 많으리라고 생각되나, 저자가 미국에서 경찰, 특수전부대 출신의 교관들로부터 교육받은 것을 최대한 본서에 집필함으로써 종사자 및 학생들에게 실제적이고 효과적인 권총 경호사격술의 기초를 체득하는 데 도움을 줄 것이며, 권총을 이용한 경호사격의 기본을 다지는 초석을 마련할 것이다.

이 책은 다음과 같이 6개의 장으로 나누어져있다.

Chapter 1. 기초 총기학
Chapter 2. 기초 탄도학
Chapter 3. 경호사격이론
Chapter 4. 경호사격기초(권총 조작방법)
Chapter 5. 경호사격기본(사격훈련의 종류)
Chapter 6. 경호사격심화(팀경호사격)

Chapter 1~Chapter 3에서는 경호사격술을 익히는 데 필요한 이론적 토대를 제공한다. 체계적인 이론 없이는 어떤 수준 높은 기술을 습득한다 해도 모래 위에 지은 성과 같음을, 우리는 익히 알고 있다. 탄탄한 이론이 전제되지 않은 기술은 본인은 물론이거니와 타인에게 특히 위험할 수 있다. 또한 탄탄한 이론 없이는 다른 사람을 효율적으로 가르칠 수도 없다.

그렇지만 사실 저자도 이러한 이론이 늘 재미있지만은 않았으므로 이 책에서는 최대한 쉽고 간결하게 설명하도록 노력하였고, 삽화나 이미지와 같은 시각자료를 통해서 이를 뒷받침하려고 애썼다. 특히 기초탄도학 부분의 내용과 그림은 이홍주 편저 〈총과탄도학〉(1996, 청문각) 및 권호영 외 〈총기학〉(2004, 도서출판골드)에서 해당하는 내용을 요약 및 참조하였으며, 그림 및 대부분의 사진은 저자가 미국에서 실제 훈련받은 사진을 첨부하였다. 또한 각 장이 끝나는 부분에 저자가 경험한 내용을 넣어 독자들이 편하게 읽을 수 있도록 하였으며, 이 장에 나오는 교관들의 실제 이름을 가명으로 대처한 점을 이해하기 바란다.

Chapter 4부터는 권총을 다루는 방법 및 실제 경호임무 시 필요한 사격훈련에 대해 논하였으며, 주로 실습에 그 초점이 맞추어져 있다. 사격의 절차에서부터 기본적인 자세를 비롯하여, 권총의 휴대와 사격을 위한 준비, 사격이 되지 않는 상황에서의 대처요령 및 1인경호사격, 팀경호사격에 이르기까지 권총을 운용하는 데 필요한 기본적인 방법을 다루고 있다. 그리고 마지막에는 부록으로 소형화기 용어 해설집을 실어, 기본적으로 알아야 할 총기에 관한 용어들을 정리해 두었다.

본 책은 권총을 이용한 경호사격의 기초를 체득하는 데 목적을 두었으므로 샷건, 소총 등 다양한 총기류 및 사격술에 대해서는 다음 편에 소개하기로 하겠다. 전장(戰場)에서 적을 제압해야 하는 군인이라면 모르겠지만, 경호대상자가 가까이에 있고 공격자와 일반 시민이 같이 존재하는 경우가 많은 경호업무에 있어서는 권총을 다루는 일이 그리 간단한 게 아니다. 그러하기에 권총의 사용은 최후의 방안으로서 엄격히 제한되어야 하며, 정확히 필요한 만큼만 사용해야 한다. 이러한 것이 가능하기 위해서는 탄탄한 이론을 바탕으로 최대한 많은 상황을 대비하고, 경험을 통해 배우며 수많은 연습과 훈련을 거치는 방법밖에는 없다.

이 책이 국내 경호학과 학생들 및 경호업무의 종사자들, 해외에서의 활동을 하고 있는 무장경호원들에게 조금이나마 도움이 되기를 다시 한 번 바라며, 미국 교육을 통해 느낀 많은 점과 관련된 전문가들의 조언들을 가슴에 새기며, 이 책이 나오기까지 도움을 주신 모든 분들에게 진심으로 감사의 말씀을 드린다.

2015년 저자 한영선

1 CHAPTER

기초 총기학

2 CHAPTER

기초 탄도학

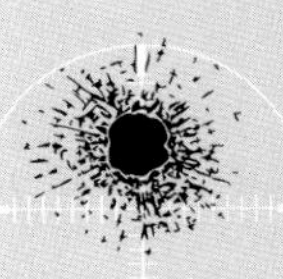

3 CHAPTER

경호사격이론

4 CHAPTER

경호사격기초(권총 조작방법)

5 CHAPTER

경호사격기본(사격훈련의 종류)

6 CHAPTER

경호사격심화(팀경호사격)

• 발간사 •

먼 옛날부터 대부분의 군사적 행위(직접적 전투수행은 물론 군수와 행정의 분야까지)는 민간부문(民間部門, Private Sector)에서 담당해 왔다. 고대 그리스, 카르타고, 서구 문명의 근간(根幹)을 이루는 로마에서부터 암흑의 중세시대를 거쳐 근대의 영국 및 프랑스를 위시한 유럽 각국에 이르기까지 민간부분이 군사적 행위에 참여하는 것은 매우 보편적인 현상이었으며 *국가가 그러한 행위를 독점하여 온 역사는 사실, 세계사적인 시각에서 보면 매우 예외적이며 짧다고 할 수 있다.

18세기 말, 나폴레옹 전쟁(Napoleonic Wars, 1797~1815)을 기점으로 형성되기 시작한 국민주권(國民主權, Popular Sovereignty) 국가가 도래하면서, 과거처럼 민간부문이 군사적 행위에 참여할 수 있는 여지가 사라지기 시작하였다. 그럼에도 불구하고 *군사적 행위의 민간 참여자는 정치적 편의와 관행으로 인해 미약하게나마 존재하였으나 전 세계적으로 국가의 기틀이 확립되면서 곧 종말을 맞이하게 되었다. 대신 그들은 왜곡된 형태로 *국가의 통치체제가 허약한 지역에서 활동하게 되었는데, 이것을 현대적 의미의 '용병(用兵, Mercenary)'이라고 부를 수 있을 것이다.

*21세기를 맞이한 이후 한때 지배적으로 경제를 이끌어 왔던 케인즈(J.M. Keynes, 1883~1946)주의와 복지국가(福祉國家, Welfare State)의 신념이 막을 내리면서 대두된 신자유주의(新自由主義, Neoliberalism) 경제이론의 영향력과 소련의 붕괴로 완전히 달라진 국제적 안보상황의 변화는 그동안 국가가 독점하였던 공공부문(公共部門, Public Sector)의 상당한 분야를 과거와 같이 다시 민간부문에 이전하게 되는 계기를 제공하였으며, 이 거대한

* 〈전쟁대행 주식회사〉 (피터.W.싱어 지음, 유강은 옮김, 지식의풍경 출판) 참조

흐름에 있어서는 군사적 행위도 예외는 아니었다. 효율과 효과를 중요시하는 민간기업의 군사적 행위로의 사업진출은 호황을 이루는 산업이 되었고, 이라크전쟁(Iraq War, 2003. 3. 20.~2011. 12. 15.)을 통해 최고의 전성기를 맞이한 듯 보였다. 하지만 분명히 알아두어야 할 것은 공공분야의 민간부문으로의 이전, 즉 민영화(民營化, Privatization)의 물결은 세계 및 개별 국가의 전 영역에서 활발히 진행되고 있으며, 특히 군사적 행위의 민영화는 이라크전쟁의 특수를 누린 기회 사업이 아닌 시대의 흐름 속에 있는 하나의 경향(傾向, Trend)이라는 점이다.

민간군사산업(Private Military and Security Industries)은 시대의 흐름에 부합하고 있다. 현재 존재하는 이에 관련한 모든 부정적인 견해와 보고는 새 시대에 새로운 산업이 태동할 때 야기되는 당연한 현상 중의 하나라고 할 수 있다. 다만 우리는 이러한 부정적 요소로 인해 그것을 거부해야 할 것이 아니라, 그러한 것들을 극복하여 시대를 이끌어 갈 수 있는 건전한 동력으로 바꾸어야 할 책임감을 느껴야 한다.

현재 국내에서의 총기 사용은 법률에 의해 아주 엄격히 통제되기 때문에 경호 · 경비업무에서도 총기를 사용하는 것은 지극히 제한된다. 그럼에도 대한민국은 거의 모든 남성들이 국방의 의무를 지고 있는 특별한 나라이다. 이는 세계 평화유지에 기여하는 역할의 증대로 인해 높아진 한국군의 위상과 함께 세계의 민간보안 시장이 전직(前職) 한국군 및 국내 경호 · 경비 인력풀(Personnel Pool)에 대해 높은 관심을 가지게 된 이유가 되었다. 우리나라는 민간군사산업에 있어서 세계의 다른 어떤 국가들보다 남다른 잠재력을 지니고 있다. 하지만 경험의 부재, 부족한 업무 및 회화 능력 등은 아직도 한국 인력이 해당 산업으로 진출하는 데 큰 단점으로 작용하고 있다. 하지만 우리에게 이러한 단점을 장애가 아닌 성장을 위한 발판으로 삼을 수 있는 역량이 있다고 자부한다.

아시다시피 경호 · 경비업의 국내 시장은 이미 포화상태가 된 지도 한참이 지났다. 하지만 해외를 향한 시장은 아직 우리에게 미개척지나 다름없다. 물론 다른 여타 산업의 초기 개척자들이 그랬던 것처럼 수많은 어려움과 난관이 기다리고 있겠지만, 결코 극복하지 못할 것들은 아니다. 이 책은 그러한 어려움과 난관을 극복하려는 첫 시도의 결과물이다. 그리고 이 책이 한국의 경호산업 및 민간군사산업의 선구자로서 그 역할을 감당해 나갈 누군가에게 자그마한 도움이 되었으면 하는 간절한 마음이다.

CHAPTER

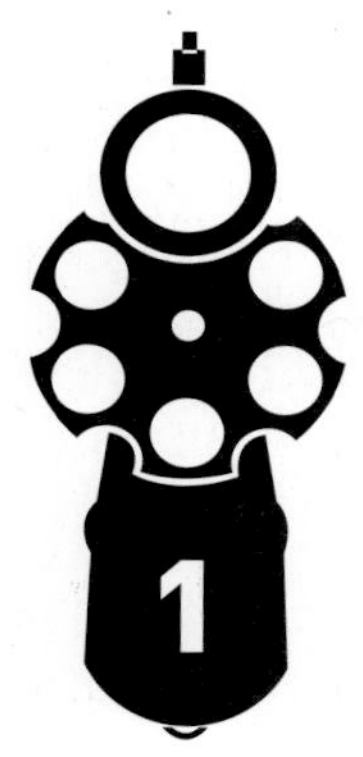

기초 총기학

(Basics of the Science of Firearms)

개론
(Introduction)

이 장에서는 현재까지 가장 진보된 개인 병기(兵器) 중의 하나이자 인류 역사의 무기 발전과정에 있어서 걸작이라고 할 수 있는 권총에 대한 기초적인 지식을 다룬다. 본 책자는 권총을 사용하는 사람을 위한 내용으로, 권총의 구성과 원리도 소화기를 기반으로 하였기 때문에 그 중요성은 무시할 수 없을 것이다.

총기학은 관련 산업의 성장 및 발전과 함께 진보하고 있으며, 그것을 연구 · 개발하는 사람뿐만 아니라 해당 분야에서 그것을 다루는 사람들에게도 필수적이다. 제목에서도 알 수 있듯 이 장은 현장에서 권총을 다루는 사람을 위하여 권총에 대한 기초적인 부분을 다루고 있다.

권총의 정의(Definition of Handgun)

네이버 국어사전에서는 권총(Pistol, 拳銃)이란 "근접전투용, 호신용 총기로서 한 손으로 조작할 수 있는 총"이라고 정의하고 있다. 본 저자도 연구와 집필을 위해 권총의 정의(연구하는 학자들도 매우 곤란했겠지만)에 대해 여러 방면으로 살폈으나, 명확하고 확실하며 종합적이면서 간단하기까지 한 정의는 현재까지도 알지 못한다. 하지만 여러 서적과 자료를 탐구한 결과, 아래와 같이 보편적인 정의를 내릴 수 있었다.

1. 2인 이하의 평범한 개인이 운반 가능하며(운용상의 한계)
2. 사용자에게 속하지 않은 물리 · 전기 · 화학적인 힘으로 탄자(彈子, Bullet)를 비행시켜(작동원리)
3. 근거리에 있는 표적을(범위)
4. 살상 혹은 파괴하기 위한(용도)
5. 무기(정체성)

이후부터는 동일한 의미이지만 문맥에 따라 '운용자'라는 단어와 '사수'라는 단어를 혼용할 것이다. 이는 총기를 다루는 당사자를 의미한다.

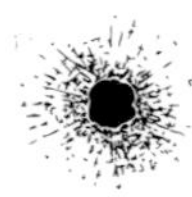

권총 부위별 명칭(Names of Handgun Parts)

현대 총기에 있어서 핵심적인 작동원리는 실탄의 발사작용으로 생성되는 에너지(이하 '발사에너지')의 일부를, 재장전을 위한 순환작용(이하 '순환작용')에 이용하는 것이다. 이러한 원리를 이용하면 재장전을 위한 별도의 장치가 필요 없게 되고, 결과적으로는 총기의 부피와 무게를 줄일 수 있다. 소총은 물론이거니와 권총의 경우 그 특성상 명중률을 크게 저하시키지 않는 수준의 소형화와 경량화는 특히 중요하다.

참고 이후에 자주 등장하게 될 '탄약'이라는 단어는 '실탄'과 같은 의미이다.

실탄이라는 단어는 그것을 사용하는 학문이나 기관 혹은 문맥 등에 따라 '탄약', '탄', '총알', '총탄' 등으로 불리기도 한다. 혼동을 피하기 위해 본 책자에서는 관계기관이나 학문에서 가장 널리 쓰이거나 문맥에 알맞은 표현을 선택하였으므로 혹 다른 단어들과 혼동이 될 때에는 이 책에서 사용된 의미를 따르면 된다(때로는 '탄자'라는 표현대신 '탄약'이라는 표현으로 대체할 것이다). 다음 그림은 탄창이 삽입된 공이치기(Hammer)가 외부에 없는 GLOCK 19 권총의 모습이다. 대표적으로 꼽을 수 있는 명칭은 다음과 같다.

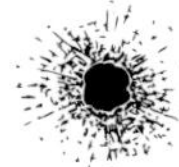

탄약의 발사과정(Firing Process of Ammunition)

실탄이란 발사체, 폭발성 장약(화약), 그리고 뇌관을 하나의 케이스로 구성한 것을 말한다. 아래 그림에서 보는 실탄의 하부면 중심에는 뇌관(雷管, Primer)이 있고, 이 뇌관은 공이의 충격에 의하여 기폭(起爆, Ignition)된다. 뇌관의 기폭은 곧 추진제의 연소(燃燒, Combustion)로 연결되며, 여기에서 발생한 가스의 압력은 탄피와 이를 밀폐시키고 있는 약실에 의해 다른 방향으로 팽창하지 못하고, 유일하게 개방되어 있어 취약한 부분인 실탄의 목 부위로 집중되며, 이로 인하여 탄자가 발사된다.

또한 탄자가 발사될 때 실탄에 채워진 추진제의 역할이 중요한데, 추진제란 실탄의 구조에서 약협(藥莢, Cartridge Case)을 채우고 있는 입자(粒子, Grain) 형태의 화약을 말한다. 이 추진제는 공이의 충격으로 폭발한 뇌관에 의해 점화되며 급격한 연소를 통해 가스를 생산하고, 탄자는 이 가스의 힘으로 운동을 시작하게 된다. 오랜 기간 동안 흑색화약을 추진제로 사용하였으나 근래에는 무연화약(無煙火藥, Smokeless Powder)으로 대체되고 있다. 쉽게 말해서, 추진제는 탄자를 움직이게 만드는 일종의 연료라고 보면 된다. 총탄과 같이 약협과 탄자가 결합된 형태의 탄약에 있어서 양호한 추진제인 특성을 가지고 있어야 하는데, 다음과 같은 조건을 충족해야 한다.

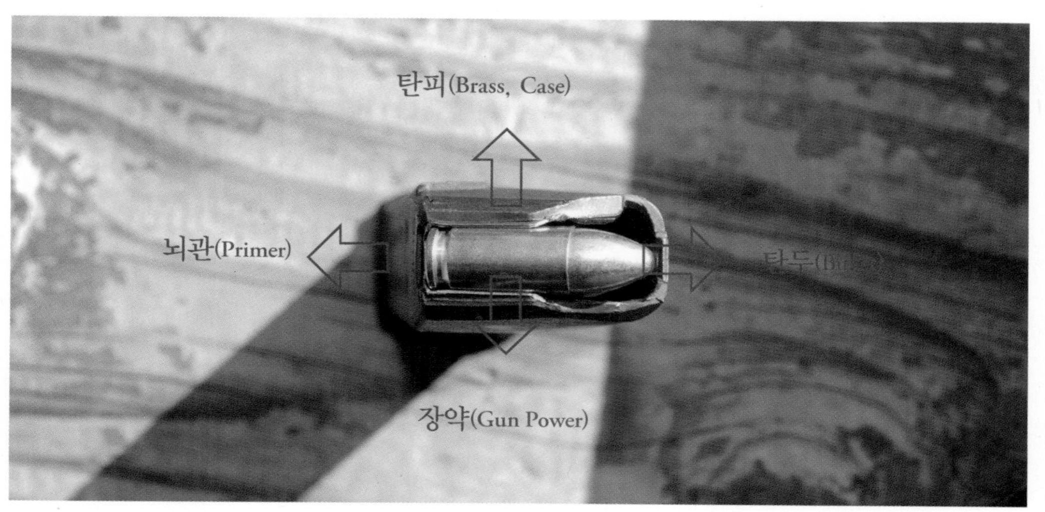

▶ 탄약이 삽입된 탄창 ◀

- 연소의 일정성: 연소시간 동안 탄자를 일정한 힘으로 운동시킬 수 있도록 일정한 비율로 연소해야 한다.
- 낮은 감도(感度, Sensitivity): 안전을 위해 작은 충격에도 연소하거나 폭발해서는 안 된다.
- 잔재의 최소화: 총기의 부식을 방지하고 총기 작동의 안정성을 보장하기 위해 많은 잔재가 남아서는 안 된다.
- 화염온도의 적정성: 탄자에 충분한 추진력을 공급하고 총기의 부식을 줄이기 위한 적정한 화염온도가 필요하다.
- 연기와 섬광의 최소화: 총기의 부식을 막고 전술적인 사용이 가능하도록 최소화가 요구된다.

또한 탄자에 일정한 추진력을 전달하기 위해서는 추진제가 일정한 연소율을 가져야 한다. 또한 총강은 이 연소로 인한 압력을 견딜 수 있어야 하는데, 이를 위해서는 추진제의 연소율을 조절해야 한다. 연소율은 추진제의 크기와 모양, 추진제 사이의 공간거리, 추진제의 화학성분에 따른 연소속도, 추진제에 함유되어 있는 물질에 따라 결정된다.

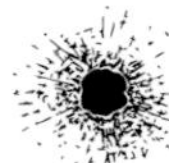 기능순환 8단계(Functional Cycle over 8 Stages)

*총이 발사될 때마다 공이가 뇌관을 때리면 뇌관이 점화되고, 이어서 추진체(화약)가 폭발되고 탄두가 화약포에서 분리되어, 총열을 통하여 밖으로 빠져나온다. 이러한 과정은 수동식 총이든 자동식총이든 상관없이 모든 소형화기에서 일어난다. 총기 발사장치의 기능을 단계별로 나누어 보면, 송탄 · 급탄(Feeding), 장전(Loading), 잠김(Locking), 발사(Firing), 풀림(Un-locking), 추출(Extracting), 방출(Ejecting) 및 공기치기 잠김작용(Cocking)의 8단계가 반복되는 것을 알 수있는데, 이를 '소형화기의 기능순환 8단계'라고 한다.

* 출처 : 권호영 외 〈총기학〉 17~19페이지

❶ 송탄 · 급탄작용

장전 손잡이를 이용하여 노리쇠 뭉치를 후퇴시켰을 때, 탄창 스프링의 복원력에 의하여 탄약 1발이 노리쇠 전진로 위로 보내지는 것이다.

❷ 장전작용

압축되어 있는 복좌 스프링의 복원력으로 노리쇠 뭉치가 전진하면서, 노리쇠 전면에 올려진 탄약을 약실로 밀고 들어가는 기능을 말한다.

❸ 잠김 · 폐쇄 작용

노리쇠가 탄약을 약실로 밀고 들어가 약실에 완전히 밀착시키는 기능을 말한다. 이것은 노리쇠 선단의 톱니바퀴형 선단 부분이 약간의 회전을 하며 약실의 입구와 맞물리면서 가능해진다.

❹ 발사작용

방아쇠를 당겼을 때 공이치기에 의해 노리쇠 내부의 공이가 탄약 후미의 뇌관을 치면서 뇌관의 폭발로 탄피 내부의 추진체가 연소되고, 이때 발생된 압력에 의해 탄두가 발사되는 것을 말한다.

❺ 풀림작용

탄두가 발사된 후에는 가스통으로 유입된 추진가스의 일부가 가스 활대를 뒤로 밀게 되고, 이때 가스 활대는 오리쇠뭉치를 후퇴시킨다. 이때 약실에 결합되어 있는 노리쇠 선단의 톱니모양의 돌출부가 역회전 하면서 풀리는 기능을 말한다.

❻ 추출작용

탄두(총알)가 발사된 후, 노리쇠뭉치 앞부분에 있는 갈퀴가 약실에 남겨진 탄피를 약실 내에서 끌어내는 기능을 말한다.

❼ 방출 작용

탄피를 총의 몸통 밖으로 밀어내는 것을 말한다.

❽ 공이치기 잠김작용 · 콕킹

노리쇠뭉치가 후퇴하면서 공이치기를 뒤로 밀어내 방아쇠 연결쇠에 걸리도록 하여, 다음 격발에 대기토록 하는 것을 말한다.

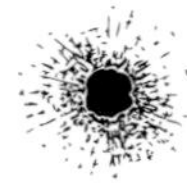

권총의 발달과정(Evolution of Handgun)

*총기는 무기이다. 무기의 목적은 원하는 표적을 파괴하거나 사람을 살상하는 데 있다. 그리고 인류가 개개인의 집합에서 조직이 된 이래로, 무기는 주로 전쟁에서 사용되었다. 화약의 발명에 그 기원을 둔 총기는 인류가 셀 수 없는 전쟁을 거치면서 개량에 개량을 거듭하였으며, 산업혁명을 지나 두 차례의 세계 대전을 치르면서 현대적 기틀이 마련되었다.

▶ 출처: 엔하위키 미러 플린트락(부싯돌식) 방식 ◀

*권총을 단총(短銃)이라고도 한다. 14세기 초 구리로 만든 통에 화약 점화구를 뚫고, 통 안에 화약, 탄환을 장전하여 점화구에 화승(火繩) 또는 뜨겁게 달군 철봉을 끼워서 발화시키는 원시적 화기 '핸드캐논'을 소형화한 것이 시초라고 전해진다.

영어 피스톨의 어원에 대해서는 여러 가지 설이 전해지는데, 처음에 피스톨을 만든 곳인 이탈리아의 피스톨라시(Pistola 市)에서 유래됐다는 설, 초기 피스톨의 구경이 옛 화폐인 피스톨(피아스톨)의 크기였기 때문이라는 설, 권총을 말 안장 앞 끝에 두어 피스타로(안장 앞 부분의 명칭)에서 유래되었다는 등의 설이 있다.

화승총 시대에는 발화방식이 불편하였기 때문에 군용으로는 적합하지 못하였다. 16세

* 출처 : 두산백과 권총(Pistol, 拳銃) 내용 인용

기 중엽부터 필록(톱니바퀴식 발화장치), 플린트록(부싯돌식 발화장치)이 발명되어 프랑스 기병이 처음으로 사용하였다. 그 외에 지중해, 대서양을 누비고 다녔던 영국, 포르투갈, 에스파냐 등에서 해적들이 호신용으로 사용하였다. 그러던 것이 19세기 초기에 들어서 버커션록(뇌관식 격발장치)이 발명되면서 세계에 보급되기 시작하였다. 미국에서는 남북전쟁(1861~1865)에서 여러 종류의 뇌관식 권총이 사용되어, 구조도 짧은 기간 동안에 개량되었다. 서부 개척시대에는 "권총이 법"이라고 할 정도로 많이 보급되었다.

권총은 구조상 회전식 권총(리볼버)과 자동식 권총(오토매틱 피스톨)의 두 가지로 구별된다. 회전식 권총은 연뿌리 모양의 회전탄창에 탄환과 약협을 일체로 한 탄약포(5~8발)를 장전하여, 발사할 때마다 수동 · 자동적으로 탄창을 회전시키면서 연속적으로 발사할 수 있다.

18세기 중엽까지는 격발 장치를 손으로 일으켜 세우고 탄창도 발사할 때마다 손으로 회전시켰다. 1835년 미국에서는 S.콜트가 격철을 세우면 회전탄창이 회전되는 싱글액션 장치의 특허를 얻었고, 1855년 영국에서는 방아쇠를 당기면 격철이 서고 회전탄창이 돌면 다시 격철이 떨어져서 뇌관을 발화시켜 탄환을 발사하는 작동이 한 동작으로 되는 더블액션 장치가 발명되어, 오늘날 회전식 권총에 이르고 있다.

▶ 출처: 엔하위키 미러 페퍼박스 권총 리볼버의 시초 ◀

자동권총은 6~12발의 탄환을 넣는 탄창이 손잡이 내부 또는 탄약실 아래에 있어서, 노리쇠를 강하게 뒤로 당겼다가 놓으면 탄창 안의 탄환이 튕겨서 위로 밀려 올라가 노리쇠의 전진운동으로 총신 뒤 끝에 있는 탄약실에 장전됨과 동시에 격침이 발화준비 위치에 머문다. 방아쇠를 당기면, 격침의 로크가 빠져서 격침 스프링의 힘으로 전진하여 뇌관을 때려 탄환이 발사된다. 그 반동으로 총신이 후퇴하여 빈 약협이 튕겨 나오고 다음 탄환이 장전되어, 격침의 발화준비 위치에 후퇴 등이 자동적으로 이루어진다. 여기서 방아쇠를 당기면 앞서 말한 동작이 반복되어 방아쇠를 당길 때마다 발사와 장전이 자동적으로 이루어져 연발이 된다.

제2차 세계대전 때 사용된 주요 권총에는 콜트 자동권총(미국), 웨브리 자동권총(영국), 루거 자동권총(독일), 토카레프 자동권총(러시아) 등이 있다. 오늘날 사용되는 대표적인 권총들은 이후에 소개되니, 참고하기 바란다.

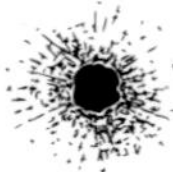

권총의 작동구조(Operating Mechanisms of Handgun)

쇼트리코일이란?

'리코일'이란 말 그대로 '뒤로 밀린다'라는 뜻으로, 대부분의 권총이 이 쇼트리코일 방식을 쓰고 있다. 이는 권총을 보면 알겠지만, 소총보다는 길이면이나 크기면이나 상대적으로 작아서 반동을 줄일 만한 장치가 없다. 이에 리코일 방식은 격발을 할 때 슬라이드가 뒤로 후퇴되어 반동을 줄이기 위한 가장 실질적인 장치이며, 아울러 재장전도 된다. 즉, 격발 시 슬라이드가 함께 뒤로 후퇴되면서 약실에 있던 탄피가 배출되고 재장전이 이루어진다는 것이다.

쇼트리코일 방식에도 여러 종류가 있는데 대표적으로 토글액션, 브라우닝, 플롭업식 등이 있으며, 이외에도 회전총열식 리코일이 있다. 리코일방식이 아닌 롤러지연식과 가스를 이용한 가스압지연, 회전노리쇠방식 등이 있는데, 앞서 말한 리코일방식 중 대표적인 세 가지를 소개하겠다.

❶ 토글액션 쇼트리코일

쇼트리코일 방식 중 최초라고 할 수 있는 루거 권총은 '토글액션'이라는 방식을 사용하였다. 대부분의 권총에 비해 후퇴길이가 짧은 것이 특징이며, 작동구조상 복잡하여 잔 고장이 나기 쉬웠지만 당시에 독일 육군의 제식권총으로 명성이 높았다. 루거권총을 보면 일단 격발이 되면 그 반동으로 노리쇠와 총신이 함께 후퇴된다. 이때 메뚜기 다리처럼 후방으로 접히는 토글로 작동하는 것을 토글액션 방식이라 한다.

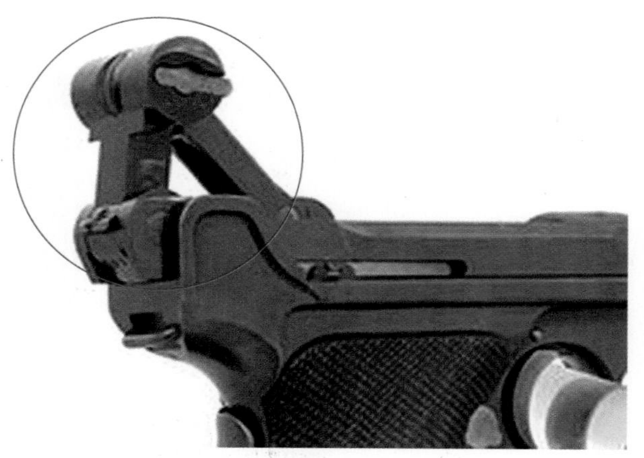

▶ 루거P08(출처–http://en.wikipedia.org/wiki/Luger_pistol) ◀

❷ 브라우닝식 쇼트리코일

앞서 설명한 토글액션이 구조상 복잡하고 잔 고장 등이 많았다면, 그것을 극복하여 보완한 방식이 미국의 존 모지스 브라우닝이 완성한 '브라우닝식 쇼트리코일'이다. 대표적으로 M1911에서 볼 수 있듯이 현대에 사용하는 대부분의 권총이 이러한 방식을 사용하고 있다. 처음에 언급한 쇼트리코일 방식으로 격발순간 총열의 회전과 동시에 슬라이드와 함께 뒤로 후퇴되는데 이는 반동을 효과적으로 줄여주는 방식으로 토글의 복잡한 구조를 최소화 시키므로 권총의 반동이용식 구조로는 가장 신뢰도가 높다.

▶ M1911 권총 ◀

❸ 플롭업식 쇼트리코일

플롭업식 방식은 발터사의 P-38권총의 대표적인 방식으로, 여러분들이 잘아시는 베레타 92F 권총도 바로 이방식을 사용하고 있다. 특이한 점은 베레타나 P-38권총을 보면 총신, 즉 슬라이드 윗부분이 개방되어 총신이 드러나 있는 점이며, 이 덕분에 탄피 배출구가 넓어져 배출이 잘된다. 그리고 무엇보다 독특한 디자인은 충분한 매력을 갖게 하였으며 또한 총신 아래에도 걸림쇠가 있어, 총신은 멈추고 슬라이드만 끝까지 가게 하는 톡특한 방식이다.

▶ 발터 P38(출처-www.adamsguns.com) ◀

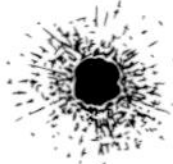 권총의 종류 및 작동원리(Types of Handgun and Working Principle)

❶ 권총의 종류

권총은 다음의 그림과 같이 내부방식상 '회전식 권총'과 '자동식 권총'으로 분류된다.

• 회전식 권총

회전식 권총은 그림에서 보는 것과 같이 회전탄창(실린더)에 탄환을 삽입하여 해머(공이치기)를 뒤로 후퇴시켜 장전하며, 격발과 동시에 회전탄창(실린더)이 돌아가면서 새 탄환을 다시 장전 및 격발하는 방식으로, 통상적으로 6~8발 정도의 탄을 넣을 수 있다. 또한 장전할 때마다 자동권총에 비해 공이치기(해머)를 뒤로 당겨 줘야 하는 느린 장전 속도 및 적은 장탄수라는 단점이 있지만, 상대적으로 잔 고장이 적은 편이다.

▶ 공이치기가 없는 회전식 권총 ◀

• **자동식 권총**

탄창이 권총 아래에서 위로 삽입하여 슬라이드를 뒤로 후퇴시켰다가 놓으면 탄창에 있던 탄알이 챔버(약실)에 장전되며, 격발과 동시에 탄알의 압력으로 인하여 반동이 생긴다. 그 반동으로 슬라이드가 후퇴되면서 장전되는 방식을 말하며, 일명 '쇼트리코일(단주퇴)방식'이라고 한다. 자동식 권총은 회전식 권총에 비해 장탄수가 많고 빠른 장전이 가능하지만, 내부구조가 복잡한 만큼 잔 고장이 많다는 단점을 지닌다.

▶ 자동식 권총 SMITH & WESSON MNP ◀

❷ 권총의 작동원리

권총의 작동원리는 방아쇠를 당겼을 때 해머의 역할에 따라 나누어지며, 아래와 같이 크게 네 가지 방식으로 구분할 수 있다.

• 싱글액션

앞서 말한 회전식 권총을 생각해 보면 된다. 통상적으로 해머를 뒤로 후퇴시키고 방아쇠를 당기면 격발하는 방식으로, 해머를 뒤로 후퇴, 다시 말해서 방아쇠를 당겼을 때 후퇴됐던 해머가 앞으로 이동하면서 공이의 뒷부분을 밀어 주는 하나의 동작을 하기 때문에 '싱글액션'이라고 한다.

▶ 리볼버 686 Plus(출처–www.Smith–Wesson.com) ◀

• 더블액션

싱글액션은 인위적으로 장전(해머를 뒤로 후퇴)해야 하는 반면, 더블액션은 방아쇠를 어느 정도 당기면 해머가 뒤로 후퇴되고, 끝까지 당기면 격발된다. 방아쇠를 당길 때 장전과 격발 동작의 두 가지 역할을 하기 때문에 '더블액션'이라고 한다. 그러나 그만큼 초탄의 방아쇠의 압력이 높다는 단점이 있다.

▶ 더블액션 방식인 SIG SAUER 228 ◀

• **패스트액션**

K-5권총의 방식으로, 싱글액션과 더블액션의 장점을 모두 갖추고 있는 방식이다. 싱글액션처럼 해머를 뒤로 후퇴하여 장전 및 격발할 수 있어 초탄의 명중률을 높일 수 있고, 더블액션처럼 방아쇠를 당기면 격발할 수 있어 빠른 장전 및 격발이 가능하다. 다만 더블액션의 방식에서는 초탄이 방아쇠의 압력이 상당히 힘이 들어가는 반면, 패스트액션은 더블액션의 콕킹된 공이치기를 잡고 엄지로 밀면 방아쇠의 당김이 훨씬 가볍게 격발할 수 있다는 장점이 있다. 그러나 방아쇠의 당김이 길어진 것을 하나의 단점이라 할 수 있겠다.

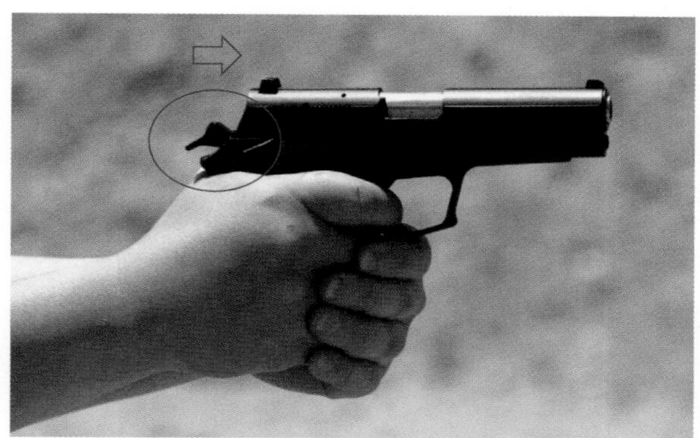

▶ K-5 ◀

• **세이프액션**(스트라이커)

세이프액션은 '글럭'이라는 권총에 처음으로 도입된 방식으로 통상적인 권총과는 다르게 해머를 쓰지 않는다는 점에서 싱글 · 더블액션과 다르다. 결국 방아쇠를 당기면 공이가 앞뒤로 움직이게 하는 역할을 하며, 그만큼 조작성이 편리하나 언제나 격발될 수 있다는 점에서 유의하여야 한다.

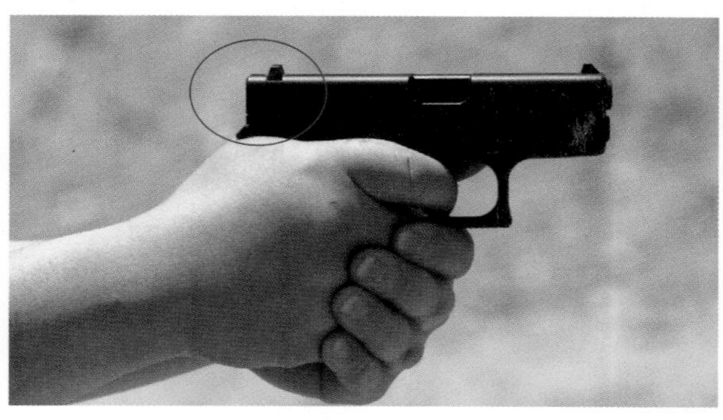

▶ GLOCK G42 ◀

❸ 권총의 구조

현장에서 사용되는 대부분의 권총은 반동 이용식 권총이므로 본 책자에서도 이를 기준(글럭19)으로 살펴보도록 하겠다. 권총의 작동원리를 이해하기 위해서는 먼저 그 구조를 알아야 한다. 반동 이용식 권총은 크게 다음과 같은 부분으로 이루어져 있다.

1. 총열
2. 슬라이드(Slide · 노리쇠뭉치)
3. 복좌용수철뭉치(Recoil Spring & Recoil Spring Guide)
4. 총몸뭉치(Frame)
5. 탄창(彈倉, Magazine)

···› 36페이지의 탄창을 참조

▶ GLOCK19 권총의 보통분해 ◀

물론 슬라이드나 총몸뭉치는 더 작은 부분까지 완전히 분해(완전분해)할 수 있으나 운용자의 수준에서 허락되는 분해(보통분해)는 상기가 전부라고 보면 된다. 완전분해는 전문교육을 받은 인원만 실시할 수 있기 때문이다. 위의 사진에는 탄창이 빠져 있는데, 이후 탄창에 대해서 설명하도록 하겠다. 그렇다면 분해된 각 부분을 중심으로 권총의 작동원리를 알아보도록 하겠다.

• **총열 및 복좌용수철뭉치**

권총의 총열은 총구의 반대방향 끝부분에 약실을 포함하고 있다. 총열은 조립 시에 슬라이드의 내부에 삽입되고, 복좌용수철뭉치에 의해서 고정된다. 탄자는 발몸뭉치에 고정되어 거의 움직이지 않는다. 복좌용수철뭉치는 탄자의 발사에너지에 의해 후퇴하는 슬라이드의 충격을 완화하고 원위치로 복원시킴으로써 슬라이드를 통한 순환작용을 돕는 구성품이다. 복좌용수철뭉치는 복좌용수철과 복좌용수철받침으로 나누어진다.

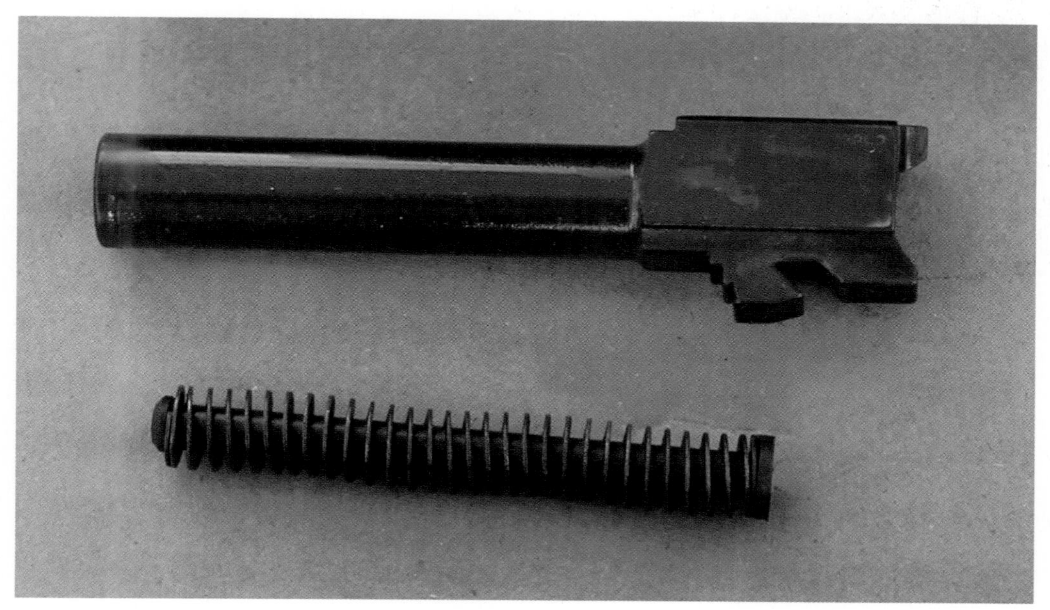

▶ GLOCK19 총열 및 복좌용수철뭉치 ◀

• **슬라이드**

슬라이드는 총몸뭉치와 함께 권총의 외형을 이루는 동시에 노리쇠뭉치의 역할을 하는 부분이다. 내부에 총열과 복좌용수철뭉치, 공이 등이 결합되어 있으며, 탄자가 발사되면 그 에너지를 감당하고 순환작용에 사용한다. 그러므로 슬라이드는 금속으로 제작되어 권총의 구성품 중 내구성이 가장 뛰어나다. 슬라이드의 상단에는 가늠자(Rear Sight)와 가늠쇠(Front Sight)가 위치한다. 총열의 중간 정도에는 약실에서 추출된 탄피가 방출될 수 있도록 탄피배출구가 마련되어 있다.

탄자가 발사되면 슬라이드가 후퇴하며 먼저 탄피를 추출한다. 그리고 슬라이드가 더 후퇴하면, 추출되어 후방으로 이동하던 탄피는 차개에 의해 탄피배출구로 권총을 완전히 빠져나가게 된다. 따라서 대부분의 권총탄피는 사수의 우측 뒤쪽으로 배출된다.

▶ GLOCK19 슬라이드 후퇴 시 탄피배출 ◀

· **총몸뭉치**

슬라이드와 함께 권총의 외형을 이루는 부분으로 손잡이와 탄창삽입구, 방아쇠와 공이치기(Hammer)가 핵심이다. 일부 권총의 경우, 경량화를 위해 총몸뭉치의 외형을 강화플

라스틱으로 제조하기도 한다. 앞쪽의 하단에는 각종 광학장비(光學裝備, Optical Device)를 부착할 수 있도록 긴 홈(Rail)이 파여 있다. 대부분의 권총은 공이치기가 외부에 드러나 있지만, 일부 권총의 경우에는 총몸뭉치의 내부에 있다.

▶ GLOCK19의 총몸뭉치 ◀

방아쇠를 당기면 공이치기가 공이를 타격하고, 공이는 실탄의 뇌관을 타격하면서 탄자가 발사된다. 그리고 이러한 슬라이드의 후퇴에 의하여 공이치기는 다시 공이를 타격할 준비를 갖춘다. 공이치기가 전방으로 완전히 이동한 상태에서 방아쇠를 당겨도 공이치기가 움직이는 방식을 '복동식(複胴式, Double Action)'이라고 한다. 반대로 반드시 공이치기가 반드시 뒤로 젖혀져 있는 상태에서 방아쇠를 당겨야 공이치기가 움직이는 방식을 '단동식(單動式, Single Action)'이라고 한다. 대부분의 경우, 복동식이 가능하면 단동식도 가능하다. 단동식은 복동식보다 방아쇠의 압력이 더 낮아, 명중률이 높아지는 장점을 지닌다.

• 탄창

'탄알집'이라고도 부른다. 권총의 탄창은 가볍고 내구성이 좋다. 간단하게 분리가 가능하여 내부손질이 용이하며, 내부 스프링(Spring)을 교환할 수도 있다. 권총에 지속적으로 실탄을 공급해 주는 역할을 수행한다.

▶ GLOCK19 권총 및 탄약을 넣은 탄창 ◀

탄창에 실탄을 삽입할 때에는 실탄의 하단부를 탄창 윗단의 홈이 가장 넓은 부분에 먼저 밀어 넣은 다음, 양손의 엄지손가락을 이용하여 실탄의 하단부가 홈에 완전히 밀착되도록 한다. 또한 탄창 뒷면을 보면 여러 개의 홈이 있고, 그 위에 숫자들이 적혀 있다. 이것은 탄알이 몇 개 들어갔는지 알려 주는 일종의 숫자표시로 장전수를 알기 쉽게 숫자로 표시한 것이다. 또한 탄창 종류에는 탄약을 장전할 때 일렬로 들어가는 '단열탄창'과 2열로(지그재그)로 촘촘하게 들어가는 '복열탄창'이 있다.

▶ GLOCK19의 탄창에 탄약을 넣는 장면 ◀

• **탄피의 배출과정**

내부에 있는 추진제의 연소를 통해 탄자를 운동시키고 순환작용을 끝낸 탄피는 다음 실탄의 장전(裝塡, Load)을 위해 총기 밖으로 배출되어야 한다. 탄피의 배출에는 두 가지 장치가 쓰이는데, 하나는 갈퀴(Extractor)이고 다른 하나는 차개(Ejector)이다. 갈퀴는 순환작용이 가능하도록 약식에서 탄피를 끌어내는 역할을 하는데, 이것을 '추출(抽出, Extraction)'이라고 한다.

▶ GLOCK19 탄피배출구◀

갈퀴로 인해 탄피가 추출되지 못하면 순환작용은 불가능하다. 추출되어 순환작용을 끝낸 탄피는 곧 다음 실탄을 약실에 장전시키기 위해 차개에 의해 총기 밖으로 버려지며, 이것을 '방출(放出, Ejection)'이라 한다. 결국 탄피가 배출되지 않으면 순환작용이 불가하거나 제한을 받아, 다음 실탄을 약실에 장전하지 못하게 되어 총기의 기능고장(Malfunction)이 발생한다. 기능고장을 즉시 조치하지 않을 경우에는 그 총기는 사용할 수 없게 된다. 갈퀴는 노리쇠뭉치를 구성하고 있는 부품 중의 하나이다.

▶ GLOCK19 격발 시 탄피 배출 장면 ◀

수많은 총기와 각 총기에 쓰이는 수많은 작동원리를 모두 통달할 필요는 없을지도 모른다. 왜냐하면 이 책이 제공하는 지식이 필요한 사람은 공학자가 아니기 때문이다. 다만 이 책에서 다루는 기초적인 수준의 총기 작동원리를 알아야 하는 단 한 가지 이유는 다양한 환경에서 무작위로 발생하는 기계적 결함을 해결할 수 있는 지식을 얻기 위함이다. 물론 총기가 파손되는 수준의 결함은 설계자나 수리 능력을 보유한 사람만이 일정한 시간을 들여야 해결할 수 있겠지만, 대부분 현장에서 발생하는 결함의 상당수는 사수가 직접 조치할 수 있을 정도의 수준이기 때문이다.

우리는 반드시 명심해야 한다. 총기의 작동원리를 부단히 공부해야 하는 단 한 가지 이유는 현장에서 당신이나 경호대상자가 살아남을 수 있는 결정적 이유가 될 수도 있다.

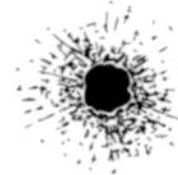

구경(Calibre)

보통 구경은 총기에 쓰는 탄두(탄자)의 크기를 말하며, 정확하게는 탄약의 지름을 말하는 것으로, 구경이라는 단어는 '인치'를 말하는 것이다. 쉽게 풀이하자면, 9㎜나 7.62㎜라고 표시되어 나오는 것은 총구 또는 탄두의 지름을 표시한 것이라고 생각하면 되고, 다른 말로 45구경, 50구경 등으로 표시되거나 혹은 .357, .50으로 표시됐다면 인치로 생각하면 된다. 1인치는 2.54㎝인데, 아래의 예를 보면 정확하게 알 수 있을 것이다. 또 .357이라는 것은 앞에 소수점을 생략한 것이다. 이 또한 아래를 보면 쉽게 이해가 될 것이다.

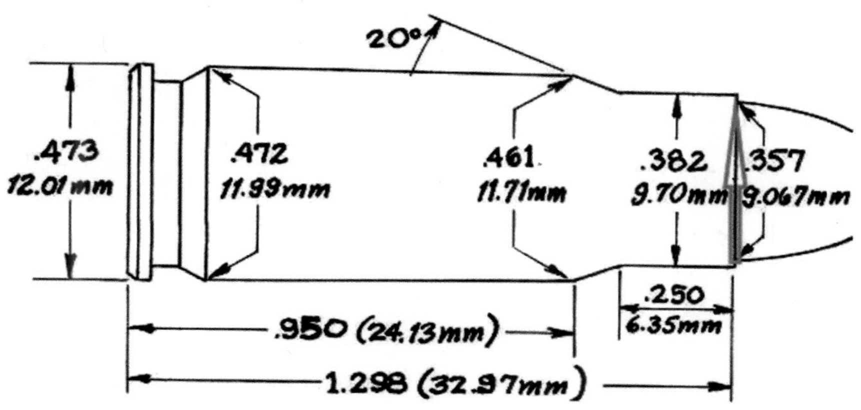

▶ 출처: http://stevespapes.com/page8d.htm ◀

.357 = 0.357인치 = 9.067㎜

위의 그림에서 빨간 화살표를 보면, 탄자의 지름이 9.067㎜이다. 이것은 미국식 인치법으로, 보통 사용 탄환에 따라 구분되며 탄두의 지름이 그 총의 구경이 되는 것이다. 즉 '45구경=0.45인치=11.429㎜'를 같은 뜻이라고 할 수 있다.

그럼, 다음을 풀이해 보자.

9m x 19㎜ Parabellum

이것은 구경이 9m이고 탄피의 길이가 19㎜라는 의미이다. 'Parabellum'의 뜻은 "평화를 원한다면 전쟁에 대비하라" (Si vis pacem, para bellum)라는 뜻으로 대부분 탄약 설계자의 이름이나 회사의 이름을 붙여 놓지만 Parabellum처럼 특별한 어원의 뜻을 넣는 경우도 있다.

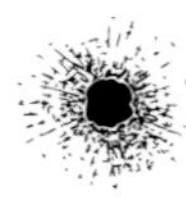

권총탄에 대한 인체 및 방호물의 특성(Distinctive Reactions of Human Bodies and Protected Materials to Handgun Bullets)

일반적으로 원거리 무기는 파괴하고자 하는 대상인 표적의 종류가 분명히 정해져 있어서 그 이외의 표적에 대해 사용할 때에는 효과가 없거나 매우 비효율적인 경우가 많다. 대부분의 경우 권총의 표적(이하에서는 문맥에 따라 '표적'이라는 단어와 '공격자'라는 단어를 혼용하여 사용할 것이다)은 사람이며, 경호학적으로 볼 때 그 목적은 경호대상자에게 위해를 가하려는 공격자의 행동을 저지하기 위함이다. 경호대상자를 지키는 동시에 과도한 무력을 사용하지 않기 위해서는 그 표적이 되는 사람의 인체(더 정확히는 권총탄에 대한 인체의 반응)에 대해 잘 알고 있어야 한다.

권총을 발사하여 공격자를 저지하는 방법으로는 세 가지가 있다. 직접적으로 공격자에게 ① 부상을 입히거나 ② 사살하는 것 그리고 ③ 간접적인 사격을 통해 공격자의 행동을 묶어 두거나 그를 위협하여 경호대상자를 피신시키는 시간을 확보하는 것이다. 이 방법들은 공격자가 자신의 목적(경호대상자에 대한 위해)을 달성하지 못하도록 그의 행동을 정지시키거나 제한하는 것이다. 이 중 "간접적인 사격을 통해 공격자의 행동을 묶어 두거나 위협하여 경호대상자를 피신시키는 시간을 확보하는" 방법은 본 절의 내용에 해당하지 않으므로 나머지 두 방법에 대해 알아보도록 하겠다.

사망(死亡, Death)의 정의에 있어서는 생물학 · 의학적으로 다소 차이가 있지만(법적인 정의는 존재하지도 않는다고 한다.) 공통적인 부분은 바로 호흡과 심장의 정지이다. 이를 적용하여 경호사격술의 측면에서 정의를 내리자면, 사망이란 호흡과 심장이 멈추는 것은 물론 행동(여기서 행동이란 경호대상자에게 위해를 가할 수 있는 공격자의 행위)이 영구적으로 불능(不能)인 상태를 말한다.

물론 경호업무 중 권총을 사용한 후 표적을 직접 살펴야만 사망했음을 알 수 있는 것은 아니다. 권총탄이 명중되면 대부분 사망에 이르는 지점은 수많은 경험과 연구, 사례 등을 통하여 이미 알려져 있으며 예측 가능하다. 따라서 사살한다는 것은 표적을 사망에 이르게 하겠다는 것이고, 이는 표적이 사망에 이를 수 있는 지점에 권총탄을 명중시키겠다는 의미이다. 이 세 가지 사망의 요소는 서로 연계된 반응으로 나타난다. 심장이 멈추면, 곧 바로 호흡이 멈추고 행동이 정지된다. 호흡이 멈추면 곧(통상 3분 이내) 심장이 멈추고, 행동은 즉시 불능이 되거나 아니면 심장과 함께 정지한다.

보통 인체해부도를 보면 알 수 있듯이 주요 장기(臟器, Organ)의 대부분은 인체의 중심선 근처에 위치하고 있으며, 이 중에서 뇌는 인체에서 가장 중요한 장기라고 볼 수 있다. 왜냐하면 뇌가 심하게 손상되면 대부분 즉시 호흡과 심장이 멈추며 혹 짧은 시간 동안 멈추지 않을지라도 행동이 즉시 불능상태에 빠지기 때문이다. 권총탄으로 인해 뇌가 손상되면 생존하는 경우가 극히 드물며, 만약 생존하더라도 정상으로의 회복이 불가능하다. 그러므로 권총으로 표적을 사살하는 데 가장 효과적인 명중부위(Impact Area, 피탄지역, 제2절 4번 참조, 혹은 사격부위)는 뇌가 위치한 두부(頭部, Head)이다. 하지만 면적이 좁아 명중률이 상대적으로 떨어진다는 점을 고려하여야 한다. 폐와 심장이 심하게 손상되어도 역시 사망한다. 폐와 심장은 흉부(胸部, Chest)에 모여 있으며, 두부에 비해 그 면적이 넓어 사실상 가장 선호되는 명중부위이다.

두부나 흉부에 권총탄이 명중되어 뇌 또는 심장이나 폐가 심각하게 손상되면, 우리가 스위치를 끌 때 조명이 즉시 꺼지는 것처럼 대부분의 표적은 즉시 사망하여 행동불능이 되거나 즉시 행동불능에 상태에 빠진 후 곧 사망하게 된다. 그래서 두부와 흉부를 일명 '스위치 존(Swith Zone)'이라 지칭한다. 종합하면, 스위치 존이란 권총탄이 명중하였을 때 표적이 즉사(卽死)할 수 있는 인체부위를 말한다.

스위치 존 이외의 부위 중 양팔, 그리고 허벅지의 3분의 1이하를 제외한 인체부위를 '타이머 존(Timer Zone)'이라 부른다. 이는 권총탄이 명중 시 즉시 사망하지는 않지만, 심각한 부상을 초래하거나 방치할 경우에는 사망에 이르는 부위이다. 타이머 존에 위치하는 장기는 간 · 위 · 신장 · 대장 · 소장 등이다. 이러한 장기는 권총탄에 의해 손상될 경우 대량의 출혈을 일으키거나 쇼크를 유발시켜 일정 시간 내에 적절한 조치를 취하지 않을 경우에는 대부분 사망하게 된다.

장기는 아니지만 인체의 목과 겨드랑이, 그리고 사타구니 안쪽에는 제법 큰 혈관이 지나고 있는데, 이 혈관이 손상되는 경우 빠른 시간 안에 대량의 출혈을 일으켜 사망에 이른다. 이러한 혈관(특히 사타구니)으로부터의 출혈은 응급조치도 어려우며, 권총탄이 명중되는 경우에 표적의 행동이 멈추지는 않지만 즉시 제한되기 때문에 낭심(囊心)부(남녀의 구분은 없다)를 타이머 존에 포함시키기도 한다. 하지만 두부보다 면적이 좁고 표적의 복장에 따라 정확한 위치파악이 어려우며, 선 자세에서 사격할 경우 하향으로 조준해야 하는 불편함 등이 있어 특별한 경우가 아닌 한 선호되지 않는다. 타이머 존에 권총탄이 명중한 경우에는 응급조치만 제때 이루어진다면 사망하는 경우는 거의 없다.

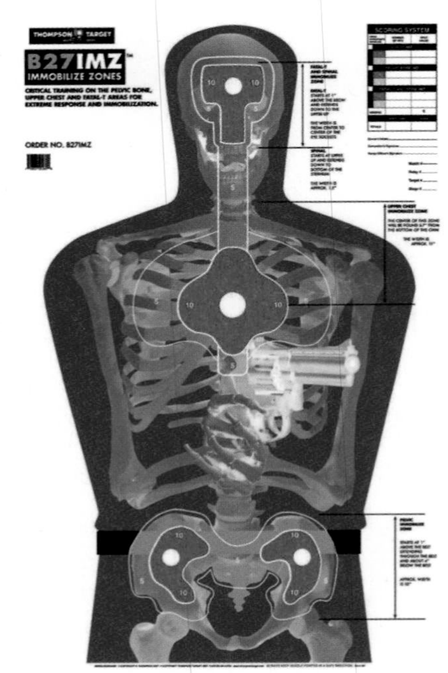

▶ 골격구조가 표시된 표적지 출처:http://thompsontarget.com/ ◀

공격자의 위험 정도에 따라 사격부위를 신중하게 결정해야 한다. 영화에서처럼 공격자가 칼을 소지하고 덤벼들 경우, 칼을 쥐고 있는 손이나 팔만 명중시키는 일은 현실에서는 잘 일어나지 않는다. 아니, 일어나지 않도록 해야 한다는 것이 더 정확한 표현일 것이다. 왜냐하면 경호대상자에 대한 위험을 더 증가시키기 때문이다. 아무리 명사수라도 항상 표적점에 명중시킬 수 있는 것은 아니다. 사격으로 공격자에게 효력을 발휘할 수 있는 부위는 스위치 존과 타이머 존 이외에는 없다. 그리고 경호대상자를 지키기 위해 권총을 뽑았을 경우에는 대부분 스위치 존에 사격을 실시하게 된다. 왜냐하면 공격자의 행동을 즉시 불능상태로 만들 수 있기 때문이다.

만일 가까운 거리가 아니라면, 처음부터 타이머 존에 사격하고자 하면 안 된다. 하지만 가까운 거리라면, 경호대상자를 지키기 위한 시간과 공간이 부족한 경우가 대부분이며, 이런 상황에서는 충분한 판단을 내릴 수 없으므로 경호대상자와 자신은 물론 제3자에 대한 위험을 줄이기 위해 스위치 존에 사격을 실시할 수밖에 없다. 타이머 존에 권총탄이 명중되면 종종 공격자의 행위가 불능이 되거나 경호대상자를 위해하는 데 제한되는 경우가 있기는 하지만, 항상 그렇다고 확신할 수는 없다.

사격부위가 스위치 존이냐 타이머 존이냐에 대한 것은 권총을 뽑기 전에 결정해야 할 사항이다. 스위치 존이든 타이머 존이든 정면에서 권총탄이 명중되는 경우보다 측면에서 명중되는 경우가 더 위험하다. 왜냐하면 중요 장기는 정면을 기준으로 가로로 분포되어 있어, 측면에서 권총탄이 명중되어 인체를 관통하게 되면 여러 장기가 한꺼번에 손상될 가능성이 크기 때문이다. 이러한 연유로 상대방에게 측면이 노출될 수밖에 없는 이른바 위버자세(Weaver Stance)는 특별한 경우가 아니면 지양해야 한다.

한 조사에 따르면, 사람들이 총탄을 맞은 후 쓰러지는 이유는 바로 텔레비전 드라마나 영화 등의 영상매체 때문이라고 한다. 즉, 총탄을 맞으면 당연히 쓰러지는 것으로 머릿속에 각인되어 있기 때문에 처음 경험 한 것일지라도 총탄을 맞으면 그냥 쓰러져 버린다는 것이다. 앞에서 살펴본 것처럼 스위치 존이 아니면 즉시 사망하거나 행동이 불능상태에 빠지는 것은 아니다. 그러므로 만약 자신의 타이머 존에 총탄이 명중하였다면, 경호대상자와 동료를 보호하기 위해 최선을 다해야 한다. 타이머 존에 총탄이 명중한 경우에 가장 중요한 것은 다름 아닌 정신력이다. 이 경우에는 몸이 정신을 따라올 수 있음을 명심하여야 한다.

앞서 설명한 바와 같이 권총의 표적은 대부분 인체이다. 하지만 권총을 사용한 상호 간의 교전 시 은폐물(隱蔽物, Cloak) 또는 엄폐물(掩蔽物, Cover)로 이용하게 되는 것(이하 '방호물')은 우리가 주위에서 흔히 볼 수 있는 사물들이다. 따라서 권총은 물론이거니와 발사된 각종 탄자에 대한 이들의 특성을 알아야, 경호대상자와 자신의 피해를 방지하고 공격자를 효과적으로 제압할 수 있다.

표적이 방호물(防護物, Protection Material)의 뒤에 위치하였을 경우, 가장 중요한 것은 운용자가 사용하는 권총탄이 해당 방호물을 관통할 수 있느냐 하는 것이다.

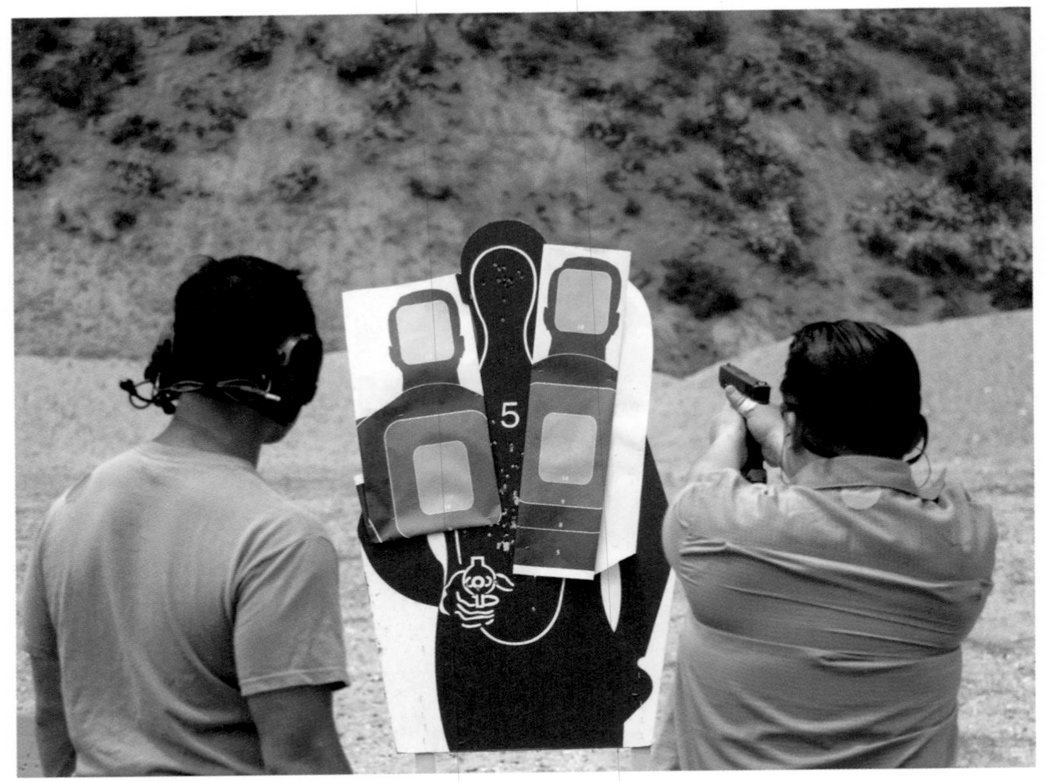

▶ 정밀사격 하는 모습 ◀

아래 그림에서 보다시피, 관통에 대한 기준은 각 군(軍)별로 다소 차이가 있다. 하지만 최종 탄도학에서의 관통에 관한 정의로서 탄자 자체 혹은 탄자의 충돌에 의해 형성된 파편이 방호물의 후면으로부터 일정거리에 떨어진 알루미늄 합금판을 완전히 관통할 때를 '완전관통'이라 부른다. 이때 알루미늄 합금판은 인체에 가해지는 충격을 측정하는 척도로 사용되며, 탄자가 방호물을 완전관통 하게 되면 인체는 치명적인 부상을 입는다.

그러므로 방호물 뒤의 표적에게 권총을 사용하기 위해서 운용자는 해당 방호물에 대하여 자신이 사용하는 권총탄의 관통능력을 정확히 가늠할 수 있어야 한다. 공격자의 행동을 묶어 두거나 특정한 목적을 달성하기 위한 시간을 확보하기 위함이 아니라면, 관통할 수 없는 방호물에 사격을 가하는 행동은 올바르지 않다. 이와는 반대로 공격자가 사용하는 총기의 탄자가 운용자 자신이 이용하고자 하는 방호물을 관통할 수 있을지에 대해서도 정확히 판단할 수 있어야 한다.

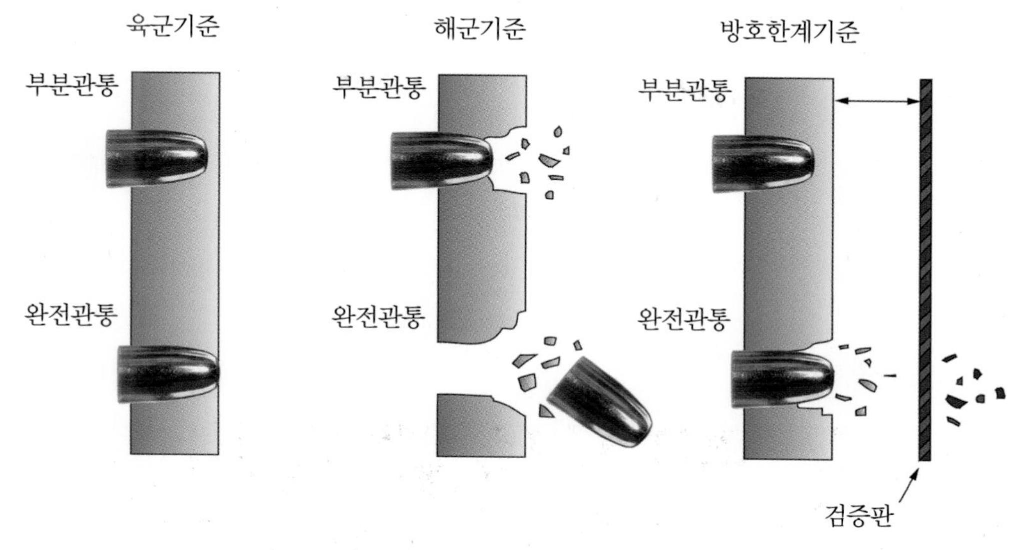

▶ 출처: 이흥주 편저 〈총과탄도학〉 그림 6.20 ◀

탄자의 운동에너지는 매우 크므로 관통뿐만 아니라 관통하지 못하고 깨어지는 탄자의 파편(이하 '도탄')이나 탄자가 충격하며 형성된 방호물의 파편(이하 '도편')으로도 심각한 부상을 당할 수 있다. 즉, 방호물의 뒤에 위치하였을 때뿐만 아니라 탄착이 되는 방호물 근처에 있을지라도 그 방호물의 특성에 따라 부상을 입을 수도 있다는 것이다. 이 경우에 가장 치명적인 방호물의 소재는 바로 철강과 콘크리트이다. 방호물이 공격자를 기준으로는 정면, 운용자나 경호대상자를 기준으로 후면에 있을 때에는 도탄(跳彈, Key Hole Tipping)이나 도편(跳片, Broken Fragment)의 피해는 무시할 수 있을 정도이지만, 만약 방호물이 운용자나 경호대상자의 측면에 위치하고 공격자가 사선으로 사격을 가하는 경우에는 때때로심각한 피해를 입을 수도 있다. 따라서 공격자로부터 사격을 받을 때에는 철강 또는 콘크리트 방호물을 은폐물 · 엄폐물로 사용하지 않을 경우, 그 표면으로부터 한 팔 거리 이상 떨어져 있어야 한다.

이처럼 경호업무 중 권총을 사용할 때에는 표적에만 신경을 써서는 안 된다. 운용자는 항상 자신의 위치와 표적의 위치를 독립적으로 생각하여서는 안 되며, 주위에 존재하는 수많은 방호물 내에서 입체적으로 판단하고 사격 여부나 대피장소를 순간적으로 결정할 수 있어야 한다.

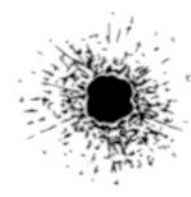

권총탄약의 종류 (Types of Handgun Ammunition)

사람들이 흔히 생각하는 것과는 달리 현실에는 꽤 많은 종류의 권총탄약이 존재한다. 이들은 반동을 줄이거나 사거리를 늘리거나 표적을 더 효과적으로 관통하고자(때로는 그 반대의 경우도 있다)하는 등의 특정한 탄도학적 목적을 달성하기 위해 만들어진다. 이러한 권총탄약의 종류는 구경이나 제조회사 등에 따라 상당히 많지만, 그중에서 대표적인 세 가지를 소개하고자 한다.

▶ 탄약 ◀

❶ FMJ(Full Metal Jacket, 보통탄)

사람들이 흔히 '총알'로 알고 있는 탄약이다. 군에서는 '보통탄' 혹은 '볼(Ball)'이라 지칭한다. 이 FMJ는 탄자의 외부를 구리(Copper)로 덮은 탄약인데, 그 탄자의 내부(이하 '탄심彈心')는 납으로 되어 있다. 즉, 납으로 된 탄심을 구리로 된 외피가 감싸고 있는 형태의 탄자를 가진 탄약을 가리킨다.

납은 탄자의 운동에너지를 최대화할 수 있는 것은 물론, 가격이 저렴하여 탄자의 재료로는 이상적이다. 그러나 만약 탄자가 오직 납으로만 이루어졌다면, 추진제의 연소 및 총강과의 마찰로부터 발생한 열로 인하여 발사 후의 탄자는 운동 중에 총강 내에서 들러붙게 되거나 총구를 벗어나더라도 그 모양이 변하여 탄도에 악영향을 미칠 것이다. 이러한 단점을 해결하고자 탄심은 납을 사용하지만 그 외피에는 구리를 입히는 것이다. 게다가 구리는 앞서 공부한 것처럼 강선의 효과를 탄자에 그대로 전달하는 재질로도 가장 알맞다.

FMJ는 발사된 후에도 탄자의 형태를 그대로 유지하고 있으며, 때로는 표적을 관통한 이후에도 형태의 변화가 없다. FMJ는 권총탄 중 가장 일반적인 탄약이라고 볼 수 있다.

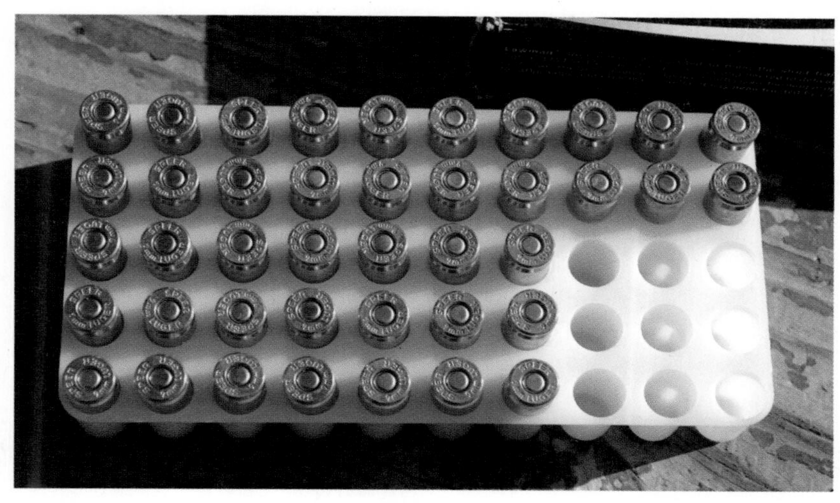

▶ 9m 보통탄약 ◀

❷ HP(Hallow Point, 비관통탄)

전면부가 움푹 들어간 형태의 탄자를 가진 탄약을 말하며, 한국어로는 '비관통탄'이라 부른다. 물론 외피(움푹 들어간 전면부를 제외하고)는 FMJ와 같이 구리를 사용하는 경우가 많다. 인체에 명중하게 되면 통상 반구(半球)형태로 파인 전면부가 체내의 강한 저항을 받아 찢어지며, 이로 인하여 내부의 납 또한 전면부 쪽으로 퍼져 나가게 된다. 따라서 탄자의 형태를 유지시키는 FMJ보다 관통력은 현저히 떨어지지만, 체내에서 탄자가 팽창하며 분해되면서 결국 더 큰 피해를 입히게 되고 치료와 회복도 어렵게 만든다는 특징이 있다.

19세기에 영국의 식민지였던 인도의 덤덤(Dumdum)이라는 도시에서 소총용으로 처음 개발되어 '덤덤탄(Dumdum Bullet)'이라 불리기도 하는데, 헤이그육전조약(Hague Regulation Land Warfare, 一陸戰條約, 1차: 1889년, 2차: 1907년)을 통해 군에서의 사용이 금지되어 현재는 경찰을 포함한 민간분야에서만 공식적으로 사용하고 있다. 낮은 관통력으로 인해 방탄복을 입은 표적에게 취약하다는 단점은 있으나 맨몸 상태인 공격자에 대해 대인저지력(對人沮

止力, Stopping Power)이 높고, 사람이 많은 도심지에서 과도한 관통력으로 인한 2차 피해를 방지할 수 있다는 장점이 있어 현재까지도 꾸준히 사용되고 있다.

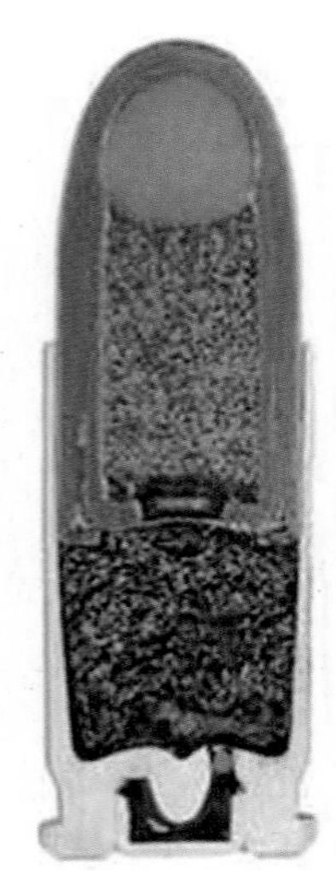

▶ 비관통탄(출처: http://www.amazfacts.com/2013/06/photos-of-bullets-sliced-in-half.html) ◀

❸ AP(Armor Piercing, 관통탄)

탄심이 납이 아닌 끝을 날카롭게 가공한 형태의 텅스텐이나 강철로 된(그리하여 관통탄의 경우에는 탄심을 관통자(貫通子)로 부른다) 탄자를 가진 탄약으로 '철갑탄(徹甲彈)' 혹은 '철심탄(鐵心彈)'이라는 이름으로 불리기도 한다. 오직 표적을 관통하는 것에 주안을 둔 탄약으로 최초에는 사람을 죽이기 위한 인마살상용(人馬殺傷用)이 아닌 장갑재질의 표적을 파괴하기 위한 대물용(對物用)으로 개발되었다. 인마살상을 위한 용도로 사용될 때에는 방탄복을 입었거나 방호물 뒤에 위치한 표적을 파괴할 때 효과적이다.

이상으로 가장 기본적인 종류의 권총탄약에 대해 알아보았다. 같은 종류의 탄약이라도 제조사에 따라 형태나 세부적인 기능에 있어 분명한 차이점이 있는 경우도 많으며, 지금도 끊임없이 새로운 제품이 개발 및 출시되고 있다. 종류가 많을수록 세심하고 신중하게 선택하는 자세가 필요하다. 운용자는 상황이나 임무의 성격 또는 예상되는 표적의 성질 등을 사전에 분석하여 경호업무에 가장 알맞은 탄약을 결정해야 한다.

▶ 철갑탄(출처: 엔하위키 미러 철갑탄) ◀

방탄복(Bullet Proof Jacket)

방탄이라는 개념을 단순히 피격(被擊, Be Shot)으로부터 안전하게 보호한다는 것으로 본다면, 개인이 착용할 수 있는 의복의 형태건 은폐와 엄폐로 활용하는 사물의 형태건 피탄이 되는 방호물을 최대한 강한 재질로 두껍게 만들어 방호력(防護力, Protection Capability)을 높이면 된다.

경호업무 상에서 방탄이 필요한 대상은 오직 경호대상자와 경호원 이외에는 없지만, 방탄의 개념을 경호업무로 적용하면 상황은 좀 더 복잡해진다. 왜냐하면 경호업무의 종류에 따라 방탄이 적용되어야 하는 요소는 매우 광범위하며, 경호업무의 효율성에 영향을 미치지 않는 범위 내에서 최상의 방탄능력을 가진 장비를 예산, 조달가능여부 등의 각종 제한사항에 따라 선택해야 하기 때문이다. 그리하여 본 항(項)에서는 여러 가지 방탄장비 가운데 경호대상자와 경호원에게 가장 필수적이며 기본적이라고 할 수 있는 방탄복에 대해 살펴보도록 하겠다.

방탄복에 관하여 흔히 일반인들은 모든 종류의 탄자로부터 몸을 완벽하게 보호할 수 있다고 생각하는데, 사실은 그렇지 않다. 총기 및 탄약의 종류에 따라 관통력은 매우 다양하며, 이 관통력의 정도에 따라 각 방탄재(防彈材, Bullet-Proof Material)의 두께와 무게가 결정되기 때문이다.

그러므로 높은 관통력을 가진 탄자에 대한 방탄성능을 유지하기 위해서는 더 두껍고 무거운 방탄재를 사용해야 한다. 방탄재의 체적과 무게가 증가하면 결국 방탄복의 체적과 무게 또한 증가하게 되어, 방탄복을 착용한 인원의 기동성은 감소한다. 방호력과 기동성은 아직 현대의 기술로는 서로 이율배반(二律背反, Antinomy)적인 것이다. 방호력을 높이면 기동성은 낮아지고, 반대로 기동성을 높이려면 방호력을 낮출 수밖에 없다.

경호업무의 종류와 상황 등에 따라 방호력과 기동성 사이의 균형을 잘 조절할 수 있어야 하지만, 방탄복은 그 최소한의 목적, 즉 피격으로부터 착용자의 생명을 보호할 수 있어야 한다. 이러한 최소한의 조건을 충족시키면서 기동성을 희생시키지 않기 위해서는 공격자나 위해환경 등에 대한 치밀한 분석이 선행되어야 한다. 때로는 경호업무 상의 효율성을 유지하기 위해 피격에 대해 죽지 않을 만큼만의 방호력을 갖추어야 하는 경우도 있다.

방탄복의 기원을 원거리 무기에 대한 방호장비로 본다면 그 역사는 매우 깊다. 하지만 총기로부터 인체를 보호하는 방탄복은 20세기에 들어서야 본격적으로 연구 · 개발되기 시작하였으며, 탄약과는 모순관계에 있다고 볼 수 있다. 탄약은 어떠한 방탄복이라도 관통할 수 있어야 하고 방탄복은 어떠한 탄약도 관통하지 못하도록 개발해야 하기 때문이다. 방탄복의 소재인 방탄재는 크게 섬유(纖維, Fiber)와 하드 플레이트(Hard Plate) 방탄재로 나뉜다.

대표적인 섬유 방탄재는 케블라(Kevlar) 섬유이다. 케블라 섬유는 미국의 화학자 출신인 스테파니 쿼렉(Stephanie Kwolek)이 듀퐁사에서 개발한 섬유로 강철의 5배에 달하는 인장강도(引張强度, Tensile Strength)를 지닌 것으로 알려져 있다. 섬유재질이라 부드럽고 가벼워 기동성이 확보되고 의복 안에 착용할 수 있어 은닉(隱匿, Concealment)이 용이하지만, 권총탄이나 파편 정도만 방호할 수 있고 칼과 같은 날카로운 무기에 취약하다는 단점이 있다. 또한 물에 젖을 경우, 인장강도가 크게 감소하므로 관리에 주의하여야 한다.

하드 플레이트 방탄재는 섬유 방탄재와 달리 방탄복 자체의 재료가 되는 것이 아니라 주로 심장과 폐만을 보호할 수 있도록 하는 판(板, Plate) 형태로 만들어져 있으며, 이를 삽입하여 사람이 착용할 수 있도록 캐리어(Carrier)를 필요로 한다. 현존하는 상용 방탄재 가운데 유일하게 소총탄이 관통할 수 없다는 장점이 있으나 피탄면적이 작고 무거우며 가격이 높고 파편과 같은 단단한 물체와 부딪히면 깨지기 쉽다는 단점도 있다. 대표적인 하드 플레이트 방탄재의 재료는 세라믹(Ceramic)이다.

Ranger Body Armor(RBA) I

▶ 세라믹 재질의 방탄판(Trauma Plate)과 레인저 방탄복(Ranger Body Armor) 출처: 엔하위키미러 방탄복 ◀

섬유 방탄재에는 케블라 이외에 적층(積層, Laminating)식(케블라는 직조(織造, Weaving)식이다)의 다이니마(Dyneema) 방탄재가 있고, 하드 플레이트 방탄재에도 세라믹 이외에 다른 성분의 방탄재도 다수 존재하지만, 현재는 케블라와 세라믹 방탄재의 성능에 미달하는 것으로 알려져 사용이 감소하는 추세이다.

최상의 방호력을 유지하기 위해서는 섬유 방탄재와 하드 플레이트 방탄재를 같이 사용하는 것이 이상적이다. 케블라 섬유로 이루어진 방탄복 내에 세라믹 재질의 하드 플레이트 방탄재를 삽입하는 형식이다. 이 경우에 소총탄은 물론, 다양한 파편으로부터 인체를 효과적으로 보호할 수 있다. 현재 전쟁지역(War Area)이나 고 위험지역(High Risk Area)에서 활동하는 군인이나 경호 · 경비업무 종사자들이 널리 착용하는 추세이다.

총기를 사용하게 되는 경호업무에 있어서는 특별한 경우가 아닌 한 방탄복의 착용은 필수적이다.

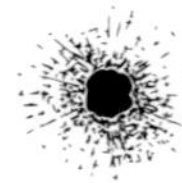

총기의 유지와 보수(Firearms Repair and Maintenance)

평소에 관리가 잘된 총기라 할지라도 현장에서 종종 고장이 나거나 작동이 원활하지 않을 때가 있다. 하물며 관리가 소홀한 총기는 굳이 말할 필요도 없다. 총기를 다루는 경호원은 이러한 고장이나 작동불량이 본인과 경호대상자의 생명과 직결됨을 명심하여, 올바르고 지속적으로 관리에 힘써야 한다. 총기 관리의 핵심은 '예방정비'에 있다. 예방정비란, 규칙적으로 검사하고 정비함으로써 어떤 시간과 장소에서도 즉각 원활한 기능을 발휘될 수 있는 상태로 총기를 유지시키는 것이다. 이러한 예방정비의 방법은 아래와 같다.

1. 총기 검사
- 육안(肉眼) 검사
- 기능 검사
- 도구 검사

2. 총기 정비
- 총기 수리
- 부품 교체
- 총기 청소

▶ 총기검사 하기전 유의사항 ◀

❶ 총기 검사

권총은 물론 모든 총기를 검사할 때 가장 먼저 해야 할 것은 총기를 안전한 상태로 만드는 것인데, 이를 '안전화 절차(Safety Procedure)'라고 한다. 이러한 안전화 절차가 완료되기 전까지는 총기에 실탄이 장전되어 있다고 가정해야 하므로 절대로 손가락을 방아쇠울(Trigger Guard) 안으로 넣어서는 안 된다. 세부적인 안전화 절차는 다음과 같다.

① 우선 슬라이드를 후퇴하여 고정시킨 후 ② 탄창을 제거하고 ③ 약실을 살펴 실탄이

장전되어 있는지를 확인하는데, 이때 습관에 의한 착각을 방지하기 위해 반드시 두 번 실시하며 확인 간에는 시선을 다른 곳으로 향하게 한다. 만약 실탄이 장전되어 있다면, 슬라이드(노리쇠)를 2~3회 후퇴 및 전진시켜 실탄이 추출 및 방출되도록 조치한다. 이후 ④ 노리쇠를 전진시켜 ⑤ 방아쇠를 당겨 주는데, 이때 실탄이 장전되어 있지 않음을 확인하였어도 총구가 사람이나 사물을 향하지 않도록 해야 한다. 이에 덧붙여 더 주의해야 할 점은 안전화 절차가 끝난 이후라 할지라도 특별한 경우가 아니면 방아쇠울에 손가락을 넣지 않아야 한다는 것이다. 안전화 절차는 비단 총기를 검사할 때뿐만 아니라 사격 훈련, 총기 인도(引渡) 등 다른 다양한 상황에서도 필요하므로 충분히 익숙해지도록 연습해야 한다.

▶ 안전화 절차 ◀

안전화 절차가 마무리되면, 우선 권총의 외부를 눈으로 주의 깊게 살핀다. 표면도색(表面塗色)의 상태 확인에서부터 부식되거나 파손된 부분은 없는지, 각종 핀(Pin)과 움직이는 각 부속의 위치가 제대로 되어 있는지 등을 세심하게 확인한다. 이때 권총의 외형은 대부분의 경우 공장에서 출고될 때와 차이점이 없어야 한다.

육안에 의한 검사가 끝나면, 곧바로 기능 검사를 실시한다. 권총의 슬라이드가 내부 복좌용수철의 정상적인 복원력에 의해 후퇴와 전진이 이루어지는지, 방아쇠가 평소와 같은 압력으로 격발되는지, 방아쇠의 당김으로 공이치기가 올바로 작동하는지, 각 멈치(Catch)가 그 기능을 제대로 발휘하는지 등을 확인한다. 방아쇠 검사 시 단동식 권총의 경우 공이치기가 후퇴된 상태에서만, 복동식 권총의 경우 공이치기의 상태에 상관없이 격발이 정상적으로 이루어져야 한다. 이때, 안전장치가 제대로 기능하는지를 반드시 확인한다.

도구 검사는 별도의 도구(게이지, Gauge)를 사용하여 권총의 정상적인 작동여부를 확인하는 방법이다. 총열의 직선도와 두격(頭隔, Headspace)에 대한 정상 작동 여부의 확인은 육안 및 기능 검사로는 불가능하다. 왜냐하면 보통 사람은 그것을 인지하기 매우 어렵기 때문이다. 그것보다 더 큰 문제는 직선도와 두격에 있어서 정상상태와의 미세한 차이가 권총의 오작동이나 고장을 일으켜, 심지어는 사수에게 상해를 입힐 수도 있다는 점이다.

두격의 경우, 게이지를 약실에 삽입한 후 노리쇠뭉치를 전진시켰을 때 불완전하게 폐쇄되어야 정상이다. 만약 완전히 폐쇄된다면, 마모가 상당히 일어난 경우이므로 총열을 교환해야 한다. 직선도의 경우, 게이지를 총강에 삽입 시 자유롭게 통과되어야 하는데, 그렇지 않을 경우에는 총열이 휜 것이므로 마찬가지로 총열을 교환해야 한다.

❷ 총기 정비

총기는 기계장치라고 볼 수 있다. 그러므로 별도로 관련 교육을 이수하였거나 자격(증)을 보유하고 있어 정식으로 인가된 인원이 아니라면, 절대 총기를 임의로 수리하는 일이 없어야 한다. 왜냐하면 대부분의 경우 수리를 위해 총기를 완전히 분해해야 하는데, 이는 굉장히 복잡하여 특별한 기술과 도구가 필요하기 때문이다.

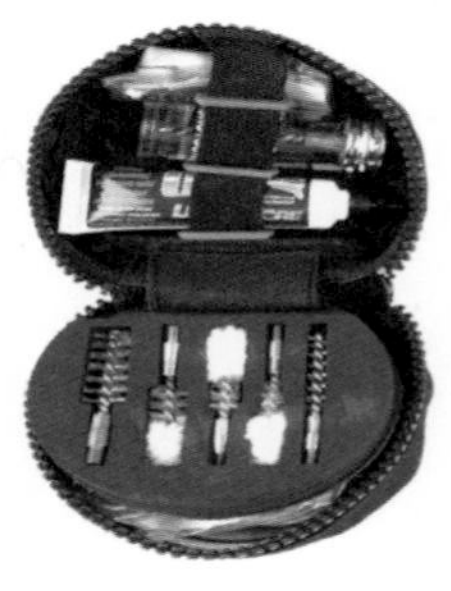

▶ 총기 정비도구 ◀

각 부품은 주기적으로 교체해야 한다. 이를 위해서는 총기 구입 시 제공되는 설명서를 참조하여 부품의 교체주기를 정확히 지켜야 한다. 이 경우에도 운용자에게 허용된 부품만 교체가 가능하고, 그 외의 경우에는 인가된 인원이 교체를 담당한다. 또한 설명서 상의 교체주기는 대개 일반적인 환경을 기준으로 하였으므로 운용자의 환경에 따라 때로는 더 일찍 부품을 교체해야 하는 경우도 있음에 유의한다. 교체 시일이 많이 남아 있는 경우라도, 총기 검사를 통해 이상이 발견되면 즉시 위와 같은 방법으로 교체한다.

앞서 기술한 총기 검사와 총기 정비 모두는 결국 주기적인 총기 청소를 통해 가능하다. 따라서 총기 청소는 총기의 유지와 보수를 위한 가장 기본적인 업무이다. 따라서 사격 후에는 물론 시간이 허락한다면 수시로 총기 청소를 실시한다. 총기 청소의 핵심은 방청(防錆, Anticorrosive)과 윤활(潤滑, Lubrication)이다. 대부분의 총기 부품은 금속으로 되어 있어 세심하게 관리하지 않으면 금방 녹(綠, Rust)이 슬게 된다. 또한 총기의 구동(驅動)부위는 화약의 강력한 힘을 받으며 움직이기 때문에 윤활처리가 잘되지 않으면 녹이 발생했을 때와 같이 원활하게 작동하지 않거나 최악의 경우에는 파손될 위험이 있다. 같은 총기라도 기후에 따라 청소방법에 변화를 주어야 하는 경우도 있음에 유의한다. 총기 청소 시 총기를 분해하게 되는데, 이때도 일반 운용자에게 허락된 수준까지만 분해한다. 총기에 대한 자세한 청소 방법은 해당 총기의 설명서에 포함되어 있으니, 반드시 꼼꼼히 확인한 후에 그대로 따른다.

"산탄총의 대명사 레밍턴 M870"

저자는 미국에서 교육당시 권총을 포함한 다양한 총기를 접하였다. 그중 첫 번째로 소개하고 싶은 총은 샷건인데, 그중에서도 우리들에게 매우 친숙한 이미지인 '레밍턴 M870'이다. 생산 초기에 매우 인기가 좋았다. 그 이유는 당시 다른 산탄총들에 비해서 내구성도 좋고 성능도 우수하기 때문이었고 현재 민간인뿐만 아니라 경찰에서도 보편적으로 사용되고 있다. 보기에 비해 상당히 중량감이 있는데, 대략 3.2~3.6kg 정도이다. 작동방식은 펌프액션 방식으로, 3~8발 가량의 튜브형 탄창식이다. 샷건은 작동방식에 따라 아래의 표와 같이 분류할 수 있다.

분류	작동방식	해당총기
펌프액션 · 수동식 (Pump-Action)	총열 아래 장전 손잡이를 앞뒤로 당겨 탄환을 장전하는 방식	대부분의 군 · 경찰용 산탄총 (레밍턴 870)
브레이크액션 · 중절식 (Break-Action)	총기의 중간을 꺾어서 탄환을 장전하는 방식	쌍열 엽총
레버액션 (Lever-Action)	총열 손잡이 부분의 레버를 아래위로 올리고 내리면서 탄환을 장전하는 방식	쌍열 엽총
반자동 (Semi-automatic)	탄환 발사 시 가스 반동을 활용하여 차탄을 자동으로 장전시켜 주는 방식	일부 군경용 총기 및 엽총 (비넬리 M1, SPAS-12등)

▶ 표 출처: 지식백과 네이버캐스트 샷건의 종류 ◀

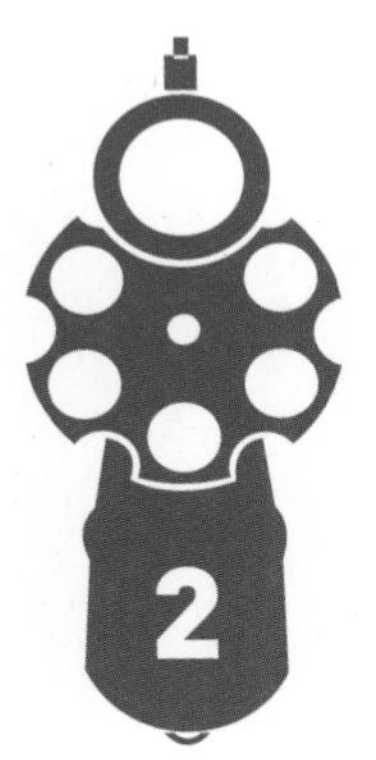

권총 소개
(Variety of Handgun)

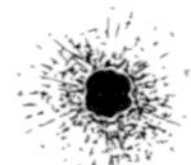

Auto-Ordnance Thompson Model 1911 A1 WWII

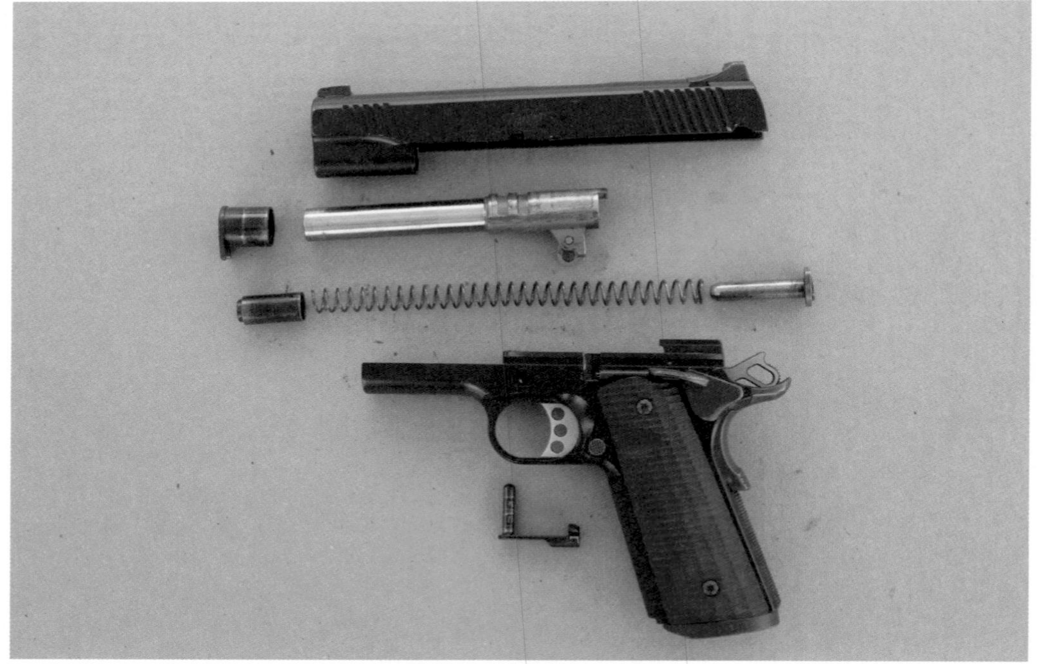

▶ MnP권총 및 보통분해도 ◀

▶ M1911 격발장면 ◀

구경	.45(0.45inch)	전장	210㎜
방아쇠 작동방식	싱글액션	무게	1,105g
장탄수	7발	총열길이	125㎜

1911년 미군에 제식으로 채택되면서 'M1911'이란 명칭을 받았다. 1911년 존 브라우닝이 설계하고 1927년에 약간의 개량을 한 뒤로 1차 세계대전은 물론 2차 세계대전을 거쳐 지금까지 이어져 내려오고 있다. 당시 리볼버보다 장탄수도 많고 사용하기도 쉬운 권총을 제작하던 도중에 나온 자동권총이다. *구경은 45ACP만 있는 것은 아니고, 여러 커스텀 모델을 개발하면서 9㎜부터 40㎜, 10㎜ 등등 다양한 구경의 모델이 나오기도 했다.

*기본적으로 상당히 튼튼하고 큰 설계다 보니 다른 탄을 사용하는 설계로 바꾸기에 용이한 편이다. 또한 *권총 치고는 무거운 편에 속하며, 그에 따라 방아쇠의 느낌도 예술적이라는 호평을 받는다. 45구경 권총으로 한때 국내 제식권총이었던 콜트 1911을 직접 격발해 보니 역시 반동이 강했다.

* 출처 : 엔하위키미러 콜트 M1911

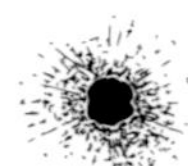

SMITH & WESSON MnP

▶ MnP권총 및 보통분해도 ◀

▶ MnP권총 격발 장면 ◀

구경	9㎜	전장	194㎜
방아쇠 작동방식	세이프액션(스트라이커)	무게	680.4g
장탄수	17발	총열길이	108㎜

2005년, 미국 총기회사 스미스 & 웰슨 사에서 개발한 신형 자동권총이 등장했다. *글럭과 유사한 공이치기 작동식 구조이므로 걸리적거리는 해머가 없고, 작동이 단순하며 방아쇠의 압력의 일정하다는 장점이 있다. 또한 공이치기 작동식이 갖는 항상 일정한 방아쇠압 작동구조의 장점과 더불어 방아쇠의 느낌이 좋다는 평이 있다. 우선 외관상으로는 콜트1911만큼 총열의 길이가 크며 무게감도 있다. 그러나 특이한 모양으로 시선을 잡기에 충분히 매력적이다. 반동도 글럭 정도의 반동에, 방아쇠의 압력도 상당히 좋은 편이다.

* 출처 : 엔하위키미러 SMITH & WESSON MnP

SIG SAUER P228

▶ P228 권총 및 보통분해도 ◀

▶ P228 권총 격발장면 ◀

구경	9㎜	전장	180㎜
방아쇠 작동방식	더블액션	무게	825g
장탄수	13발	총열길이	99㎜

1989년 SIG/SAUER사에 의해 개발된 권총으로, *기본적으로 같은 회사의 자동권총 P226의 슬라이드와 그립의 길이를 줄여 휴대성을 높인 컴팩트 버전이다. 상업적인 면에서는 오히려 P226보다 성공했다고 볼 수 있는 총으로, 미군에서는 1991년에 'M11'이라는 제식명으로 채용했었다. 그리고 글록으로 바뀌기 전까지 FBI 및 미국 백악관 경호실에서도 사용하였다고 한다.

글럭19를 사용하는 저자에게는 첫 격발을 할 때 방아쇠의 압력이 생각보다 높았다. 처음에는 기능고장인 줄 착각할 정도로 방아쇠를 당기는 힘이 높았는데, 두 번째부터는 깃털처럼 아주 부드럽게 방아쇠가 움직였다. 즉, 첫발의 방아쇠의 압력보다 이후 두 번째부터의 방아쇠의 압력이 부드럽게 당겨졌다.

* 출처 : 엔하위키미러 SIG SAUER P228

BG380

▶ BG380 권총그림 및 보통분해도 ◀

▶ BG380 격발장면 ◀

구경	.380 AUTO	전장	133㎜
방아쇠 작동방식	더블액션	무게	335.9g
장탄수	6발	총열길이	70㎜

*폴리머 프레임, 더블액션온리, 내장식 레이저 사이트를 갖춘 싱글스택 탄창에 380ACP 탄약을 사용하는 호신용소형 권총으로, 루거LCP급과 경쟁하는 제품이다. 다만 레이저 사이트가 붙은 만큼 가격 경쟁력에서는 살짝 떨어진다는 평이다. 이 제품의 디자인을 M&P 스타일로 재디자인하고 레이저 사이트를 뗀 모델을 'M&P 보디가드380'으로 생산 중이라고 한다.

다른 권총에 비해 작은 보디가드380은 크기가 작은 반면, 무게감도 있으며 방아쇠의 압력도 생각보다 높다. 반면, 격발할 때 반동컨트롤이 좋으며 전체적으로 격발하는 데 문제는 없다.

* 출처 : 엔하위키미러 SMITH & WESSON Bodyguard 380

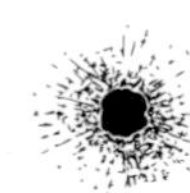

GLOCK G42

▶ GLOCK G42 권총 및 보통분해도 ◀

▶ 글럭 G42 권총 및 격발 모습 ◀

구경	.380 AUTO	전장	151㎜
방아쇠 작동방식	세이프액션(스트라이커)	무게	390g
장탄수	6발	총열길이	82.5㎜

글럭19와 비교해 보면, 크기와 무게가 거의 반 정도라고 할 수 있다. 포켓주머니에 넣고 다닐 수 있는 정도라고 생각하면 쉽게 이해될 것이다. 신기하게도 방아쇠의 압력은 글럭19와 별 차이가 없었으며, 상대적으로 손이 작은 저자에게는 그립감이 아주 좋았으며 반동컨트롤을 효과적으로 하기에 편했다. 그만큼 정확도가 좋다는 뜻이기도 하다. 글럭 G42의 분해된 모습은 글럭19와 크기만 다를 뿐 동일하다.

현재 미국 경찰들에게서 자주 등장하고 있으며, 특히 여성용으로 호응받고 있다고 한다.

GLOCK19

▶ GLOCK19 권총 및 보통분해도 ◀

▶ GLOCK19 격발장면 ◀

구경	9㎜	전장	174㎜
방아쇠 작동방식	세이프액션(스트라이커)	무게	595g
장탄수	15발	총열길이	102㎜

*1980년대에 가스통 글록(Gaston Glock)이라는 회사에서 개발된 권총으로, 권총의 대부분이 플라스틱으로 되어 있다. 물론 바렐, 슬라이드 같은 중요 부분들은 금속이며, 프레임에도 충격을 심하게 받는 레일과 방아쇠 구조 등에 금속을 삽입했기 때문에 금속탐지기에 걸린다. 싸고, 튼튼하고, 가볍고, 사용법도 단순하여 안정적이기 때문에 경찰뿐만 아니라 민간인들에게까지 유행을 불러왔다. 글록19는 글럭17을 약간 작게 만든 모델이며 글럭17보다 조금 작고 탄창에 15발이 들어간다. 호신용과 전투용 모두에 적합해서 크기와 실용성 면에서 최고라고 할 수 있다.

* 출처 : 엔하위키미러 GLOCK

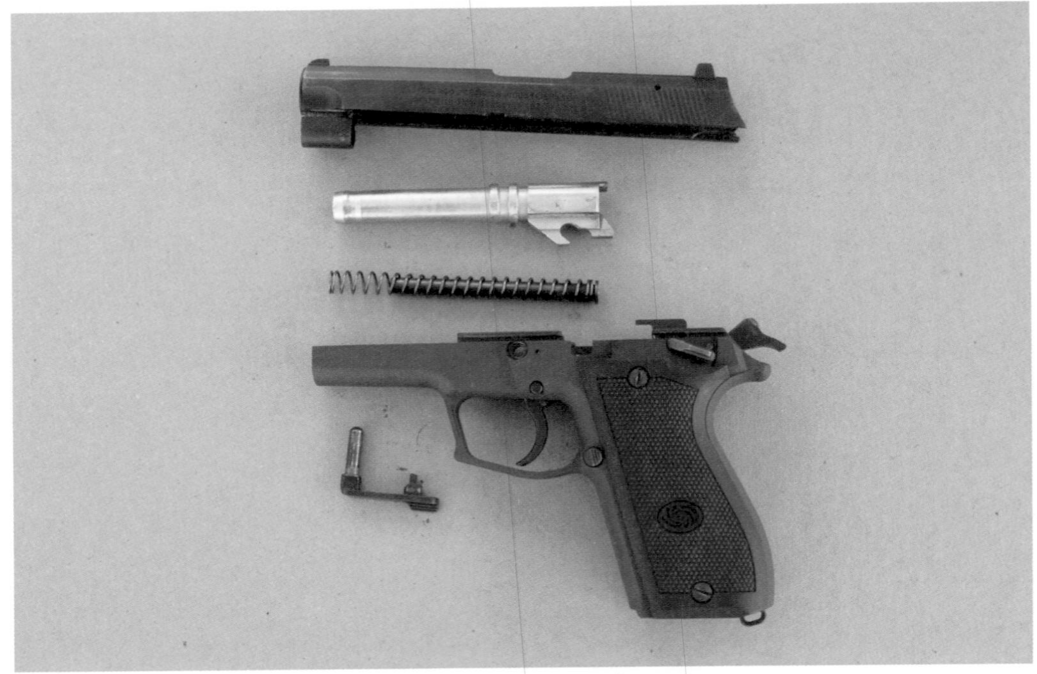

▶ 대우정밀 K5 권총 및 보통분해도 ◀

▶ 대우정밀 K5 격발장면 ◀

구경	9㎜	전장	190㎜
방아쇠 작동방식	패스트액션	무게	800g
장탄수	13발	총열길이	105㎜

*K5 권총은 대한민국의 대우정밀공업에서 만들어 한국군 장교와 전차병과 경찰 등에 보급되어 있으며, 해외수출용으로는 'DP-51'이라는 이름으로 판매되고 있다. 또한 패스트액션 방식으로, 싱글액션의 장점과 더블액션의 장점을 둘 다 가지고 있다. 장전수는 13이며, 유효사거리가 50m인 K5권총은 9M 파라블럼탄을 사용하고 있다. 또한 한국의 체형에 맞게 다른 외국권총들에 비하여 작게 제작되어 그립감이 좋다. 하지만 그에 반해 내부구조가 복잡하고 방아쇠를 당기는 길이가 길다는 단점이 있다. 그러나 K5는 가볍고 그립감이 좋을 뿐만 아니라 방아쇠압 자체는 가볍기 때문에 더블액션보다 유리하다. 이처럼 K5권총은 수출에도 성공하고 국산 최초로 만든 권총이면서 준수한 성능을 달성했다는 의미를 지닌다.

* 출처 : 위키백과 K5 권총

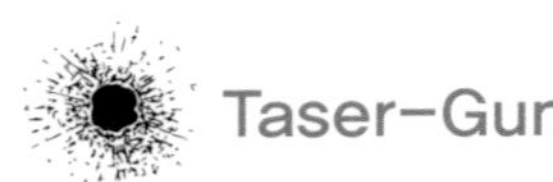

Taser-Gun

▶ 테이저건 X26 ◀

길이	153㎜	높이	800㎜
폭	33㎜	무게	175g

＊테이저건은 미항공우주국 연구원 잭커버가 발견하여 1974년 5년 동안 고심 끝에 권총처럼 생긴 전기충격기로 발명한 것이다. 어릴 때 읽었던 소설 주인공의 이름을 따 "토머스A. 스위프트 전기총"이라고 불렀는데, 머리글자를 모아서 '테이저'가 되었다. 테이저건은 현재 대테러 및 시위진압용 사법경찰들이 실총을 대신 사용하고 있으며, 현재 국내에 검찰 및 경찰 등이 사용하고 있고 민간인은 법적으로 구입 자체를 할 수가 없다.

테이저건은 총알 대신 위의 그림에서 보는 것과 같이 총기 앞부분에 카트리즈를 착용하여 두 개의 전류가 흐르는 침이 발사되며. 유효사거리가 6~7m정도이며, 카트리지를 뺀 상태에서도 일반 전기충격기처럼 사용할 수 있다. 전기충격의 성능은 양침에서 발생되는

5만 볼트의 전기가 흐르기 때문에 신경계를 마비시킨다. 실총의 대체 수단으로 테이저건으로 지급하였지만 테이저건에 맞고 호흡곤란이나 혈압저하 등 쇼크사로 희생되는 일이 종종 발생하였다. 이에 *테이저 제조회사는 근육신경을 잠시 마비시킬 뿐, 다른 장기에는 아무런 영향을 끼치지 않는 다 라고 말하고 있지만 인권단체들은 지금까지도 테이저건의 부작용을 지적하며 위험성을 말하고 있다.

* 출처 : 트렌드 지식사전 테이저건

위의 사진에서 보는 것과 같이 총열 앞에 박스처럼 카트리즈를 끼고 엄지손가락으로 일반 권총으로 보면, 탄창멈치 쪽 위에 안전장치를 S에서 L로 이동시키면 오른손 V자 홈 위치의 액정에 충전숫자가 뜬다. 이때 방아쇠를 당기면, 음극과 양극선 앞에 화살처럼 보이는 봉을 발사하여 전기 충격을 주는 방식이다.

테이저건은 카트리지에 따라 평균 7m이지만, 먼 거리(최고 30m)에서 상대방을 제압할 수도 있다고 한다. 또한 카트리지를 뺀 상태에서의 테이저건은 일반 전기충격기로도 사용할 수 있다.

"볼트액션 저격총"

두 번째로 소개하고 싶은 것은 레밍턴 M700 볼트액션 저격총이다. 레밍턴 M700 볼트액션 저격총은 레밍턴사에서 개발하였으며 한발한발 수동으로 장전하는 방식인 볼트액션이며 미국 경찰, 국경수비대에서 많이 사용하고 있으며 미육군 및 해병대에서는 이 저격총을 기반으로 개량된 저격총을 사용하고 있는데 미육군이 채용한 M24 저격소총이나 미해병대가 채용한 M40 저격소총은 모두 레밍턴 M700을 군용으로 개조한 것이다. 특히 미 해병대 저격수들이 사용하는 M40A3저격소총은 레밍턴 M700소총을 바탕으로 미해병대가 콴티코 해병 병기창에서 직접 개조했다고 한다. 최대 유효사거리는 915m에 불과하지만, 조준경 십자선에 포착된 목표는 절대 빗나가는 경우가 없을 정도로 높은 명중률을 자랑한다고 한다.

전체길이가 1124mm 이며 7.5kg의 무게를 가지고 있으며 10배율 조준경을 달고 사용하고 있는 M40A3는 현재 M40A5라는 신형 저격총으로 서서히 교체중이라고 한다.

대부분 저격총의 정확도의 표시는 MOA로 표시하는데, 여기에서 'MOA'란 'Minute Of Arc'의 약자이다. 1MOA라고 하면 100야드당 1인치를 말하는데, 숫자가 커질수록 명중률이 떨어지고 숫자가 작아질수록 명중률이 높다는 뜻이며 대부분의 저격총의 명중률은 1MOA 안쪽이라고 보면 된다.

…› 참고로 레밍턴 M700의 정확도(명중률)은 0.8MOA이다.

CHAPTER

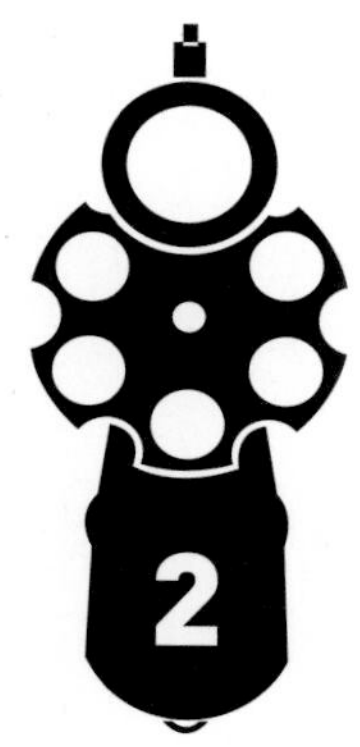

기초 탄도학

(Basics of Ballistics)

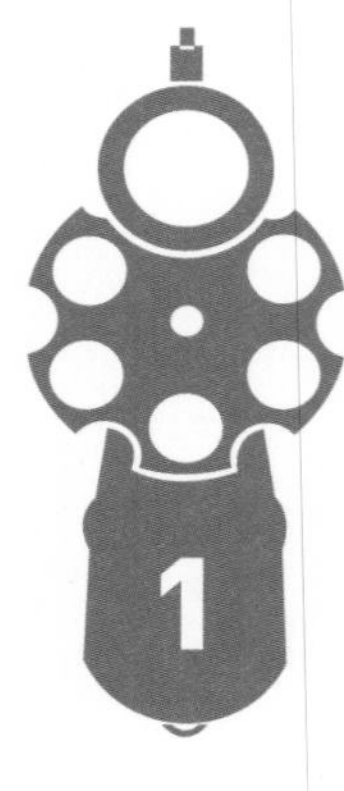

기초 강내 탄도학
(Basic Interal Ballistics)

"방아쇠는 누구나 당길 수 있다." 이처럼 총기는 단순한 무기이지만 원거리 무기이기 때문에 칼이나 창처럼 그 자체를 다루는데 지나지 않고, 발사된 총탄이 원하는 표적의 원하는 위치에 맞을 때까지의 전체적인 과정을 알아야 비로소 효과적으로 사용할 수 있다.

두산백과의 정의에 따르면 탄도학이란 "총포탄 · 미사일 · 로켓 · 폭탄 등 비상체(飛翔體)가 추진제의 연소 · 폭발에 의해서 운동을 시작할 때부터 운동을 멈출 때까지 일어나는 여러 현상, 그 운동에 영향을 끼치는 여러 조건 등을 연구하는 분야"라고 한다. 쉽게 풀이하자면, 총탄(탄도학에서는 '탄자'라고 부른다)이 표적에 맞을 때까지의 현상과 조건 등에 대해서 알려 주는 학문이라는 것이다.

총기는 칼로 베거나 창으로 찌르는 것처럼 행위가 즉시 결과로 연결되는 무기가 아니다. 행위와 결과를 직접 통제할 수 있는 이러한 접근형 무기와는 달리 총기는 기온, 습도, 풍향과 풍속, 표적의 성질 등 통제할 수 없는 다양한 요소에 관한 지식과 그 활용법은 물론, 그 표적이 되는 대상에 대해 정확히 알아야 제대로 사용할 수 있는 무기이다. 통제할 수 없다면 이용해야 한다. 총기학과 더불어 기초적인 탄도학 지식을 습득한다면, 총기를 단순한 기계장치 이상으로 사용할 수 있다. 앞서 서론에서 언급했듯이 탄도학 부분은 이흥주 편저 〈총과탄도학〉(1996, 청문각) 및 권호영 외 〈총기학〉(2004, 도서출판골드) 부분을 요약 및 참조하였다.

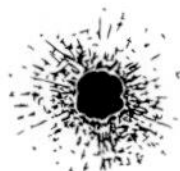

강내 탄도학의 소개(Introduction to Internal Ballistics)

"강내 탄도학(Interior Ballistic)은 추진제의 연소로 발생한 추진가스의 힘을 받는 동안 강내(腔內)에서 움직이는 탄자의 운동특성을 연구하는 운동역학의 한 분야이다(이흥주 편저, 총과 탄도학의 2-1)." 풀이하자면, 탄자가 발사된 직후부터 총강을 떠나기 직전까지의 현상에 대해 연구하는 학문을 말한다. 강내 탄도학은 탄자를 발사시키는 추진제, 추진제의 연소로 발생하는 추진가스의 운동, 그리고 그 추진가스로 인한 탄자의 운동(총(포)구를 떠나기 직전까지의)에 대해 연구한다.

이 절에서는 권총 운용자로서 요구되는 강내 탄도학의 기초적인 지식인 추진제의 특성과 총열의 구조, 탄자의 발사과정, 실탄의 속도, 강선(腔綫, Rifling)의 역할과 총기의 반동력(反動力) 현상에 대해 설명한다. 탄도학은 총과 포, 미사일 등 모든 비상체의 운동에 관한 폭넓은 학문이므로 반드시 필요한 것이 아니라면 내용이 산만해지지 않도록 권총에 한정하였음을 참조하기 바란다.

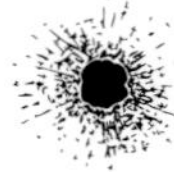

총열의 구조(Structure of Gun Barrel)

총열의 구조를 알면, 강내 탄도학의 기초적인 부분들을 이해하기가 더욱 쉬워진다. 여기서 총열의 구조에는 아래 그림과 같이 총열, 약협을 통해 추진제와 탄자가 일체화되어 있는 고정식 탄약(이하 '탄약')과 공이 그리고 노리쇠가 포함되어 있다.

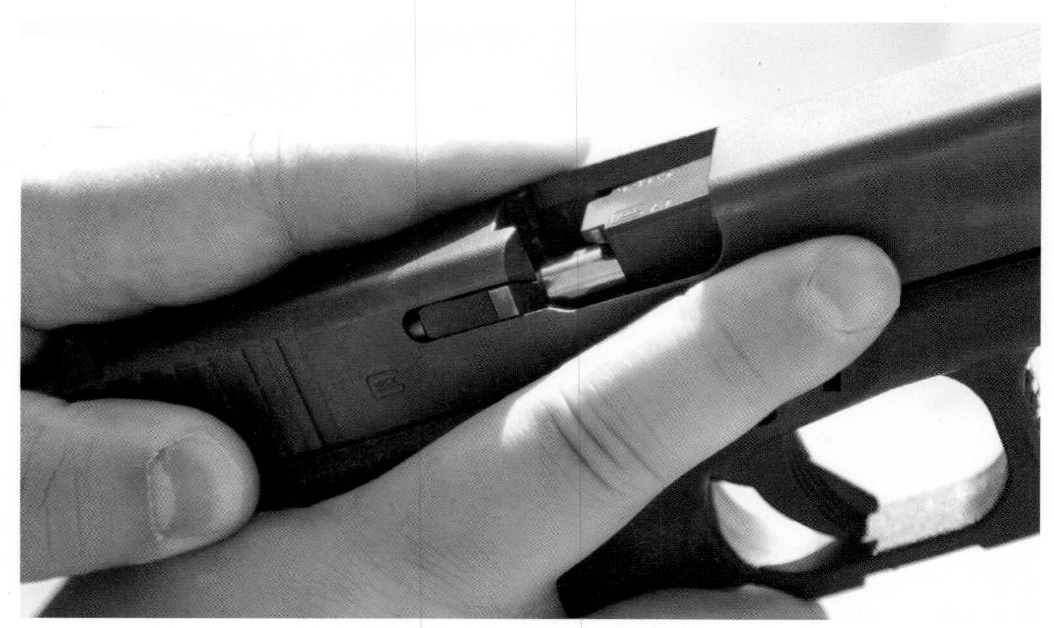

▶ 약실에 탄약이 장전된 모습 ◀

탄약이 장전된 총열은 크게 약실부와 강선부로 나누어져 있으며, 발사된 탄자는 추진제의 연소로 인한 추진가스의 압력으로 인해 총강 내에서 총구 방향으로 이동한다. 탄자가 이동하기 전에 탄약이 위치하고 있는 부분인 약실은 통상 총구의 반대방향 총열 끝부분에 위치하며, 추진제의 급격한 연소로 팽창하는 약협의 파손을 방지하기 위해 매우 밀착되도록 설계되어 있다.

제1장에서 잠시 설명한 바와 같이 약실과 약협이 밀착되어 있지 않으면 약협이 파손되거나 총열 자체가 손상될 수 있다. 그래서 약실과 약협의 밀착을 보장하는 특별한 장치가 필요한데, 이것을 '폐쇄기(閉鎖機, Breach Block)'라 부르며 권총이나 소총에서는 '노리쇠'라 한다. 대부분 노리쇠는 단일 부품이 아니라 내부에 공이, 스프링 등이 같이 결합되어 있어 이를 '노리쇠뭉치'라 한다. 노리쇠뭉치는 약실과 약협뿐만 아니라 탄자와 총강의 밀착도 가능하게 한다. 운동의 효율성과 강선의 효과를 높이기 위해 탄자와 총강도 서로 밀착되어 있어야 하며, 이 기밀(氣密)은 탄자의 탄대(彈帶, Rotating Band)에서 이루어지며, 강선은 탄자가 총강 내를 이동할 때 회전력을 제공한다. 약실에서 강선에 이르는 부분은 원추형(圓錐形)으로 되어 있으며 '강압원추부(强壓圓錐部, Forcing Cone)'라 한다.

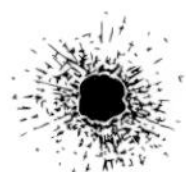

탄자의 발사과정(Firing Process of a Bullet)

탄자를 발사하기 위해서는 먼저 탄약이 노리쇠뭉치를 통해 약실에 정상적으로 위치하여야 한다. 그 후 방아쇠를 당기면 공이치기가 공이를 충격하고, 곧이어 공이는 탄약의 후미에 있는 뇌관에 물리적 힘을 가하여 폭발시킨다. 뇌관의 폭발로 인해 추진제의 연소가 시작되고, 그 결과로 발생된 고온 · 고압의 추진가스가 탄자를 발사하게 된다. 뇌관에 물리적 충격이 가해지는 순간부터 추진제가 연소하는 때가지 소요되는 시간은 소구경 화기의 경우 1,000분의 1초 이하이다. 이러한 점화과정(뇌관의 폭발에서 추진제의 연소까지의 과정)에서 이보다 긴 시간이 소요된다는 것은 해당 추진제가 적합하지 않음을 말한다. 소위 '폭발구름(Explosion Cloud)'이라 불리는 추진가스의 온도는 그 성분에 따라 다르지만 통상 2,000~4,000K다.

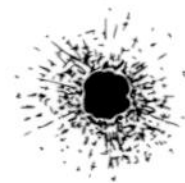

실탄의 속도(Speed of a Bullet)

탄약의 뇌관이 폭발하여 추진제의 연소가 시작한 실탄은 총구에서 얼마 떨어지지 않은 지점에서 최대 속도에 이른다. *최대속도에 도달한 후의 실탄은 관성력에 의해 운동을 계속하나 공기저항에 부딪혀 속도가 줄기 시작하는데, 실탄의 속도는 특정 단계에서 표현할 때 비로소 의미를 가진다. 즉, 실탄의 속도를 측정 및 결정할 때는 실탄이 총구를 떠나는 순간부터 여긴다. 다시 말해, 실탄이 총구를 떠나는 순간의 속도를 실탄의 탄속이라고 한다. 소구경 소총의 경우, 실탄의 탄속은 초당 305~345m 정도이며, 실탄의 탄속은 탄약뿐만 아니라 총기의 가장 중요한 특성 중의 하나이다. 그러나 탄도의 특성은 탄속 하나만으로 결정 지어지는 것은 아니며, 여러 가지 요소들에 의해 결정된다.

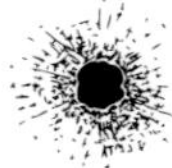

총기의 반동력 현상(Gun's Recoil Phenomenon)

약실에 장전된 탄약의 추진제가 연소되면서 팽창한 추진가스의 압력은 주위의 모든 표면으로 균등하게 작용한다. 하지만 견고한 약실벽으로 인해 상대적으로 약한 부위인 탄자와 약협의 결합방향으로 압력이 몰리고, 그 압력을 버티지 못한 탄자와 약협은 분리되어 탄자가 운동하게 된다. 이때 추진가스의 압력은 작용반작용의 법칙(作用反作用-'法則, law of action and reaction)에 의해 탄자가 이동하는 방향과 동시에 그 반대방향으로도 작용하게 되는데 이것을 '반동(反動, Recoil)'이라고 하며, 통상 탄자가 총구를 벗어나는 순간 최대치가 된다.

반동이 일어나면 총기의 무게중심을 기점으로 우력(偶力, Couple)이 발생한다. '우력'이란 양손으로 자동차의 운전대를 돌리는 것과 같이 크기는 같고 방향은 반대인 힘을 의미하는데, 이를 제대로 조절하지 못하면 사격 시 총구가 움직여 명중률이 현저히 떨어진다. 이 때문에 사람들은 보통 이 우력을 반동으로 생각한다. 통상 반동이 크면 우력도 크기 때문에 일맥상통(一脈相通)하는 의미이긴 하지만 말이다.

* 총포화약안전기술 협회 "권총 및 소총의 탄도(彈道)에 영향을 미치는 여러 가지 요소"에 대한 연구보고서

▶ 권총사격 시의 우력 ◀

반동으로 인한 총구의 움직임을 막기 위한 유일한 방법은 우력이 발생하지 않도록 하는 것이다. 즉, 우력을 발생시키지 않을 수만 있다면 총구의 움직임은 사라지게 된다. 그러나 이는 사람의 능력으로는 불가능한 일이다. 총기를 사용하면 반동과 우력은 반드시 일어난다.

물론 기계적인 설계를 통해 반동과 우력을 감소 시킬수는 있지만 제거 할 수는 없다. 그러므로 우수한 운용자는 반동과 우력에 대해 잘 알아야 하며, 이를 최소화하기 위한 노력을 기울여야 하것이 필수적이다. 후에 더 자세히 배우게 되겠지만, 운용자의 입장에서 반동과 우력을 효과적으로 제어하여 명중률을 향상시키기 위한 방법은 오직 올바른 파지법(把持法, Grip)과 자세를 유지하는 것 이외에는 없다.

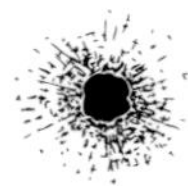

강선의 역할(Role of the Groove)

강선의 목적은 탄자가 총구를 떠나 안정적으로 비행할 수 있도록 탄자에 회전력을 제공하는 것이다. 종류가 무엇이든 총구를 떠난 탄자는 불규칙한 대기(大氣, Atmosphere 혹은 공기)의 저항을 받게 된다. 이러한 대기의 저항을 극복하고 탄자를 안정적으로 비행시키기 위한 방법에는 두 가지가 있는데, 그것은 바로 '날개안정법(~安定法, Fin Stabilization)'과 '회전안정법(回轉安定法, Spin Stabilization)'이다.

날개안정법은 탄자의 후미에 날개를 부착하는 것으로 화살이나 박격포탄, 미사일 등이 이에 해당한다. 탄자의 길이가 탄자의 단면직경의 6배 이상이 되는 긴 탄자의 경우에는 회전안정법을 이용하여 비행안정성을 얻기가 어렵기 때문이다. 하지만 날개안정법을 이용하면, 날개에 의해 항력(抗力, Drag)이 발생하고 횡방향의 바람에 많은 영향을 받게 된다는 단점이 있다. 그래서 탄자의 길이가 짧은 경우에는 회전안정법을 사용한다. 강선은 회전안정법을 적용한 탄자가 총강을 이동하는 동안 탄자에 강제로 회전력을 제공하는 역할을 한다.

탄자가 발사되면, 탄자의 탄대부가 강선을 지나는 동안 강선등에 의해 깎이면서 나선형의 강선홈을 따라 회전을 시작한다. 나사의 원리와 비슷하다고 생각하면 이해하기 쉽다. 이것이 가능하기 위해서는 탄대부의 직경이 총강의 직경(구경)보다 약간 커야 하며, 강선등에 의해 깎일 수 있도록 탄자의 표면이 질기고 연해야 한다. 이것이 바로 탄자의 표면이 구리합금으로 제작되는 이유다.

만약 탄자가 날개안정법이나 회전안정법을 통해 회전력을 얻지 못하면, [그림 1]처럼 탄저가 먼저 떨어지는 현상이 일어날 수 있다. 이와는 반대로 과도한 회전력을 가지면, [그림 2]와 같이 탄자가 지나치게 안정되어 탄저나 탄대가 먼저 떨어질 수 있다. 또한 회전력이 부족하면 탄자가 너무 빨리 지면을 향하게 되어, [그림 3]처럼 사정거리(射程距離)가 감소하게 된다.

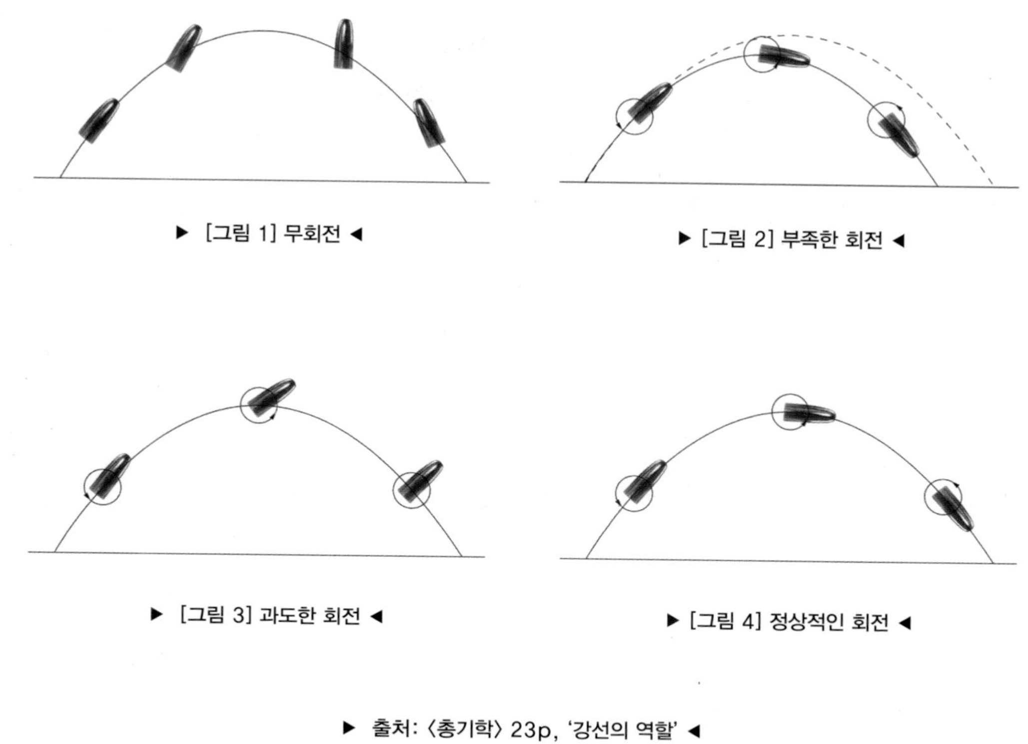

▶ [그림 1] 무회전 ◀

▶ [그림 2] 부족한 회전 ◀

▶ [그림 3] 과도한 회전 ◀

▶ [그림 4] 정상적인 회전 ◀

▶ 출처: 〈총기학〉 23p, '강선의 역할' ◀

강선을 통한 탄자의 회전율은 "40캘리버(Caliber) 1회전" 또는 "12인치(Inch) 1회전"과 같이 표현한다. 즉, 탄자가 1회전 하는 데 필요한 총강의 길이로, 탄자의 회전율을 나타낸다. 알다시피 캘리버는 '구경'이라는 의미가 있으므로 '40캘리버'는 탄자 구경(직경)의 40배에 달하는 길이를 뜻한다.

강선의 종류는 "0조 우(좌)선"이라는 표현을 쓴다. 예를 들어 '6조 우선'이라 함은 6개의 강선홈이 탄자를 시계방향으로 회전시키도록 설계된 강선을 말한다.

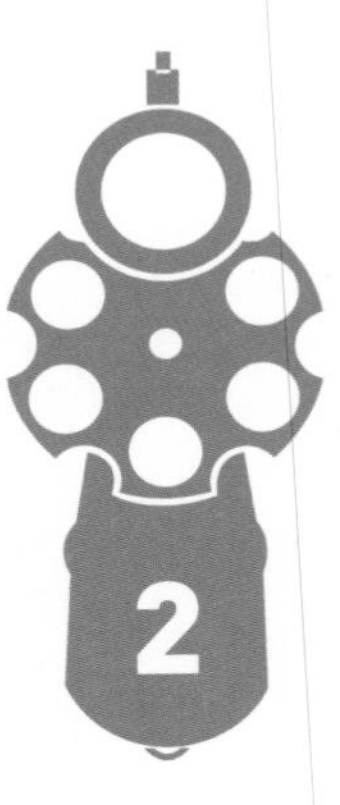

기초 강의 탄도학
(Basic External Ballistics)

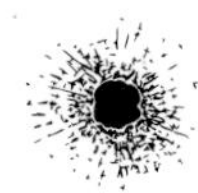

강외 탄도학의 소개(Introduction to External Ballistics)

"강외 탄도학(External Ballistics)은 탄자가 총구 또는 포구를 떠나 어떤 매개체를 통하여 목표까지 비행하는 동안 탄자의 운동특성을 연구하는 탄도학의 한 분야이다(이홍주 편저, 〈총과 탄도학〉의 4-1)." 결국, 강외 탄도학이란 총구를 벗어난 탄자가 표적에 맞을 때까지의 현상에 대해 연구하는 학문으로 운용자의 입장에서는 가장 중요한 부분을 다룬다고 볼 수 있다.

여기서 '매개체'란 총구와 표적 사이의 공간을 채우고 있는 일종의 매질(媒質, Medium)로서 현실에서는 지구의 대기(공기)에 해당한다. 또한 강외 탄도학에서 '탄자'란 그 모양 전체가 아닌 질점(質點, Material Point)을 말하며, 무게중심 정도로 이해하면 편하다. 그래서 탄도란 매개체 내에서 총구를 떠난 탄자가 목표까지 비행하는 동안 탄자의 질점에 의해 그려진 가상의 실선으로 보면 된다. 이 절에서는 권총 운용자가 반드시 알아야 할 강외 탄도학의 기초적인 지식인 탄자의 운동과 중력과 공기저항의 작용, 탄도의 특성 그리고 실탄의 분산과 소음기의 원리에 대해 학습할 것이다.

탄자의 운동(Movement of Projectiles)

발사된 탄자가 총강 내부에서 총구방향으로 이동하면, 탄자의 전방에 있는 공기는 탄자의 이동에 의해 압축되면서 총구 밖으로 빠져나간다. 이 공기는 정지하고 있는 외부의 공기(대기)와 매우 빠른 속도로 부딪히는데, 이로 인해 충격파(衝擊波, Shock Wave)가 발생하게 된다. 이 충격파는 사방으로 전파되면서 주위 공기를 급격하게 교란시킨다. 그런데 탄자가 총구를 완전히 빠져나오기 전에 소량의 추진가스가 먼저 총구를 통해 빠져나오게 된다. 이 추진가스는 높은 압력으로 인해 대기 중에서 급격히 팽창하여 또 다른 충격파를 발생시키며, 이를 '총구폭풍(Muzzle Blast)'이라고 한다. 총구를 빠져나온 추진가스는 일시적으로 탄자보다 앞서 진행하게 되지만, 질량이 매우 작아 대기와의 마찰로 인해 곧 그 속도가 감소하게 되고, 탄자는 추진가스를 벗어나 계속 진행하게 된다.

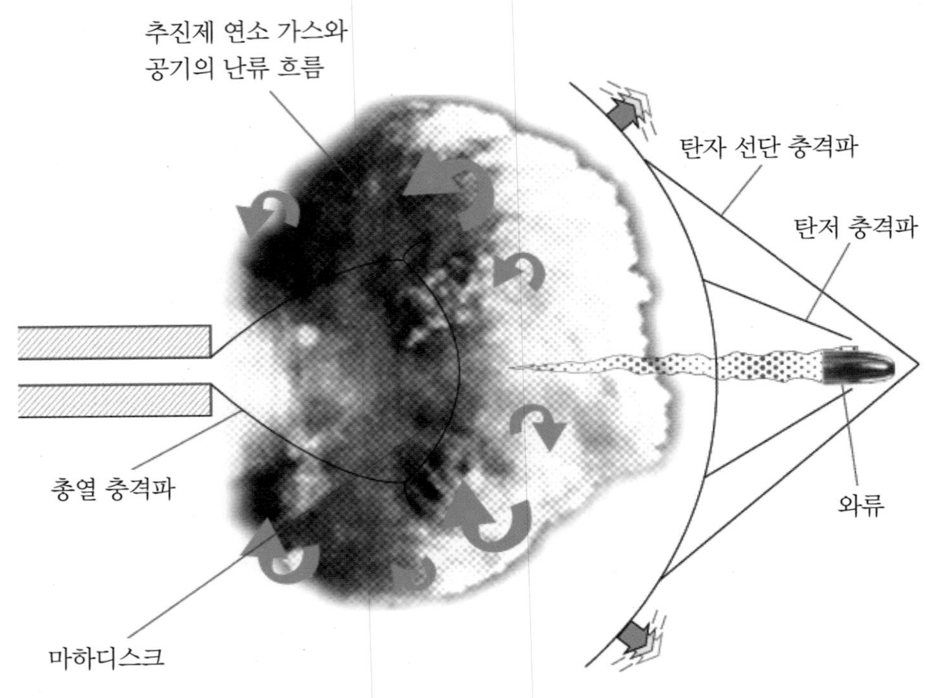

▶ 출처: 이흥주 편저 〈총과탄도학〉 그림4.4 충격파의 형성 ◀

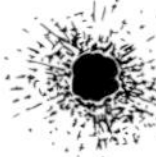 중력 및 공기저항의 작용(Effect of Gravity and Air Resistance)

강외 탄도학이 탄도학의 핵심이라면, 탄도의 특성을 이해하는 것이야말로 강외 탄도학의 핵심이며 운용자가 기초적인 탄도학을 공부해야 하는 가장 큰 이유라고 할 수 있다. 제1부에서 앞서 배운 모든 지식 또한 이를 위한 것임을 참조하기 바란다.

탄자가 이동하는 매개체인 대기의 상태는 시간과 상황 그리고 운용자의 위치 등에 따라 천차만별이므로 실제 탄도를 일일이 계산하는 것은 매우 복잡하며 사실상 불가능하다. 따라서 기준이 되는 일반적인 탄도를 도출하는 것이 필수적인데, 이를 '표준탄도'라고 한다. 표준탄도는 매개체가 없는 진공상태에서의 탄도를 산출한 뒤, 지구의 표준대기의 핵심요소를 적용하여 구한다. 여기서 공부하게 되는 탄도는 그 특성을 가장 잘 살펴볼 수 있도록 소총의 것을 기준으로 하였다.

만일 중력이 없다면, 발사된 탄자는 총강의 방향인 총강선을 따라 계속 직선운동을 할 것이다. 하지만 중력과 대기의 영향에 의해 실제로는 포물선 운동을 한다. 물론 짧은 사정거리(이하 '사거리')에 있어서는 탄자의 운동이 거의 직선처럼 보이지만, 현실에서는 포물선으로 이동한다. *또한 공기저항이 없고 중력만이 작용할 때는 실탄은 아래로 떨어지며 수직 낙하할 것이다. 이 때문에 공기저항이 없는 진공상태에서 실탄이 중력의 작용만을 받으면서 관성력에 이동한다면, 실탄은 총열끝부분 밑으로 낙하할 것이다. 즉, 실탄은 표적 아래에 맞게 될 것이다.

탄도학 부분으로 이해한다면, 표적에 정확하게 명중하기 위해서는 조준점이 표적의 조금 위에 있어야 한다는 결론에 도달한다. 총열에서 떠난 실탄이 표적을 향해 이동하면서 실탄에 큰 영향을 미치게 하는 것이 공기저항인데, 겉으론 보기엔 '과연 공기가 실탄의 속도를 크게 감소시킬까?' 하는 의문을 제기할 수 있다. 하지만 *실제로 실탄에 작용하는 공기저항력은 매우 크다. 실탄의 무게가 단지 몇 그램에 불가하다는 사실을 고려해 본다면, 쉽게 이해할 수 있을 것이다.

격발 후 표적을 향해 이동하는 실탄은 초음속으로 이동하는데, 이 실탄의 앞부분에 공기가 압축된다. 실탄 전면에 형성되는 이 공기압축부는 실탄의 이동을 방해하며, 때로는 끌어당겨 실탄의 탄속을 늦추기도 한다.

결론적으로 공기저항을 받은 실탄은 정상적인 포물선의 형태를 무너뜨려 비대칭 곡선을 갖게 되며, 중력의 작용을 받아 실탄이 아래로 떨어지기 시작하면 공기입자는 실탄의 앞부분뿐만 아니라 측면에서도 압력이 가해진다.

공기저항력은 실탄의 이동을 느리게 할 뿐 아니라 실탄을 뒤쪽으로 기울게 만든다. 그러므로 실탄의 안정성을 유지하기 위해서는 종축을 중심으로 회전운동이 필요하기 때문에 총열의 강선에 생기게 되었다. 이 강선 안에 파인 홈 때문에 실탄은 총열에 따라 이동하는 동시에, 그 종축을 중심으로 회전하면서 표적을 향해 안정성 있게 이동하는 것이다.

* 총포화약안전기술 협회 "권총 및 소총의 탄도(彈道)에 영향을 미치는 여러 가지 요소"에 대한 연구보고서

표적을 바라보는 운용자의 시선, 즉 총기의 가늠자와 가늠쇠를 거쳐, 운용자가 탄자를 명중시키기 원하는 표적상의 한 지점인 표적점(標的點, Target Point, 혹은 조준점 · 照準點)에 이르는 직선을 '조준선'이라 하고, 그 거리를 '표적거리(Target Range, 혹은 사거리)'라 부른다. 조준선은 통상 총강선과 예각을 이루고 있는데, 이를 사각(射角)이라 한다. 하지만 한 가지 참고할 것은 표적점이 반드시 조준선 상에 위치하지 않을 수도 있다는 점이다.

이 사각으로 인하여 탄자는 조준선 아래로부터 포물선 운동을 하게 되므로 조준선과 탄도가 만나는 지점은 두 곳에 형성된다. 운용자를 기준으로 멀리 있는 것을 '영점(零點, Zeroing Point)', 가까이 있는 것을 '부영점(副零點, Secondary Zeroing Point)'으로 부르며, 영점까지의 거리를 '영점 목측사거리(目測射距離, Eye Observation Range)'라 한다.

결국 운용자가 표적점에 탄자를 명중시키기 위해서는 영점과 표적점을 일치시키는 작업을 해야 한다. 다시 말하면 표적거리와 영점 목측사거리를 동일하게 설정해야 한다는 것인데, 이를 '영점수정(Zeroing)'이라 한다. 영점수정은 반드시 실제 사격을 통하여 가능하기 때문에 '영점사격(Zeroing Fire)'이라고도 부른다. 이는 일정한 표적거리에서 탄자가 도달하는 탄착점을 표적점에 일치시키는 매우 중요한 작업이다. 영점사격 시의 표적거리는 임의대로 정할 수는 있지만, 대부분 표준탄도를 기준으로 한 최적의 표적거리대로 설정하여야 한다.

만약 부영점과 영점이 형성되는 거리를 안다면 영점사격은 상대적으로 가까운 부영점이 형성되는 사거리를 기준으로 실시하면 된다. 예를 들어, 우리나라에서 국군에서 사용하는 K-2 소총의 경우 부영점은 25m, 영점은 250m에서 형성되는 표준탄도를 가지고 있으므로 영점사격은 25m에 표적을 두고 실시하게 된다. 이렇게 25m 거리에 있는 표적에 영점수정을 완벽하게 하면, 250m에 있는 표적에도 탄자를 조준한 곳에 탄착시킬 수 있다.

그런데 영점수정이 완벽하게 마무리되었다 할지라도 영점은 단 한 곳뿐이며 표적거리도 정해져 있다. 만약 새로운 표적의 표적거리가 영점 목측사거리와 다를 경우에 매번 다시 영점수정을 실시해야 한다면, 매우 번거로울 뿐만 아니라 특별한 경우가 아니면 전술적으로도 올바르지 않다. 그래서 일종의 편법을 사용하게 되는데, 그것이 바로 '오조준(誤照準, Truing)'이다. 오조준은 탄도 상에는 존재하나 영점수정이 완료된 조준선 상에는 위치하지 않은 새로운 표적점에 탄자를 탄착시키기 위한 방법이다. 표적이 영점 목측사거리에 정확히 있는 경우는 매우 드물다. 따라서 운용자가 표적에 탄자를 명중시키기 위해서는 실제 표적의 표적거리와 영점 목측사거리와의 거리편차에 따른 예상 탄착점을 정확히 이해하고 있어야 한다. 이러한 능력은 오직 끊임없는 훈련과 경험을 통해서만 가능하다.

소총의 경우, 부영점을 기준으로 그보다 짧은 사거리의 표적점은 약간 상향으로 그보다 길되, 영점 이내에 있는 표적점은 약간 하향으로 오조준을 실시해야 한다. 권총의 경우에는 유효사거리와 총열이 짧아 탄도의 편차가 소총보다는 덜하므로 다행히 언제나 표적점을 조준하면 된다. 만약 표적이 정확하게 영점 목측사거리에 위치하였다 할지라도, 실제 탄도는 대기의 영향을 받기 때문에 탄착점이 다른 경우가 많다. 이러한 경우에도 상황에 따라 오조준을 통하여 표적을 명중시켜야 한다.

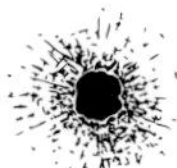

실탄의 분산 (Bullet Dispersion)

동일한 조건을 가지고 다수의 탄자를 발사한다면, 모두가 동일한 탄도를 가지고 동일한 지점에 탄착이 되리라고 생각할 수 있다. 하지만 그 '동일한 조건'을 현실에서 갖추기란 불가능하다. 왜냐하면 공장에서 통일된 규격으로 만들었더라도 탄자의 모양과 크기, 질량과 표면의 질감, 추진제의 연소속도 등에 미세한 차이가 존재하는데, 이러한 미세한 차이로도 탄도에 큰 영향을 미칠 수 있기 때문이다. 이뿐만 아니라 탄도가 가장 큰 영향을 받는 대기조차도 동일한 조건을 가지지 않고 시시각각으로 그 상황이 변하게 마련이다. 거기에다 탄자가 지나가는 총강의 마모도와 진동의 차이, 운용자의 자세와 조준점 또한 완전히 동일할 수는 없다.

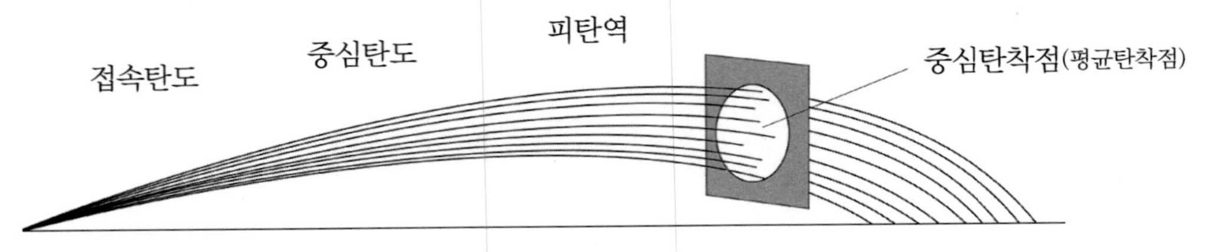

▶ 출처: 이흥주 편저 〈총과탄도학〉 그림5.28 접속탄도와 중심탄도 및 피탄지역 ◀

이러한 차이를 최소화하여 최대한 동일한 조건 하에서 탄자를 발사하더라도, 발사된 다수의 탄자는 각각 고유의 탄도를 가지므로 탄착점이 흩어지게 된다. 이러한 탄자들의 탄도를 종합하여 나타내면, 위의 그림과 같이 다발의 형태로 나타난다. 그리고 탄착점이 모인 피탄면(被彈面, Impact Area, 피탄지역)을 보면, 원 혹은 타원 안에 탄착이 이루어지는 것을 알 수 있다. 이렇게 원 혹은 타원 안에 이루어진 탄착점들의 집합을 '탄착군(彈着群, Impact Group)'이라 하며, 그 중심을 '평균탄착점'으로 부른다. 평균탄착점은 사격 시에 탄착과 조준의 기준점이 된다.

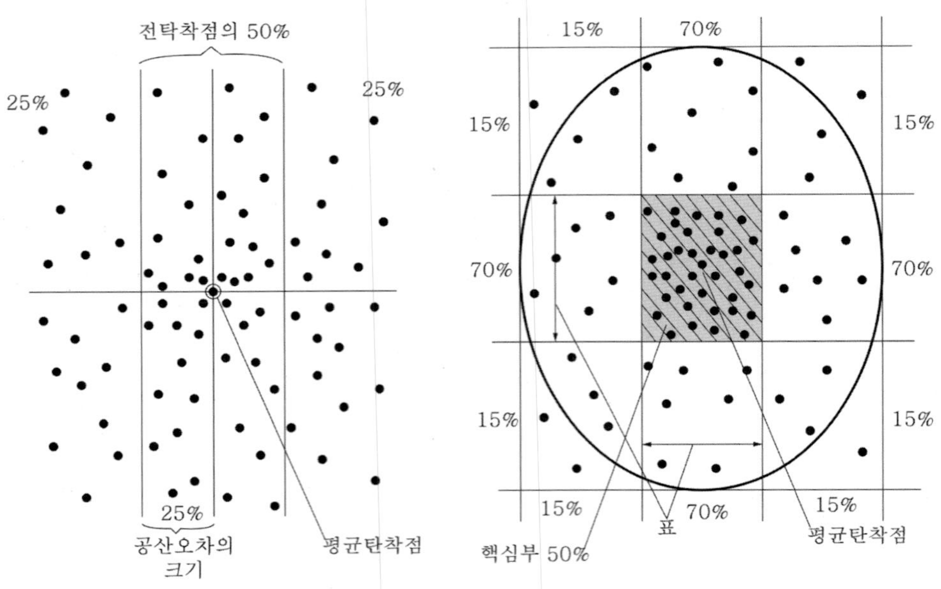

▶ 출처: 이흥주 편저 〈총과탄도학〉 그림5.31 '공산오차', 그림5.32 '표준편차' ◀

위의 왼쪽 그림에서 보는 것과 같이 평균탄착점을 중심으로 탄착점의 절반이 위치하는 부분의 절반을 '공산오차(公算誤差, Probable Error)'라고 한다. 연구에 의하면 공산오차는 피탄면 전체의 세로 혹은 가로 길이의 8분의 1이므로 공산오차를 알면 피탄면의 면적을 산출할 수 있다.

통상 타원형이 되는 탄착군은 직사각형 안에 위치시킬 수 있는데, 평균탄착점을 기준으로 탄착점의 70%를 포함하는 부분까지를 '표준편차'라고 부른다. 위의 오른쪽 그림에서 보는 것처럼 가로와 세로의 표준편차가 만나 형성되는 부분이 바로 표준편차의 핵심(이하 '핵심부')이라 할 수 있으며, 직사각형의 가로와 세로 길이의 3분의 1로 이루어지는 면적을 가진다. 한 연구에 의하면, 핵심부 내에는 통상 탄착군의 50%가 위치한다.

총기의 사탄산포는 운용자가 개입되지 않은 총기 자체의 명중률을 나타내는 지표로 쓰이는데, 일정한 표적거리 내에서 형성되는 사탄산포의 지름으로 나타내며 통상 각도의 단위인 'MOA(Minute Of Angle)'로 표시한다. 총구에서 피탄면에 원 혹은 타원형으로 형성된 탄착군까지의 탄도를 가상의 직선으로 연결하면 원뿔 모양이 된다. 이 원뿔에서 밑변, 즉 탄착군의 넓이(지름)는 결국 탄도의 각도에 비례한다. 이 각도는 매우 예각이므로 보통 우리가 사용하는 도(度)의 단위로는 그 차이를 나타낼 수 없어서 더 작은 각도의 단위인 MOA를 사용하는데, 이는 60분의 1도를 의미한다. 사탄산포가 1MOA라는 것은 통상 100야드(91.44m)의 표적거리에서 지름이 1인치(2.54㎝)인 원 안에 탄착군이 형성되는 명중률을 가지고 있다는 의미이다. 운용자는 본인이 사용하게 되는 총기의 명중률에 대해 반드시 숙지하고 있어야 한다.

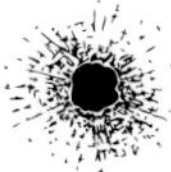

소음기의 원리(Principles of a Silencer)

사격 시에는 반드시 총성(銃聲, Gunshot)이 발생한다. 이 총성은 운용자의 위치를 드러나게 하므로 은밀하게 행동해야 하는 경우에는 반드시 총성을 줄일 필요가 있다.

총성이 발생하는 원인은 탄자와 추진가스에 의해 초음속(超音速, Supersonic Speed)으로 퍼져나가는 충격파 때문이다. 따라서 총성을 줄이기 위해서는 이 충격파를 발생시키는 탄자와 추진가스의 속도를 감소시켜야 하는데, 이러한 연유로 사용하는 별도의 장치가 바로 '소음기(消音器, Silencer)'이다.

추진가스의 경우, 여러 방향으로 분산시켜 이로 인한 소음을 줄일 수 있다. 그러나 탄자의 경우, 음속의 3배에 달하는 속도로 움직이므로 감속하는 데 다소 어려움이 있어 별도의 아음속(亞音速, Subsonic Speed)탄을 사용하여 효과적으로 그 소음을 줄이기도 한다. 하지만 총성을 감소시키기 위해 탄속을 줄이면 결국 탄자의 운동에너지도 감소하므로 그 위력이 현저히 떨어진다.

소음기를 장착하더라도 우리가 흔히 영화에서 보는 것처럼 획기적으로 소리를 줄일 수는 없다. 소음기를 사용해도 총성은 통상 80데시벨(Decibel) 정도로 결코 작은 소리는 아니다.

그럼에도 불구하고 소음기를 사용하는 이유는 사용하지 않았을 때와는 달리 총성이 대기 중으로 분산되어 사수의 정확한 위치를 파악하기 어렵고, 특히 많은 소음이 발생하는 도심지역에서 활용하면 그 효과가 배가되기 때문이다. 사람들이 총성은 확실히 알 수 있어도 소음기를 통해 감음(減音)된 총성은 정확히 어떤 소리인지 구분하기 어렵다.

"MP7 기관단총"

마지막으로 소개할 총은 Heckler & Koch 사의 MP7 기관단총으로, 해외무장경호원들이 선호하는 이 기관단총은 차세대 기관단총으로 방탄복을 관통하 4.6mm 신형탄을 사용하고 있으며 40발의 높은 장탄수와 컴팩트한 크기로 각광받고 있다. * 돌격소총과 재래식 경기관총 간의 간격을 메울 수 있는 차세대 기종으로 성능이 향상된 자동 소총이다. 우선 가볍고 작고 쓸모 있게 설계되어 좁은 공간에서 사용할수 있고 저자가 직접 운영을 해 본 결과 현저히 낮은 반동을 가지고 있었으며, 경호원들 개인화기에 이상적이며 휴대하기가 편해 넓은 작전 반경에서 무장하기에 적합하다.

아래의 사진은 MP7의 다목적이며 다재다능한 권총집으로 넓적다리 위에 달고 다닐수 있으며 둔부 위에 있는 벨트에 단단히 고정시킬수 있고 어깨위에 견착하여 가지고 다닐수도 있으며 조끼안에 숨길수도 있다. MP7용으로 만들어진 측면 "Picatinny rail"을 이용하여 권총집에 무기를 단단히 고정시킬수 있으며 잠금 장치를 이용해 무기를 권총집에 넣기 전에 발사선택기를 "Safe" 위치에 고정시키여야 한다. 이러한 안전장치로 인해 권총집안에 넣은 무기가 발사되는 가능성을 사전에 제거하는 것이다.

* 출처: www.heckler-koch.com MP7 부분 번역

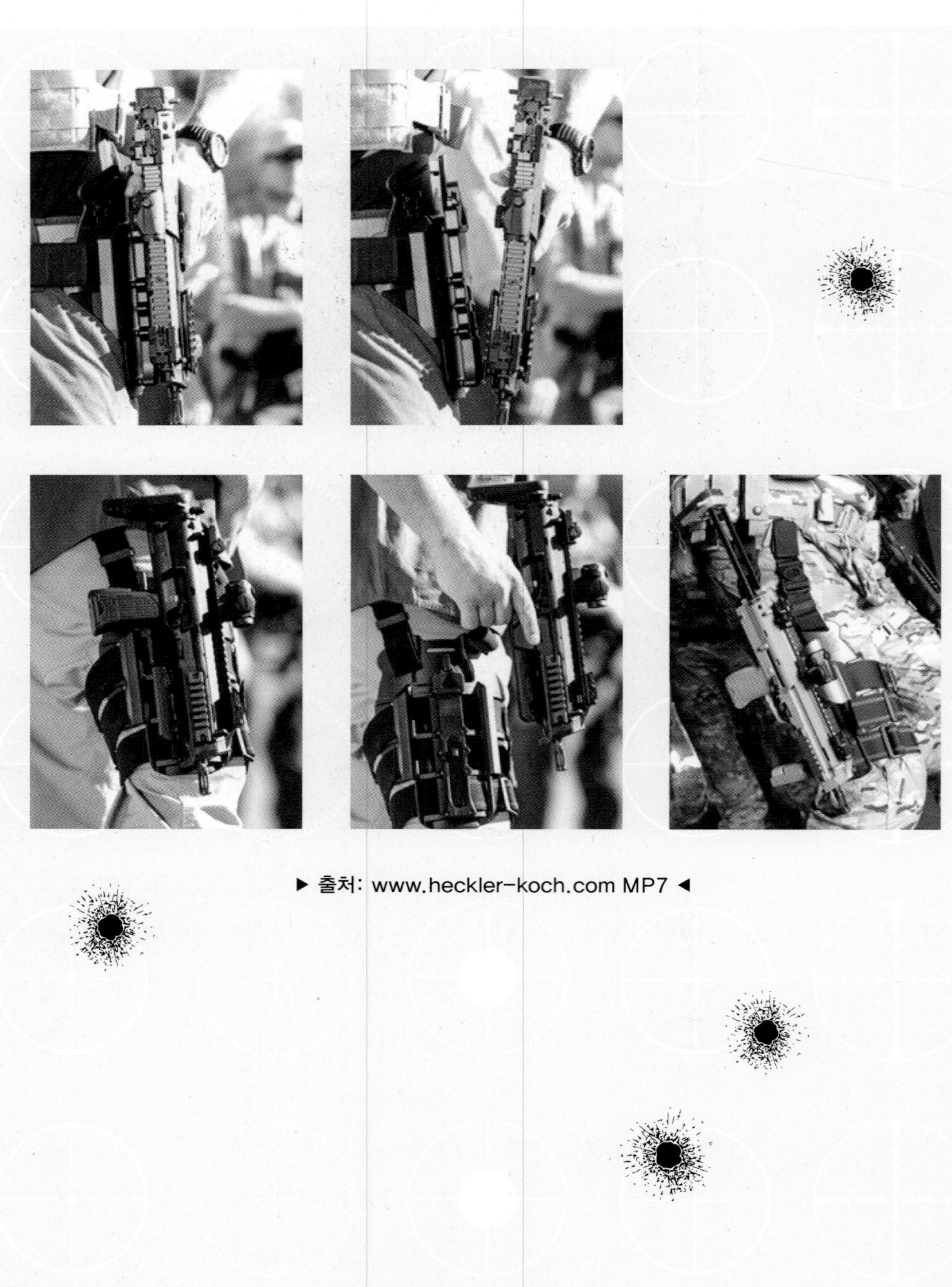

▶ 출처: www.heckler-koch.com MP7 ◀

CHAPTER

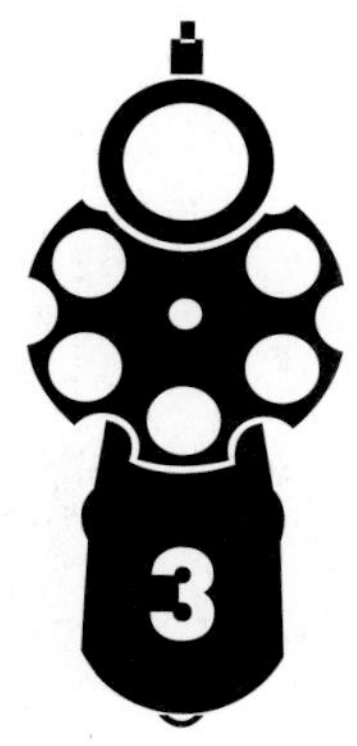

경호 사격이론

(Theory of Security Shooting)

정신자세
(Mind Control)

자신의 목적지를 분명히 알고 있다면, 자신이 현재 어느 위치에서 어느 방향으로 향하고 있는지 언제든 알 수 있다. 실수든 타당한 이유로든 때로 현재 자신의 방향이 정반대로 향하고 있을지라도, 목적지를 잊지 않는다면 큰 문제가 발생하지 않는다. 이론은 목적지를 향한 길고도 험한 여정에서 자신이 나아갈 길을 알려 주는 나침반과도 같다. 사람에 따라 목적지는 다를 수 있고, 혹 목적지가 동일하더라도 그곳에 도달하는 길은 여러 갈래일 수 있다. 하지만 나침반이 없다면 수고의 정도와는 상관없이 그 여정은 결국 헛수고가 될 가능성이 높다.

권총과 같은 총기를 사용하는 경호업무에 있어서 가장 위험한 것은 총기의 사용에만 익숙해지는 것이다. 총기의 사용 그 자체에 집중하다 보면 경호업무의 본질을 잊기 십상이다. 이 장을 통해 여러분은 자신의 나침반을 소유하게 될 것이다. 그리고 여러분 각자의 여정을 지속하는 동안에는 항상 나침반의 상태를 점검해야 하며, 필요에 따라 나침반을 과감히 교체해야 할 때도 있음을 알게 될 것이다.

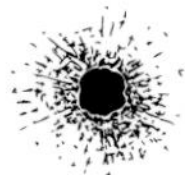

실전정신(Battle Spirit)

경호업무를 수행 중이라면 항상 총기를 사용하게 될 것이라고 예상한다. 불리한 상황에 처한다 할지라도 실전에 임해야 하고, 그 과정에서 언제든 사상자가 발생할 수 있으며 그것이 내가 될 수도 있다고 생각한다. 실전의 결과는 총기를 사용하는 기술만이 아니라 정신력으로도 크게 좌우될 수 있음을 명심하고, 자신과 동료의 능력을 확신하여 어떠한 악조건 속에서도 경호업무를 수행할 수 있다는 의지를 가져야 한다.

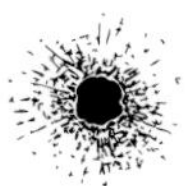

실전정신의 배양이 필요한 이유(Reason to Enhance Battle Spirit)

체계적으로 훈련되고 실전경험이 풍부한 경호원의 경우, 현장에서 경호대상자나 자신에게 일어나는 사건에 대하여 효과적으로 대처할 수 있다. 하지만 사격만을 훈련의 중점사항으로 한다면 사격실력은 우수하지만 실전적이지 못한 경호원이 양성되고, 이로 인하여 경호업무 상 실패요소가 증가하게 된다. 따라서 이러한 한계를 극복하기 위해서는 지속적인 정신수련을 통해 실전정신을 배양해야 한다.

경호형 인물과 비경호형 인물 유형(Types of People for Security Service and Non-Security Service)

적합하지 않은 사람을 골라내는 것은 훈련이나 평가를 통해 적합한 사람을 양성하는 것보다 더 중요하다. 왜냐하면 이미 조직 속에 존재하고 있는 부적합 인원을 다시 선별하고 조직에서 퇴출시키는 일은 적합한 사람을 양성하는 것보다 더 많은 시간과 노력을 필요로 하며, 조직이나 그 업무에 악영향을 미칠 가능성이 크기 때문이다. 총기를 사용한 경호업무에 있어서 최악의 인물은 다음과 같다.

• 비경호원형 인물 유형

1. 성격이 급하고 다혈질인 사람
2. 자신의 용맹성만 믿고 무모하게 임무를 수행하려는 사람
3. 근거가 없는 자만이나 맹신에 빠져 있는 사람

훌륭한 경호원이라 할지라도 자신감과 자만심은 모두 가지고 있을 것이다. 많은 훈련과 실전을 통해서 자신만이 이러한 임무를 해낼 수 있다고 믿고 있기 때문이다. 이러한 믿음은 나쁜 것이 아니다. 다만, 자신의 마음으로만 생각하고 다른 사람에게 굳이 표현할 필요는 없다는 것이다.

• 경호원형 인물 유형

다음과 같은 사람은 경호원으로서뿐만 아니라 그 어떤 조직에서도 환영을 받을 수 있는 인물일 것이다.

1. 자신감으로 가득한 사람: 만약 없다면 효과적이고 지속적인 훈련을 통해 배양해야 한다.

2. 팀 전체가 하나라는 믿음을 가진 사람: 팀원은 팀 내부에 존재할 때 의미가 있다.

3. 의심이 없는 즉각적인 행동이 가능한 사람

- 실전 중에는 옳고 그름을 판단할 여유가 없다. 팀의 결정을 믿고 따를 수 있어야 한다.
- 한 팀으로 행동해야 하지만, 때로는 각 팀원이 스스로 결정을 내리고 임무를 수행해야 한다.

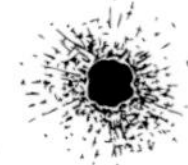

실전정신의 상태(Posture of Battle Spirit)

• 백색 상태

보통 사람들이 일상생활에 임하는 상태이다. 이것은 아무것도 준비되지 않은 상태로 위협상황에 대한 대처 능력이 없는 상태이다. 경호원은 이러한 상태에선 어떠한 임무도 수행할 수 없다. 흔히 휴식을 취하는 상태이다.

• 적색 상태

편안한 가운데 있지만, 주변상황을 짐작하고 있는 상태를 말한다. 주변을 경계하고 지속적으로 상황을 포착함으로써 무엇인가 접근하고 있는 것을 깨달을 수 있으며, 위협상황에 대처하고 있는 상태이다. 경호원은 경호업무가 종료되는 순간까지 모든 사물을 관찰하고 경계해야 한다.

• 흑색 상태

모든 위협상황에 대한 대처계획을 가지고 있는 상태를 말한다. 어떠한 사물이 접근하고 있을 때 거리를 유지하고 주변 환경을 신속하게 파악하며, 경계지역 및 퇴출지역을 선별하고 총기 사용 여부를 판단할 수 있는 상태이다. 훌륭한 경호원은 경호대상자와 자신을 보호할 수 있는 육감(六感, Sixth Sense)을 항상 활성화시켜야 한다.

실전정신의 상태는 경호원 자신이 처한 상황에 따라 설정해야 한다. 어느 누구도 하루

24시간 내내 흑색 상태에 있을 수는 없다. 만약 그것이 가능한 사람이 존재한다고 해도, 극심한 피로로 인해 장기간의 임무수행은 불가능할 것이다. 하지만 경호원이라면 평상시라 할지라도 백색 상태에 머물러 있어서는 안 된다.

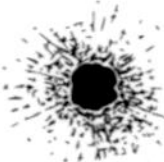

실전정신의 단계(Stages of Battle Spirit)

오직 훈련을 통해서만 더 상위의 단계에 도달할 수 있다.

1단계: 무의식적으로 아무것도 알 수 없는 상태. 자기가 무엇을 틀렸는지 판단할 수 없는 상태.

2단계: 훈련을 통해서 옳은 것을 판단할 수 있는 상태. 무엇이 틀렸는지 의식적으로 깨닫는 상태.

3단계: 기술이 숙달되어 있는 상태. 기술적인 자신감을 의식적인 절차 속에서 따르는 상태.

4단계: 무의식적인 자신감을 가지는 상태. 생각과 판단을 통하지 않고 무의식중에 옳은 것을 하는 상태.

스트레스가 많은 상태에서 4단계에 도달하는 것은 매우 힘들다. 따라서 지속적인 훈련을 통해서 이를 극복할 수 있는 능력을 배양해야 한다. 실전에서는 평소보다 수 배에서 수십 배에 달하는 스트레스를 받게 된다.

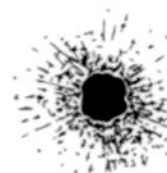

잡념을 없애는 방법(How to Eliminate Distraction)

잡념에 좋고 나쁘다는 개념은 없다. 여기에서 말하는 잡념이란, 경호원이 그 임무를 수행하는 데 방해가 되는 모든 생각들을 말한다. 평소라면 건전한 것이라도 경호업무 중에 있어서는 잡념이 되는 생각들도 있다. 스트레스와 함께 잡념은 실전정신을 배양하는 데 가장 큰 방해요소이다. 다음은 잡념을 없애는 다양한 방법들이다.

1. 어떠한 경우라도 자신과 경호대상자는 반드시 생존할 것이라 믿는다.
2. 임무 전, 동료가 나의 생명을 구해 줄 수 있고 나 또한 동료를 구해 줄 수 있다고 생각하라.
3. 임무 중 동료가 부상당하는 것을 걱정하거나 가족 혹은 친구를 생각하지 않는다.
4. 임무 중 사람을 죽이는 것에 대한 죄의식을 버리고, 이에 대하여 신앙의 문제가 있다면 은퇴를 고려하라.
5. 임무 중 부상을 당했다면 나를 위해 동료가 남아 보호해 주지 않는다. 오직 자신을 신뢰하라.
6. 진급이나 금전적 · 행정적 이익을 바라고 임무를 수행하지 말라.
7. 상부의 명령에 대한 개인적인 생각은 버려라.

2 안전수칙
(Safety Rules)

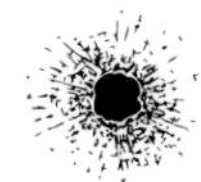

일반 안전수칙(General Safety Rules)

총기관련 사고(이하 '총기사고')는 인명의 손실 혹은 중상(이하 '사고')을 초래하므로 총기에 대한 안전수칙은 매우 엄격하게 지켜져야 한다. 총탄은 '아군(我軍)'과 '적군(敵軍)'을 가리지 않는다.

경호의 일반원칙 중 '3중 경호의 원칙'에 대해 들어 보았을 것이다. 경호 선진국에서는 공경호(公警護)를 수행함에 있어서 대부분 3중 경호를 채택하고 있다. 안전에 관련된 다양한 업무에서도 3중 보호는 가장 효과적인 것으로 평가되고 있다. 이는 총기의 안전에 있어서도 예외가 아니다. 실수는 누구나 할 수 있고, 최악의 상황에선 두 번 실수도 드물지 않다.

총기의 일반적인 안전수칙에는 크게 네 가지가 있는데, 이 중 한 가지는 총기와 총기의 사용에 관한 가장 기본적인 안전수칙이며, 나머지 세 가지는 총기사고를 완전히 배제하기 위한 3중의 안전수칙이다.

• 총기에 대한 기본 안전수칙

모든 총기는 장전된 것으로 간주한다(Treat all weapons as if they are loaded).

1. 약실 검사 시에는 반드시 두 번 확인하라.

① 한 번만 확인하면 허상을 보거나 무의식적으로 약실이 비어 있다고 착각할 수 있다.

② 총기를 철저하게 검사한다는 것은 인간에 대한 존엄성과 예의, 총기사용에 대한 예절을 지키는 것이다.

③ 상황이 허락된다면, 두 사람이 서로 약실 검사를 실시한다.

2. 차개가 고장이 났을 경우에는 약실에 실탄이 장전되어 있을 수 있다.

• 1중 안전수칙

총구의 방향을 확인하라(Never Point at anything you are not willing to destroy).

사격장에서 총구는 표적을 제외하고는 절대 사람이나 기타 사물로 향해서는 안 된다.

• 2중 안전수칙

검지를 방아쇠울에 넣지 마라(Always keep your finger off the trigger until you are ready to fire).

• **3중 안전수칙**

사격의도가 없다면 조정간의 위치는 항상 '안전'에 두라(Keep your weapon on safe until your sights are on target).

위의 3중 안전수칙 중 두 가지만 지켜도 총기사고는 결코 일어나지 않는다. 다시 말해, 대부분의 총기사고는 3중 안전수칙을 두 가지 이상 지키지 않았을 때 일어나며, 앞서 언급한 것처럼 큰 사고로 이어진다. 더 큰 문제는 그 사고가 내 옆의 동료 혹은 경호대상자에게 일어날 수도 있다는 사실이다. 그리고 운용자가 기본 안전수칙만 제대로 이해하고 이를 준수한다면 3중 안전수칙은 굳이 필요하지 않다. 운용자는 총기사고에 대한 경각심을 항상 가지고 있어야 한다.

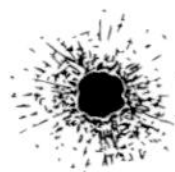

현장 안전수칙(Field Safety Rule)

현장에서 필요한 안전수칙은 오직 하나다.

[총기의 사용에 관한 현장 안전수칙]

표적의 주위를 파악하라(Always know what is in front of your target and what is behind it).

때로는 표적을 발견하여도 사격하지 말아야 할 때가 있다. 예를 들자면, 표적과 운용자 사이에 경호대상자나 민간인이 있을 때라든지 표적 주위에 매우 위험한 인화성 물질이 있을 때 등이다. 사격에 숙달된 전문가일지라도 현장 안전수칙을 더욱 철저히 지켜야 한다. 경호원이 권총을 꺼냈다면 매우 빠른 판단과 대응이 요구되는 상황 아래 있다는 것인데, 이러한 짧은 순간에 표적의 주위를 파악하고 사격을 실시한다는 것은 쉬운 일이 아니다. 앞서 잠깐 언급한 것처럼 숙달된 경호원은 사실 권총을 꺼내기 전에 표적의 주위는 물론, 자신과 경호대상자의 위치와 진행방향을 입체적으로 파악하고 있어야 한다. 그리하여야만 경호대상자를 피신시킬 것인지, 아니면 표적을 신속하게 제압할 것인지 등을 결정할 수 있고, 이를 통해 권총을 사용할 순간과 그 수준 또한 정할 수 있기 때문이다.

훌륭한 경호원은 명사수이다. 그러나 명사수라고 해서 반드시 훌륭한 경호원인 것은 아니다. 즉 현장 안전수칙은 훌륭한 경호원이자 명사수가 되는 지름길에 첫 걸음이라 할 수 있다. 특히 관통력이 높은 탄약을 사용할 때는 반드시 현장 안전수칙을 지켜야 한다.

이후부터는 문맥에 따라 '사수'라는 단어와 '경호원'이라는 단어를 혼용할 것이다.

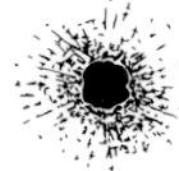

안전점검 대조표(Safety Check-off List)

"훈련은 실전같이, 실전은 훈련같이" 해야 하는 이유는 "훈련에서의 땀 한 방울은 실전에서의 피 한 방울"이기 때문이다. 오직 실전 경험만을 통해서 권총사격술을 습득한다는 것은 매우 비효율적이고 불가능한 것이지만, 실전에서 전혀 도움이 되지 않는 사격훈련(Firing Drill)은 시간과 노력의 낭비이기도 하다. 그러므로 사격훈련은 실전과 가장 유사하게 실시해야 한다.

사격훈련에 있어서 가장 중요한 것은 얼마나 실전을 잘 반영하느냐이지만, 이와 동일하게 중요한 또 다른 한 가지는 사고를 방지해야 한다는 것이다. 실전에 임하기도 전에 사고가 발생한다면, 이는 사격훈련의 존재 자체를 위협하는 것이기 때문이다. 사격훈련에서 가장 중요한 두 가지 요소인 실전성과 안전성을 보장하기 위해서는 세심한 준비와 계획이 필요하다. 실전성과 안정성은 어떻게 보면 이율배반적인 요소이기 때문에 이 둘 사이의 균형을 적절히 유지하지 않는다면 사격훈련이 무의미해지거나 매우 위험해질 수 있다.

사격훈련에서의 안전성을 확보하기 위해서는 안전에 관련된 업무(이하 '안전업무')를 계획 · 진행 · 관리하는 별도의 담당자를 지명해야 하는데, 통상 경험이 많은 인원 가운데 선발한다. 사격훈련 안전관(~安全官, FD Safety Officer, 이하 '안전관')이라 불리는 이 직책은 사격훈련을 계획 · 진행 · 관리하는 사격훈련 집행관(~執行官, FD Execution Officer, 이하 '집행관')의 업무와는 별개로 오직 사격훈련 전반의 안전업무에만 집중한다. 사격훈련 시에는 집행관과 안전관을 각각 따로 두는 것이 원칙이지만, 상황에 따라 두 직책을 한 명이 겸임하기도 한다.

사격훈련에 참가하는 인원이 많을 경우에는 안전관을 두 명 이상 지정하는 경우도 드물지 않다. 안전관은 안전업무를 수행하는 데 있어서 확인해야 하는 사항을 사격훈련의 전(前)·중(中)·후(後)로 나누어 구분하고, 반드시 본인이 직접 확인해야 하며 기록으로 남겨야 한다. 이를 위해서는 점검표(Check Off List)를 작성하고 유지하는 것이 편리하다. 안전관이 사격훈련의 전반에서 기본적으로 확인해야 하는 사항은 다음과 같이 "사격훈련 안전점검 대조표"를 참조하도록 한다.

사격훈련 안전점검 대조표

• 일반 사항

훈련명		일시	
집행관		장소	
안전관		인원	

• 세부 사항

순 번	분 류	확인 사항	비 고
1	훈련 전/구역	훈련구역 안전협조는 하였는가?	
2		훈련구역(주변포함)의 위해(가능)요소는 확인하였는가?	
3		훈련구역에 응급조치를 위한 요소는 확보되었는가?	
		- 의무관	
		- 구급차	
		- 응급조치 장비	
4		의료시설의 지원여부는 확인 하였는가?	
5		훈련(장)구역 내·외부의 화재 대비 상태는 양호한가?	
		- 화재 발생 시 대처요령 및 절차 숙지	

		- 소화기(수) 배치 상태 및 작동 상태 확인	
		- 탄 · 폭약 보관 및 배치 상태 확인	
6		훈련을 위한 장비(구) 준비 및 배치상태는 양호한가?	
7	훈련 전/인원	훈련인원에 대한 건강상태는 확인하였는가?	
8		안전교육을 실시하였는가?	
9		안전수칙 숙지상태를 점검하였는가?	
10		통제요원은 비상시 대처방법 및 절차에 대해 숙지하고 있는가?	
11		전 인원이 안전장비를 착용하였는가?	
		- 보안경, 귀마개, 무릎 · 팔꿈치 보호대, 방염장갑 등	
12	훈련 중/인원	훈련 간 인원상태는 확인하고 있는가?	
13		충분한 휴식은 보장하고 있는가?	
14	훈련 전/집행	훈련의 시작을 선포하였는가?	
		- 경고 방송 실시	
		- 사격기 계양 및 경고문구 표시 여부 확인	
15		총기 및 탄약은 정수대로 수령하였는가?	
16	훈련 중/집행	안전수칙은 지켜지고 있는가?	
		- 훈련 전 총기 안전검사	
		- 훈련 중 총기 안전수칙	
17	훈련 후	훈련의 종료를 명확하게 선포하였는가?	
18		훈련 장비에 대하여 이상 유무를 확인하였는가?	
		- 총기 안전검사 실시	
		- 정수 및 손 · 망실 확인	
		- 반납 확인	
19		훈련(장)구역 보존 상태는 확인하였는가?	
20		안전기록부는 작성하였는가?	

• 확인

평가 및 개선 사항		
안전관		(서명)
집행관		(서명)

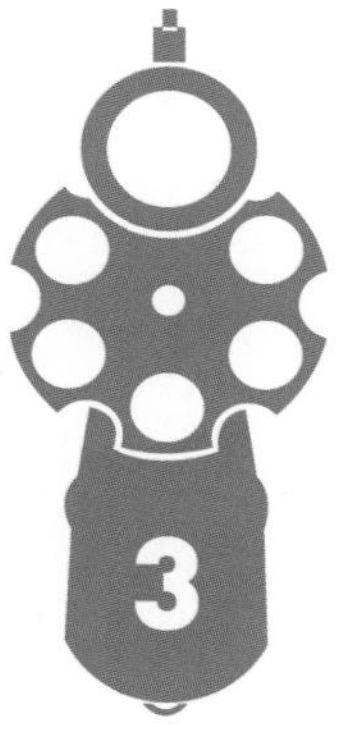

사격훈련의 절차

(Procedure of Firing Drill)

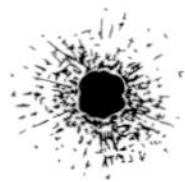

주관부서(Officers of Firing Drill)

사격훈련(이 절에서 '훈련' 혹은 영문 'FD')을 실시하기 위해서는 반드시 훈련을 주관하는 부서를 조직해야 한다. 그리하여야 훈련에 관련된 모든 업무를 효율적으로 계획 및 분배할 수 있고, 각 업무에 대한 책임소재를 명확히 하여 훈련을 효과적으로 집행할 수 있기 때문이다.

훈련의 전반에 대한 최종 책임 및 권한권자는 훈련 지휘관(~指揮官, FD Command Officer, 이하 '지휘관')이다. 지휘관은 훈련의 계획에서 종료까지의 모든 세부적인 사항을 지휘 · 통제할 수 있는 권한을 가지고 있으며, 훈련으로 인해 발생하는 모든 사건 · 사고의 책임을 진다. 지휘관은 훈련에 대해 면밀히 숙지해야 하지만, 반드시 사격술의 전문가일 필요는 없다.

집행관은 훈련의 핵심인물이다. 훈련의 선임교관으로서 본인의 사격술을 직접 지도하여 유능한 사수를 양성하고 유지하는 막중한 임무를 수행하기 때문이다. 통상적으로 집행관 없이 훈련을 집행해서는 안 된다. 훈련 통제관(~統制官, FD Control Officer, 이하 '통제관')은 훈련의 교관으로서 선임교관인 집행관의 지도를 보좌하고, 훈련생들의 행동을 통제하는 역할을 한다. 상황에 따라 안전관의 직책을 겸임하기도 한다. 또한 통제관은 집행관의 지침과 지시에 따라 훈련 간에 훈련생에 대한 평가를 실시한다.

▶ 통제관 지시에 격발준비 모습 ◀

훈련 의무관(~醫務官, Medical Officer, 이하 '의무관')은 훈련을 집행하는 데 필수적인 요소로서 그 어떤 담당자도 의무관의 직책을 겸임할 수 없다. 의무관은 훈련 시에 발생할 것으로 예측되는 모든 사고에 대한 응급조치능력을 보유하고 있어야 하며, 그 자격은 공신력 있는 기관으로부터 인증을 받은 것이어야 한다. 의무관은 사격술에 관한 지식이 전무(全無)하여도 무방하다.

훈련의 상황이나 규모에 따라 집행관은 통제관과 안전관의 역할을 겸임하기도 하거나 때로는 대등한 두 명의 집행관이 훈련을 실시하기도 한다. 또한 지휘관과 집행관을 겸직하는 경우도 있지만, 책임에 대한 부담을 감소시키기 위해서는 지휘관과 집행관을 분리하는 것이 좋다. 의무관을 제외한 지휘관 예하의 이 모든 주관 부서 담당자들을 '훈련관(訓練官, FD Officer)'이라 부른다.

▶ 통제관 지시에 따라 격발하는 모습 ◀

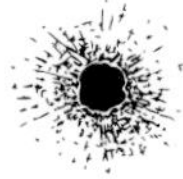

준비단계(Preparation Stage)

집행관은 해당 훈련에 대한 목적을 분명히 정하고, 이를 달성하기 위한 세부계획을 반드시 문서로 작성하여 지휘관의 결재를 받아야 한다. 세부계획의 내용은 훈련의 내용과 안전조치사항, 인원과 팀, 절차와 소요장비, 훈련관의 인원과 업무 등을 포함하고 있어야 하며, 각 훈련관에게 이를 공지하고 회의를 거친 후 최종안을 도출하여 지휘관에게 보고한다.

▶ 통제관의 교육하는 모습(1) ◀

지휘관으로부터 세부계획의 승인을 얻은 후에는 이에 입각하여 모든 준비 사항을 완료해야 한다. 그리고 집행관 혹은 집행관으로부터 별도의 지시를 받은 통제관은 최소 훈련개시 24시간 이전에 교육생 총원에게 훈련에 대한 브리핑을 실시한다.

▶ 통제관의 교육하는 모습(2) ◀

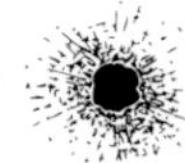

집행단계(Execution Stage)

집행관 혹은 지휘관으로부터 별도의 지시를 받은 통제관은 훈련개시 이전에 반드시 유의사항과 안전수칙에 대한 교육(이하 '안전교육')을 실시한다. 따라서 훈련이 오전 · 오후 · 야간으로 나누어지는 경우에는 총 세 번의 안전교육을 실시하는 것이다.

안전교육이 끝나면, 집행관의 명확한 개시 선포 이후에 본격적으로 훈련에 돌입하게 된다. 훈련 중 집행관은 현재 실시하는 훈련이 세부계획과 그 목적에 부합하는지 지속적으로 검토해야 하는데, 특히 훈련의 세부적인 부분까지 집행할 수 있도록 시간의 안배에 신경을 써야 한다.

통제관은 세부계획과 집행관의 지시 · 지침에 따라 총기와 탄약을 관리하고, 훈련생의 행동을 통제하며 각 훈련생에 대한 평가를 실시해야 한다. 집행관 이하 통제관 및 안전관 총원은 안전에 관련된 사항을 수시로 점검한다.

▶ 통제관의 교육하는 모습(3) ◀

종료단계(Completion Stage)

'훈련의 종료'란 훈련을 시작하기 이전과 동일한 상태로 돌아가는 것을 말한다. 따라서 단순히 사격만 종료하였다고 해서 훈련이 종료된 것은 아니다. 사격이 종료되면 집행관의 지시에 따라 모든 훈련관과 훈련생은 인원 및 장비의 이상유무를 확인한다. 그다음으로 총원이 집합한 가운데, 집행관의 전체 훈련에 대한 강평이 이어지며 질의 및 토의시간을 가진다. 여기까지 마무리되면 지휘관의 승인 아래 집행관은 종료를 선포하고, 훈련생들의 훈련은 마무리된다. 그러나 훈련이 완전히 종료된 것은 아니다.

▶ 교육생들이 보고서를 작성하는 모습(1) ◀

이후 집행관 이하 훈련관 총원은 회의를 통해 훈련에 대한 장단(長短)을 도출하고 갖가지 행정절차을 수행한다. 통제관은 각 훈련생에 대한 평가서를 종합하고 훈련일지를 작성하여 집행관에게 보고한다. 집행관은 통제관의 보고를 종합 및 정리하여 훈련결과보고서(Post FD Report, 이하 '보고서')를 지휘관에게 제출하고 결재를 받는다. 이로써 훈련이 완전히 종료되며, 보고서를 토대로 이전 훈련의 장단은 반드시 다음 훈련에 반영할 수 있도록 조치를 취한다.

▶ 교육생들이 보고서를 작성하는 모습(2) ◀

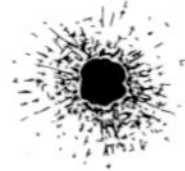

평가지침(Evaluation Guide)

훈련의 목적이 훌륭한 사수를 양성하고 유지하는 것이므로 훈련생에 대한 객관적인 평가는 매우 중요하다. 평가를 담당하는 통제관에게는 실질적으로 평가가 가능한 인원수만큼 할당해야 한다. 통제관이 평가할 훈련생이 너무 많다면, 제대로 된 평가를 기대할 수 없기 때문이다. 평가는 반드시 문서의 형태로 남아야 하고, 훈련생이 존재하는 한 지속적으로 유지되어야 한다. 또한 이전 평가서보다 낮은 점수를 받거나 더 나아지지 않는 훈련생이 없도록 평가서를 세심하게 활용해야 한다.

통제관은 평가항목에 근거하여 객관적인 평가를 실시해야 한다. 인간적인 감정이나 선입견이 개입되어서는 안 된다. 훈련의 목적에 맞게 다양한 항목을 가진 평가서를 활용하거나 동일한 훈련생을 여러 명의 통제관이 평가토록 하는 방법도 객관성을 유지할 수 있는 좋은 방법이다. 다음은 평가항목의 예시이다.

평 가 항 목	배점	상	중	하
1. 팀워크 및 교육내용 숙지 상태	10			
가. 임무분담 및 팀원 간 협동 상태는 양호한가?	5	5	4	3
나. 교육내용 숙지 상태는 양호한가?	5	5	4	3
2. 교육 준비 상태	20			
가. 장비의 준비는 완벽한가?	5	5	4	3
나. 장비의 사용에 익숙한가?	10	10	8	6
다. 장비의 관리에 철저한가?	5	5	4	3
3. 능력	70			
가. 각종 교육 상황에 능력을 나타내고 있는가?	20			
1) 이론 습득 능력	(5)	(5)	(4)	(3)
2) 실습 습득 능력	(10)	(10)	(8)	(6)
3) 팀워크 및 체력	(5)	(5)	(4)	(3)
나. 안전수칙 이행 상태는 양호한가?	10	10	8	6
다. 우발상황 시 행동은 적절한가?	10	10	8	6
라. 사격 능력은 우수한가?	30	30	24	18
1) 정확성: 명중 탄수(S Zone) / 발사 탄수 * 100	(15)	15	12	9
-상(100 ~ 91), 중(90 ~ 71), 하(70 이하)				
2) 신속성	(10)	(10)	(8)	(6)
3) 침착성	(5)	(5)	(4)	(3)

사격에 대한 종합적이고 종류별 평가서의 예시는 다음과 같이 "사격채점표"를 참조한다.

사격 채점표

과 목	종 목	S Zone / %	T Zone / %	Miss / %	비고
기본 사격	정밀 사격				2MAGs 30RDs
신속 사격	고정 속사				1MAG 15RDs
	연속 속사				
	선별 속사				
	회전 속사				
	기동 속사				
응용 사격	자세변환 사격				2MAGs 30RDs
	탄창교환 사격				6MAGs 30RDs 이내
	지향 사격				1MAG 15RDs
	격동 사격				
	장애물 사격				
적용 사격	Mozambique				1MAG 15RDs
	2.2.2				1MAG 6RDs
	1 to 5				1MAG 15RDs
	El Pregidante				2MAGs 6RDs
	Hole				1MAG 15RDs
총 점					평가자 서명

⋯› 백분율의 경우 소수점 이하 반올림

⋯› 시간이 초과할 경우 1초 당 "('S Zone' 백분율) − 10%"으로 계산하고 적색볼펜으로 표기

⋯› 구분선에 탄착된 경우 상위 'Zone'으로 인정

4

사격술의 원칙
(Principles of Marksmanship)

검(儉)을 쓰기 위해서는 검술을, 창(槍)을 쓰기 위해서는 창술을 배워야 하는 것처럼 총기를 사용하기 위해서는 사격술을 습득해야 한다. 사격술(Marksmanship)은 사격에 관련된 다양한 기술(이하 '사격기술')을 일정한 방식에 따라 계발하고 이를 집대성한 것이다.

현장에서 효용성이 검증된 올바른 사격술이라 할지라도, 세부적인 사격기술은 다른 방식의 사격술과는 현저한 차이를 보이는 경우가 많다. 이는 일반적으로 사격술 간 방식의 차이이지, 옳고 그름의 문제가 아니다. 목적지는 같아도 향하는 경로는 다양할 수 있기 때문이다. 하지만 어떠한 방식의 사격술이든 간에 올바른 사격술이 기본적으로 갖추어야 하는 네 가지 요소가 있는데, 이를 일명 'PECS (Practicality, Efficiency, Consistency, Safety)'라고 부른다.

실용성(Practicality)

사격기술은 이론이나 관념이 아닌 실전을 근거로 해야 하고, 반드시 실전에서 효과적이어야 한다. 훈련을 통해 습득한 기술이 즉시 실전에서 효과적으로 사용될 수 있다면 가장 이상적일 것이다. 하지만 훈련을 통해서 훌륭한 경지에 이를 수는 있어도 최고의 경지에는 이를 수 없다는 점을 명심해야 한다. 실용성은 적절한 실전경험을 바탕으로 해야 한다.

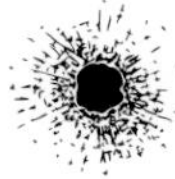

효율성(Efficiency)

사격기술은 효율적인 것이어야 한다. 즉 모든 사격기술은 일단 숙달되기만 하면 최소한의 시간과 노력을 필요로 하는 수준이어야 한다. 어떤 기술이든 숙달시키는 데에는 오랜 시간과 노력이 필요하다. 그렇기 때문에 숙달이 끝난 기술은 가장 빠르고 쉽게 사용할 수 있어야 한다.

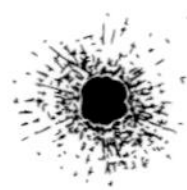

일관성(Consistency)

사격기술은 언제나 동일한 방식으로 사용해야 한다. 신체의 근육은 동일한 움직임을 기억하였다가 다음부터는 더 쉽게 사용할 수 있도록 해 주는데, 이것을 '머슬메모리(Muscle Memory)'라고 한다. 하지만 머슬메모리는 저장기간이 매우 짧고, 한두 가지 동작밖에는 기억하지 못한다는 한계가 있다. 따라서 사격기술은 꾸준히 연습해야 하고, 언제나 동일한 방식으로 정확하게 사용할 수 있는 것이어야 한다. 결국 무의식적으로 사용할 수 있는 사격기술이 아니라면, 모든 것이 급박하게 돌아가는 실전에서는 언제든 위험에 빠질 수 있다.

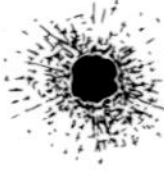

안정성(Safety)

어떤 사격기술이든 자신이나 표적을 제외한 제3자에게 상해를 가할 수 있는 것이어서는 안 된다. 동료나 무고한 시민을 배려하지 않은 사격기술은 배우지 않는 것만 못하다. 어느 곳에서도 광전사(狂戰士, Berserker)는 환영하지 않는다.

"야외사격장"

마크 교관(가명)이 신속재장전의 중요성을 강조하여, 교육이 없는 날 나는 쉬는 것을 포기하며 선배에게 부탁해 야외사격장에 나가 신속재장전과 기능고장 처치 그리고 이동사격과 방향전환사격을 연습하였다. 사실 총을 쏘는 것과 연습하는 것은 흥미로운 일이지만, 모든 일에는 준비과정이 존재하듯 사격을 할 때에는 많은 장비와 준비가 필요하다. 이를 위해 탄약과 총기, 표적지, 기타장비 등을 준비하여야 했다.

가장 중요한 것은 사격을 할 수 있는 장소인데, 선배의 도움으로 다소 외곽에 있는 산정상의 야외사격장에서 사격훈련을 할 수 있는 기회가 생겼다. 이곳은 이후에 자주 이용한 사격장이기도 하다.

사격훈련을 하기 전 또는 사격훈련 중간에 탄창에 탄을 넣는 것 또한 훈련의 일종이었다. 그동안 여러 가지 종류의 사격훈련을 연습하는 과정에서 자연스럽게 신속재장전을 연습하였다. 나중에 선배가 나에게 알려 준 사실이지만 이날 하루 재장전 즉 탄창교환만 90번 정도 했다고 한다. 나는 대충 어느 정도 짐작하고 있었다. 왜냐하면 손이 많이 부어 있었고 심지어는 까져 있었기 때문이다. 물론 이날 하루만의 교육으로 생긴 상처는 아니었다. 이전 교육까지 하루에 8시간에서 10시간씩 9M 탄약을 900발 이상을 소모하는 강행군이 일주일 동안 연속적으로 이루어졌기 때문이다.

또한 이날 처음으로 글럭의 오리지널 기능고장을 경험했다. 격발을 하는 순간 배출구 방향으로 탄피가 배출되어야 하는데, 이날은 리코일 방향, 즉 내 얼굴 방향으로 탄피가 한동안 배출되었다. 탄피가 포물선을 그리며 눈 쪽으로 오는 바람에 한동안 과열된 글럭19를 식혀야 했다. 아직도 탄피가 리코일 방향으로 배출되는 것에 대한 이유는 전문가도 밝혀내지 못했다고 한다.

미국 야외사격장의 하루 사용료는(오전10시~오후4시) 약 100~200불 정도이다. 물론 개인총기와 탄약은 가져와야 하고, 탄약 역시 규정된 탄약을 사용해야 한다. 간혹 철갑탄이나 특수한 탄을 제작해서 사용하는 경우도 있어 매 지정된 시간마다 사격장 매니저가 돌아다니며 검사를 실시한다. 사실 사격장 자체가 산정상에 있어(핸드폰 수신이 안 되는 지역임) 완전 고립된 지역이라 할 수 있지만, 좋은 공기에 다른 사람의 신경을 쓰지 않고 오로지 훈련에만 집중할 수 있다는 장점이 있다. 그리고 사격장 홀마다 크기가 크고 넓어서 소총 및 다양한 사격훈련을 할 수 있는 곳이기도 하다. 사격홀은 8개 정도이며, 각 홀마다 벤치와 총기 받침대 그리고 바로 앞에 차량을 주차할 수 있는 공간도 마련되어 있다. 여기서는 지역 경찰과 총기전문가들도 공휴일이나 비번일 날 나와서 사격연습을 하고 훈련을 한다고 한다.

내가 사격훈련을 하는 날 옆 홀에서는 개조한 저격총을 가져와 본인들이 만든 표적지와 훈련방식들을 체크하면서 연습하고 있었고, 반대홀에서는 지역경찰관이 와서 동료와 팀사격 훈련을 연습하고 있었다. 무엇보다도 좋았던 것은 각홀 벤치마다 큰 나무가 있어, 더운 여름 그늘이 져서 시원했다는 점이다. 놀라왔던 것은 가족끼리 마치 소풍 온 것처럼 야외사격장에 와서 점심을 먹으면서 사격을 하는 모습이었다.

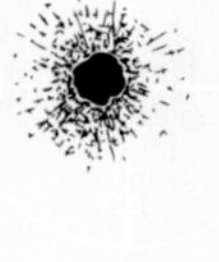

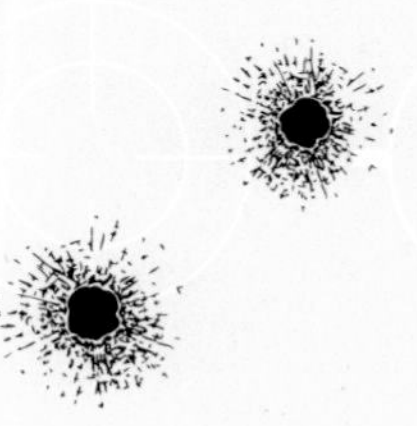

CHAPTER

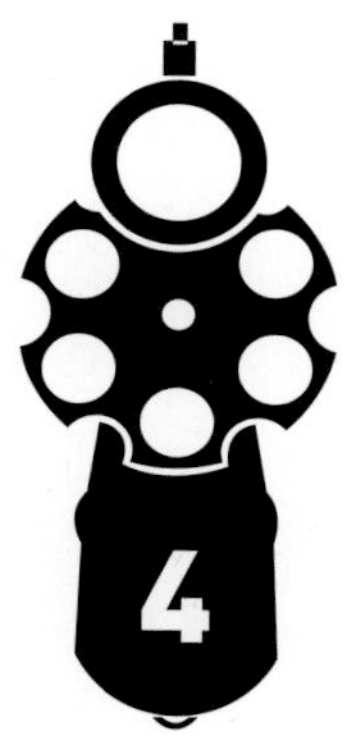

경호사격 기초

(권총 조작방법)

Basics of Security Shooting (Manipulation of Handgun)

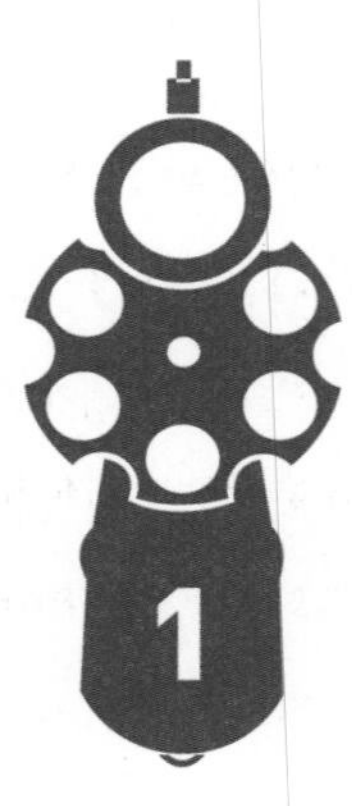

사격절차

(Shooting Procedures)

"방아쇠를 당기는 데 그렇게 많은 힘이 필요한가요?"라고 묻던 사람들은 사격훈련을 통해 방아쇠를 당기는 것이 얼마나 힘든 일인지 알게 될 것이다. 쉽게 방아쇠를 당기면 매우 위험한 상황에 봉착하게 된다.

'사격'이라는 단어를 들으면 대부분의 사람들은 방아쇠를 당기는 장면을 연상할 것이다. 실제로 사격 시에 발생하는 큰 소음과 불꽃 그리고 몸에 가해지는 반동의 충격과 총격으로 쓰러지는 사람의 모습 등은 누구에게나 강한 인상을 남긴다.

자그마한 기계장치로 멀리 있는 사람을 단지 손가락을 움직이는 정도의 쉬운 동작만으로 쓰러뜨릴 수 있다는 착각은 실제 사격보다 영화나 드라마 같은 미디어를 통해 주로 사격장면을 접하는 사람들에겐 당연한 것인지도 모른다. 주인공이 날고 구르며 그 어떤 것도 신경 쓰지 않고 아무렇게나 쏜 단 한 발의 총탄에 수많은 적들은 마치 수숫단처럼 쓰러지고, 적들이 쏜 총탄은 대부분 주인공을 피해 가는 어떤 액션영화의 장면이 대부분의 사람들이 알고 있는 사격의 전부일 것이다.

이것은 영화나 드라마 등의 미디어나 그것을 즐기는 사람들을 비난하기 위한 것이 아니다. 다만 말하고싶은 것은 기존에 알고 있던 사격에 대한 모든 생각과 그에 관련되어 몸에 밴 행동이나 습관은 이제부터 다 잊어버리라는 것이다.

총기가 개발된 초기에 이를 사용하는 전투원 개개인의 기술은 전투를 수행하는 데 큰 고려사항이 아니었다. 그 이유 중의 하나는 당시의 총기가 가지는 기술적 한계로 인하여 숙달된 전투원과 그렇지 않은 전투원의 격차가 크지 않았기 때문이다. 하지만 산업혁명 이후 관련 기술이 비약적으로 발전하고 전투에 대한 문화와 양상이 완전히 바뀐 오늘날 전투는 물론 전쟁을 수행하는 데 있어서 총기를 다루는 전투원 개인의 숙련도가 최신예(最新銳)의 무기만큼이나 승리를 위한 매우 중요한 요소가 되었다.

현대전의 몇몇 특징은 경호업무와 상당히 유사하다. ① 대부분 야지(野地, Open Field)가 아닌 복잡한 도심지에서, ② 많은 경우 주변이 어둡고, ③ 피아구분(彼我區分)이 어려운 상황 속에, ④ 매우 짧은 거리에서 총기를 사용한다는 것이다. 이러한 경우에는 개개인의 미세한 기술적 수준의 차이가 아주 다른 결과를 가져온다.

총탄의 발사는 순간에 이루어지지만, 사실 그것은 사격의 몇 가지 절차 중 하나일 뿐이다. 각 절차는 그 자체로는 완전한 것이 될 수 없다. 사격이란 방아쇠를 당기고 총탄이 발사되는 단순한 '순간'의 개념이 아니라, 그 전후에 여러 절차들을 포함하는 '과정'의 개념으로 이해해야 한다.

사격은 다음과 같은 절차로 이루어진다.

1단계: 주변경계(Search & Alert)
2단계: 표적식별(Identifying)
3단계: 사격결심(Firing Assess)
4단계: 사격실시(Firing)
5단계: 결과확인(Situation Check)

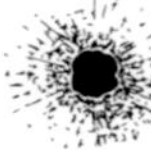

주변경계(Search & Alert)

총기를 소지한 경호원의 눈과 두뇌는 쉴 새 없이 움직여야 한다. 사람을 포함하여 주변의 지형과 모든 사물을 관찰하고 어색하거나 잘못된 것이 없는지 판단한 후, 이상이 없는 것은 기억에서 지워야 한다. 주변 상황을 모두 기억하려 애쓴다면, 두뇌가 쉽게 지쳐 주변을 경계하는 능력이 저하되기 때문이다.

주변을 경계할 때에는 모든 사물을 공격자의 시각에서 바라볼 수 있어야 한다. 경호대상자에게 가장 위험한 곳이 어디인지, 경호업무를 완벽히 수행하는 데 있어서 제일 취약한 장소는 어디인지 예상하고, 만약 위험한 상황이 발생한다면 어떠한 도주로(逃走路)를 선택할 것이며, 이때 어떤 지형지물을 이용할 것인지, 공격의 방향에 따라 가장 이상적인 대응위치나 지점은 어디인지 등을 끊임없이 생각해야 한다.

또한 현재 이 자리에서 총기를 사용해도 될 것인가를 항상 판단할 수 있어야 한다. 군인이 아닌 한 총기의 사용은 가장 최후의 방법이 되어야 하기 때문이다. 정말 필요한 경우를 제외하고는 총기의 사용을 최대한 자제하여야 한다.

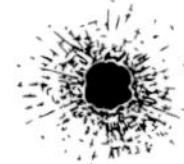

표적식별(Identifying)

앞에서 이미 살펴보았듯이 표적이란 총기를 사용하는 대상을 말한다. 그것은 사물일 수도 있지만, 경호업무에 있어서는 대부분 사람인 공격자일 것이다. 총기의 사용은 항상 최후의 수단이므로 어떠한 사람에게 사격을 가하기 위해서는 그(녀)가 경호원 및 경호대상자에게 위협이 되는 표적이라는 것을 반드시 먼저 식별해야 하는데, 여기에서 그 위협은 총기를 사용하지 않고서는 해결할 수 없을 정도로 임박하고 치명적이라는 것이 전제되어야 한다. 어떠한 사람이 그러한 위협을 가하고 있는지를 알 수 있는 가장 정확하고 간단한 지표는 그(녀)가 무기를 소지하고 있는가 하는 점이다.

무기의 종류는 매우 다양하다. 경호원은 공격자가 소지한 무기가 정말로 위협이 될 수 있는지 신중히 판단하되 순간적으로 판단할 수 있어야 한다. 공격자는 경호원과는 달리 경호대상자를 위해한다는 단 한 가지 목적을 달성하기 위해 다른 여러 가지 요소들을 무시할 수 있다. 경호원은 어떠한 위협에 대등하는 수준으로만 대응을 해야 하지만, 공격자는 모든 수단과 방법을 동원할 수 있다. 이 때문에 공격자가 무기를 소지했다면 경호원이나 경호대상자에게 매우 신속하게 치명적인 위해를 가할 수 있다. 따라서 위협은 신중하면서도 또한 매우 신속하게 인식해야만 한다.

총기의 사용은 매우 엄격한 지침을 따라야 한다. 어떤 경호업무에서는 공격자가 먼저 위협을 가하기 전에는 총기를 사용할 수 없거나 공격자가 먼저 위협을 가한다 할지라도 총기를 사용하여 대응하기 전에 반드시 경고사격(警告射擊, Warning Shots)을 실시해야 하는 경우도 있다.

이는 경호업무의 특성에 따라 결정되며, 해당 경호업무의 지침 상에 반드시 포함되어 있다. 이러한 지침을 통상 "무력사용에 관한 수칙(Rules for Use of Force, RUF)"이라 부르며, 총기를 소지한 민간 경호원은 반드시 숙지하고 이에 따라 총기를 사용해야 한다. 즉, 표적이 위협이 된다고 해서 무조건 총기를 사용할 수 있는 것은 아니다.

이처럼 표적식별이란 공격자가 위협이 되는가를 판단하는 것뿐만 아니라 위협이 되는 공격자에게 사격을 실시할 수 있는지의 여부까지 판단하는 과정이다. 표적을 빨리 식별할 수 있어야 사격을 조금이라도 먼저 실시할 수 있고, 그렇게 해야만 경호원 자신이나 경호대상자를 더 안전하게 보호할 수 있다. 따라서 어떻게 보면 이 과정이 전 사격절차에 있어서 가장 중요한 것이라고 볼 수 있다.

▶ 이동표적지 ◀

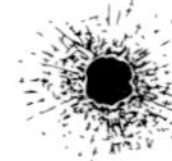

사격결심(Firing Assess)

사격을 할 것인가, 하지 말아야 할 것인가를 결정하는 과정을 '사격결심'이라고 한다. 사격결심은 표적식별의 완료와 동시에 이루어져야 한다. 이미 주변경계와 표적식별을 통해 정확한 정보를 수집하였기 때문에 한 치의 망설임 없이 결정할 수 있어야 한다.

사격실시(Firing)

사격을 가할 것으로 판단했다면, 신속하게 1) 권총을 준비하고 2) 실탄을 장전하고 3)표적을 조준한 다음 4) 방아쇠를 당겨야 한다.

❶ 권총 준비(Pistol Ready)

표적을 조준하기 위해서는 우선 ① 권총을 손에 쥐고, ② 총구를 (통상) 표적방향으로 향하게 해야 한다. 매우 특별한 경우를 제외하고는 권총을 손에 쥐고서 경호업무를 수행하지는 않는다. 대부분은 우리가 흔히 '권총집'으로 부르는 별도의 장비에 수납한 채로 기동하게 되는데, 사격을 신속하게 실시하기 위해서는 우선 이 수납장비에서 권총을 재빨리 꺼내어 총구가 표적을 향하도록 해야 한다. 만약 별도의 수납장비가 없이 권총을 손으로 휴대해야 한다면, 총구는 안전한 방향인 공중이나 지면을 향하게 한다.

총구를 지면으로 내릴 때에는 반드시 총구 방향이 아래 그림과 같이 지면을 향해야 하며, 엄지손가락이 방아쇠 안에 들어가 있어서는 안 된다. 또한 총구를 공중을 향하게 할 때는 가늠쇠가 시선 앞에 오도록 하여 총구의 방향이 공중으로 향하도록 해야 한다. 엄지손가락 또한 마찬가지로 방아쇠 안에 있으면 절대로 안 된다.

실전에 있어서는 부득이하게 총구가 동료나 경호대상자 혹은 위험물질이 있는 곳으로 향하는 경우도 있다. 따라서 앞서 배운 3중 안전수칙은 언제나 지켜야 한다.

총기를 준비하는 것만큼이나 사용이 끝난 총기를 다시 원위치 시키는 것 또한 매우 중요하다. 이렇게 권총을 준비하고 다시 사용 전의 상태로 되돌리는 기술은 이후에 자세히 배우도록 하고, 위에서 말한 것처럼 권총수납장비가 따로 없는 상태에서 권총 준비상태를 정리하면 다음과 같다.

▶ 권총 준비자세 ◀

❷ 4가지 준비자세(Four Kinds of Ready Position)

• **Low Ready Position**

권총 준비자세로, 총구를 지면을 향하도록 하고 사격신호 시 표적을 향하여 권총을 들어 사격하는 준비자세를 말한다.

• **High Ready Position**

권총 준비자세로, 총구를 하늘로 향하도록 하고 사격신호 시 표적을 향하여 사격하는 자세이다. 영화에서 많이 나오는 자세로, 단순히 하늘로 향하는 자세만 있는 것이 아니라 가늠쇠가 시선 앞에 오도록 지면에서 총구의 방향이 45도 위를 향한 하이레디 자세도 있다.

• **Compress Ready Position**

권총을 잡은 양손을 가슴 앞 쪽으로 당겨 모은 상태의 준비상태로, 사격신호 시 안쪽으로 당겨서 모은 양손을 표적을 향해 앞으로 쭉 뻗은 다음 사격하는 자세를 말한다.

• **Sol Ready Position**

보통 남미의 경호원들이 즐겨 사용하는 준비자세로, 권총의 총구가 옆을 향하도록 가슴팍 근처에서 양손과 총기가 합쳐져 삼각형 모양이 되도록 하는 준비자세이다.

❸ 권총실탄장전(Load)

권총을 준비한 상태에서 실탄을 장전해야 한다. 즉, 탄창을 탄창 삽입구에 집어넣어야 한다. 여기에서 중요한 것은 항상 탄창 아래부터 윗부분까지 손가락을 이용하여 확실하게 붙잡아서, 탄창이 기울어지거나 미끄러지지 않도록 하여야 한다는 점이다. 경호임무 중 교전을 할 상황은 매우 긴박한 상황임에 틀림없다. 그런 상황에서 손이 긴장되거나 탄창을 제대로 쥐지 않을 경우에는 정확한 삽탄이 어려울수 있거나 최악에는 탄창을 떨어트릴 수도 있다.

또한 탄창삽입구에 "딸깍" 소리가 들릴 때까지 강하게 밀어 넣어야 하는데, 여기에서도 확실한 동작을 취하지 않으면 탄창 삽입구에 들어간 탄창이 떨어질 수도 있다. 이렇게 탄창을 권총에 삽입하면 권총의 슬라이드를 당겨 약실에 총알을 장전하여야 하는데, 이때 손바닥 전체를 사용하여 권총의 슬라이드를 끝까지 잡아당겨야 한다. 보통 슬라이드멈치를 이용하여 장전을 하는데, 슬라이드를 잡아당겨 장전하는 것보다 힘과 속도가 떨어져 탄이 약실에 제대로 들어가지 않아 기능고장이 일어날 수도 있다는 것이다. 탄창이 장전되고 나서 탄약이 약실에 밀려들어갔는지 약실을 체크하면 비로소 권총에 실탄이 장전된 것이다.

• 삽탄(Magazine Load)

왼손 검지손가락으로 윗부분까지 탄창을 확실하게 붙잡고 한 번의 동작으로 삽탄한다. 이때 탄창의 아랫부분만 쥐고 하면, 실수하는 경우가 생길 수 있으니 주의해야 한다.

• 장전(Chamber Load)

왼손으로 권총의 뒤쪽 윗부분을 덮는 느낌으로 슬라이드를 꽉 쥐고 뒤로 끝까지 잡아당긴 후 스프링의 힘으로 슬라이드가 전진하게 놓아두지 않고 손으로 잡은 채 천천히 밀어주면 삽탄이 잘 안 되어 총기 작동불량이 있을 수 있다.

• **약실 확인**

왼손으로 슬라이드를 뒤쪽으로 천천히 당겨서 약실에 탄약이 장전되어 있는지 확인한다.

❹ 조준(Aiming)

권총의 방아쇠를 당기기 위해서는 권총을 준비한 상태에서 표적을 조준해야 한다.

사수의 시선은 직선이다. 두 점 사이를 최단거리로 연결한 선을 '직선'이라 부른다. 그리고 직선인 사수의 시선과 가늠자와 가늠쇠를 지나는 직선이 겹쳐지는 직선이 되도록 하는 것을 '조준선정렬'이라고 한다. 조준선정렬의 목적은 언제나 조준선과 총강선이 일정한 각도를 유지할 수 있도록 하는 데 있다. 왜냐하면 사격 시마다 조준선과 총강선이 이루는 각도가 다르다면 탄착 · 명중점 또한 매번 달라지기 때문이다.

정렬이 끝난 조준선 상에 명중시키고자 하는 표적의 한 점을 위치시키는 것을 '표적정렬'이라 부르며 이러한 상태, 즉 조준선정렬과 표적정렬이 끝난 상태를 '정조준이 완료된 상태'라고 한다. 쉽게 말해서, 정조준이란 직선인 사수의 시선에 가늠자와 가늠쇠의 끝단 및 표적점이 일치된 상태인 것이다. 권총의 조준선 정렬은 아래의 그림과 같이 가늠자와 가늠쇠의 상부 끝단이 일치된 상태에서 가늠자의 중앙을 통과하는 가상의 점선에 가늠쇠에 표시된 점의 중앙이 위치하도록 하면 된다.

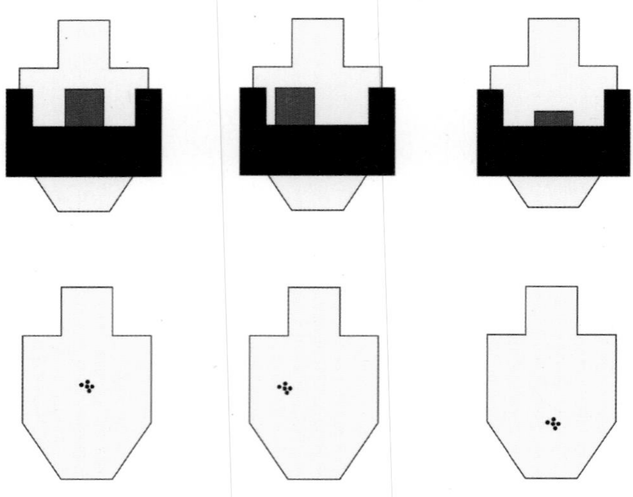

▶ 출처: HANDGUN TRAINING(FOR PERSONAL PROTECTION) Richard A. Mann 조준선정렬 그림) ◀

조준선정렬이 끝난 상태에서 가늠쇠 끝단의 중간을 중심으로 가상의 십자망선(十字網線, Reticle)을 그은 후 그 중심을 표적점에 일치시키면 권총의 정조준은 완료된다. 정조준이 완료되면 눈의 초점은 가늠쇠에 집중하여 가늠쇠 이외의 가늠자나 표적은 흐릿하게 보이는 상태(가늠쇠 집중법)로 만들어야 한다. 사람마다 다르긴 하지만, 대부분 눈의 초점이 가늠자에 집중되었을 경우에 명중률이 가장 높아진다는 기록이 있다. 가장 이상적인 것은 방아쇠를 당기기 전까지 번갈아 가며 가늠쇠와 표적에 초점을 집중하는 것인데, 저자는 개인적으로 이를 "시선달리기(법)"라고 부른다.

시선달리기를 하는 이유는 총탄이 발사되는 순간까지 조준선 · 표적정렬을 흐트러트리지 않는 능력을 배양하기 위해서다. 따라서 시선달리기는 시간에 제한이 없는 사격훈련 시에만 실시해야 하며, 이를 통해 숙달되면 가늠쇠 집중법을 통해 명중률을 더욱 높일 수 있다.

경호원의 사격기술 및 훈련은 빠른대응과 판단력에 좌우되는데, 순간적으로 권총을 뽑아 위해기도자에게 조준하고 사격할 시 정조준의 개념보다는 다시 말해 조준선 정렬이 되는 즉시 사격하여야 한다. 보통 일반적으로 한쪽 눈을 감고 정조준의 개념으로 사격훈련을 하였다면, 경호원들은 양안사격훈련을 필히 해야 한다. 그 이유는 다음의 그림에서 보는 것과 같이 양손을 180도 가까이 펼친 다음, 양 주먹에 엄지손가락을 세워 눈을 정면을 응시하면 양쪽의 엄지손가락이 보일 것이다. 그러나 한쪽 눈을 감으면 한쪽밖에 보이지 않을 것이다. 즉, 사격을 하면서도 사주경계의 범위를 높이기 위해서는 양안으로 조준선 정렬 훈련 및 양안사격훈련을 실시해야 하며, 이는 경호원들에게 중요한 훈련법이다.

❺ 격발(擊發, Triggering)

방아쇠를 당기는 것을 '격발'이라고 한다. 격발은 사격을 실시하는 과정에 있어서 명중률을 좌우하는 가장 마지막 요소이다. 권총은 총열의 길이가 짧아서 작은 움직임에도 총구의 방향이 크게 차이가 나므로 표적점에 총탄을 명중시키기 위해서는 방아쇠를 당길 때 총구의 상 · 하 · 좌 · 우 편차(이하 '격발편차')가 발생하지 않아야 한다. 이를 위해서는 권총이 최대한 움직이지 않도록 총구 방향의 직(直)후방으로 방아쇠를 당겨야 한다. 방아쇠를 당길 때에는 반드시 검지를 사용하는데, 그 이유는 권총을 쥔 상태에서 방아쇠를 당길 수 있는 네 손가락 중 검지가 가장 방아쇠에 가까워 격발편차를 최대한 줄일 수 있기 때문이다.

▶ 권총의 격발 시 검지의 모습 ◀

격발 시에는 손톱이 있는 마지막 마디(정확히는 마디의 중앙부터 마디관절 사이)만을 사용해야 하며, 총탄의 발사를 예측하거나 의식하지 말고 손가락의 압력을 점진적으로 높이면서 마치 가늠쇠를 당긴다는 느낌으로 실시해야 한다.

손가락의 움직임 이외에도 격발의 순간에 매우 중요한 것은 바로 호흡이다. 편안한 상태에서 길게 들이마셨다가 약 3분의 1정도를 내뱉은 후, 호흡을 잠시 멈춘 상태에서 4~5초 이내에 격발하였을 때 명중률이 가장 높다. 또한 방아쇠를 최초 손가락에 압력을 주어 당기면 격발하고, 동시에 아주 천천히 압력을 줄여 주면 어느 정도 위치에 있을 때 "틱" 하고 걸리는 소리가 난다. 이 소리가 나면 다시 격발할 수 있다는 신호이며, 이 방아쇠를 당기며 풀어 주는 압력을 조절하는 연습을 하는 것이 호흡을 포함한 격발의 대표적인 원칙이자 기초이다.

하지만 실전에서는 사격선수와 같이 매번 격발과 호흡의 원칙과 기초를 지키면서 매우 안정된 상태를 유지하며 한 발씩 사격을 실시할 수 있는 경우가 매우 드물다. 아니, 더 정확히는 없다고 생각하는 것이 맞다. 실전에서는 예상치 못한 순간에 급히 방아쇠를, 그것도 한 표적에 여러 번 당겨야 하기 때문에 안정된 호흡상태도 유지할 수가 없다.

실전에서는 한 표적 당 최소 2발 이상 연속적으로 사격을 실시하는데, 표적이 사망하거나 행동불능이 되어 쓰러질 때까지 수 발에서 수십 발까지 사격을 실시해야 한다. 그러므로 매우 신속하게 여러 번 격발을 할 수 있는 능력 또한 굉장히 필요하다. 호흡의 경우에도 들이쉬든지 내쉬든지 최대한 안정적인 상태를 유지하도록 노력해야 하는데, 통상 복싱과 같이 호흡을 내뱉으며 사격을 실시하는 것이 명중률 향상에 도움이 된다. 실전은 사격경기와 다르다. 이 차이점이 사격훈련 시에 격발과 호흡의 원칙과 기초를 더욱더 열심히 갈고 닦으며 강한 체력을 길러야 하는 이유이다.

고위험도의 경호현장에서의 교전상황에서는 갑작스런 방아쇠의 당김과 반동에 대한 두려움이 생긴다. 이 때문에 생기는 반사적인 팔의 경직에 의한 떨림 또는 흔들림에 대해 평소의 훈련을 항상 실전처럼 생각하고 행동하여야 이를 대비할 수 있다. 무엇보다 중요한 것은 방아쇠를 얼마나 부드럽게 당기느냐 하는 것이다.

▶ 최소한의 힘으로 격발하는 모습◀

처음 권총을 접하는 사람이나 겁이 많은 여성들은 권총을 처음 잡을 때 힘을 너무 많이 주어 꽉 잡는다. 또한 방아쇠에도 힘이 들어가는데, 이렇게 힘을 주어 권총을 잡고 격발할 경우 대부분 표적의 아래쪽에 탄착군이 형성된다. 이는 격발하는 순간, 권총 자체에 많은 힘이 들어가서 총구가 아래쪽으로 내려가기 때문이다. 사진에서 보면 알 수 있듯이 방아쇠의 당기는 힘은 새끼손가락의 힘 정도면 충분히 방아쇠를 당길수 있으며, 권총을 잡는 힘도 왼손의 적당한 힘만으로도 충분한 컨트롤이 가능하다.

표적을 향해 조준선 정렬을 하고 방아쇠를 일정한 속도로 천천히 당겨 사격하면, 자연스럽게 총탄은 표적에 들어간다. 결국 조준이 올바르고 방아쇠만 일정한 속도로 부드럽게 당기면, 원하는 곳에 총알이 맞을 것이다. 그리고 움직임 모두가 불안정한 상황에서도 사격을 할 필요가 있는 경우 부드럽게 방아쇠를 당길 수 있는 능력을 배양하고 이를 유지하는 데 쏟는 노력을 아끼지 말아야 할 것이다. 즉, 경호현장에서나 교전이 발생하는 실전적인 사격에서는 조준과 방아쇠의 균형이 매우 중요하다.

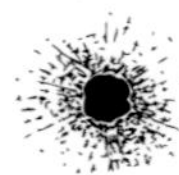

결과확인(Situation Check)

❶ 표적확인(Target Checking)

표적이 쓰러져 격발을 멈추었다면 표적이 더 이상 위협을 가할 수 없는 상태인지를 정확히 확인해야 한다. 쓰러져 있는 표적이라 할지라도 언제든 다시 일어나 경호원이나 경호대상자에게 위협을 가할 소지가 있기 때문에 표적을 확인할 때에는 신속히 사격을 재개할 수 있도록 총구의 방향을 표적으로 향해야 한다.

경호업무에 있어서는 경호대상자를 위협으로부터 피신시키는 것이 우선되므로 육안으로 매우 신속히 표적의 상태를 파악한 후 현장에서 이탈해야 한다. 이 경우에는 총탄이 표적의 스위치 존에 명중하였는지, 표적에 미세한 움직임이 있는지 등을 확인한다. 만약 직접적으로 확인해야 할 경우에는 언제든 사격을 가할 준비가 된 상태에서 표적에 접근한 후, 가장 먼저 쓰러진 표적이 소지하고 있거나 아직 표적 주위에 있는 무기를 가능한 멀리 이격시켜야 한다. 이때는 손이 아닌 발을 사용하는 것이 가장 안전하다. 그 후 총탄의 스위치 존에 대한 명중 여부를 판단하고, 최종적으로 호흡의 유무를 확인한다. 표적이 눈을 뜨고 있는 경우라면 동공의 확장 여부도 중요한 지표가 된다. 표적을 확인할 때에는 가급적 표적의 몸에 손을 대어서는 안 되므로 맥박의 유무는 출혈량으로 판단토록 한다.

▶ 표적지 확인하는 모습 ◀

❷ 주변확인(Surroundings Checking)

결과확인의 단계에서는 사격을 받아 쓰러진 표적의 상태뿐만 아니라 주변까지 살펴 안전의 유무를 확인해야 한다. 주변을 살필 때는 전 · 후 · 좌 · 우를 꼼꼼하게 실시한다. 여기까지 완료되면, 권총을 다시 권총집에 넣어야 한다. 그리고 다시 '주변경계' 절차로 신속히 전환해야 하는데, 이는 경호업무를 지속적으로 수행하고 또 다른 위협에 대처할 수 있는 태세를 갖추기 위함이다. 공격은 단발성(單發性)으로 끝나지 않고 연속적 혹은 파상적(波狀的)으로 이루어지는 경우가 많다.

“델타포스 교관의 총을 다루는 법”

델타포스 교관인 마틴(가명)은 내가 사격하는 모습을 유심히 보더니, 나에게 다가와 말했다.

“한! 권총을 잡는 손에 힘이 너무 들어갔어! 너무 힘이 들어가면 실전에서 여러 가지로 불리해!”

사실 나도 알고있는 사실이다. 그래서 나는 다시 마크 교관에게 말했다.

“나는 다른 사람보다 손이 좀 작아. 아니, 많이 작아. 정확히 이야기하면, 손은 두툼한데 손가락 길이가 짧아서 정확한 파지법을 하게 되면 방아쇠에 손가락이 걸리지가 않아. 그래서 권총을 잡을 때 v자 홈에 걸치지 못하고 약간 옆으로 돌려서 잡기 때문에 힘이 들어가는 거야.”

그러자, 마틴 교관은 왼손으로 권총을 엄지와 검지로 파지를 하고, 그것도 권총을 거꾸로 들어 한 손으로 표적에 있는 가슴에 2발을 사격을 하고 나에게 다시 말했다.

“한! 나는 원래 오른손잡이다. 그러나 작전 도중 폭탄에 오른팔을 잃어 지금은 손가락을 쓸 수가 없어. 그래서 왼손으로 총을 쏘지. 보는 것과 같이 엄지와 검지의 최소한의 힘 그리고 방아쇠를 당길 새끼손가락의 힘만 있으면 돼. 실전에서는 여러 가지 상황이 생길 수도 있지만, 대부분 신체적으로 불리한 상황에서 총을 쏘아야 되니 말이야”.

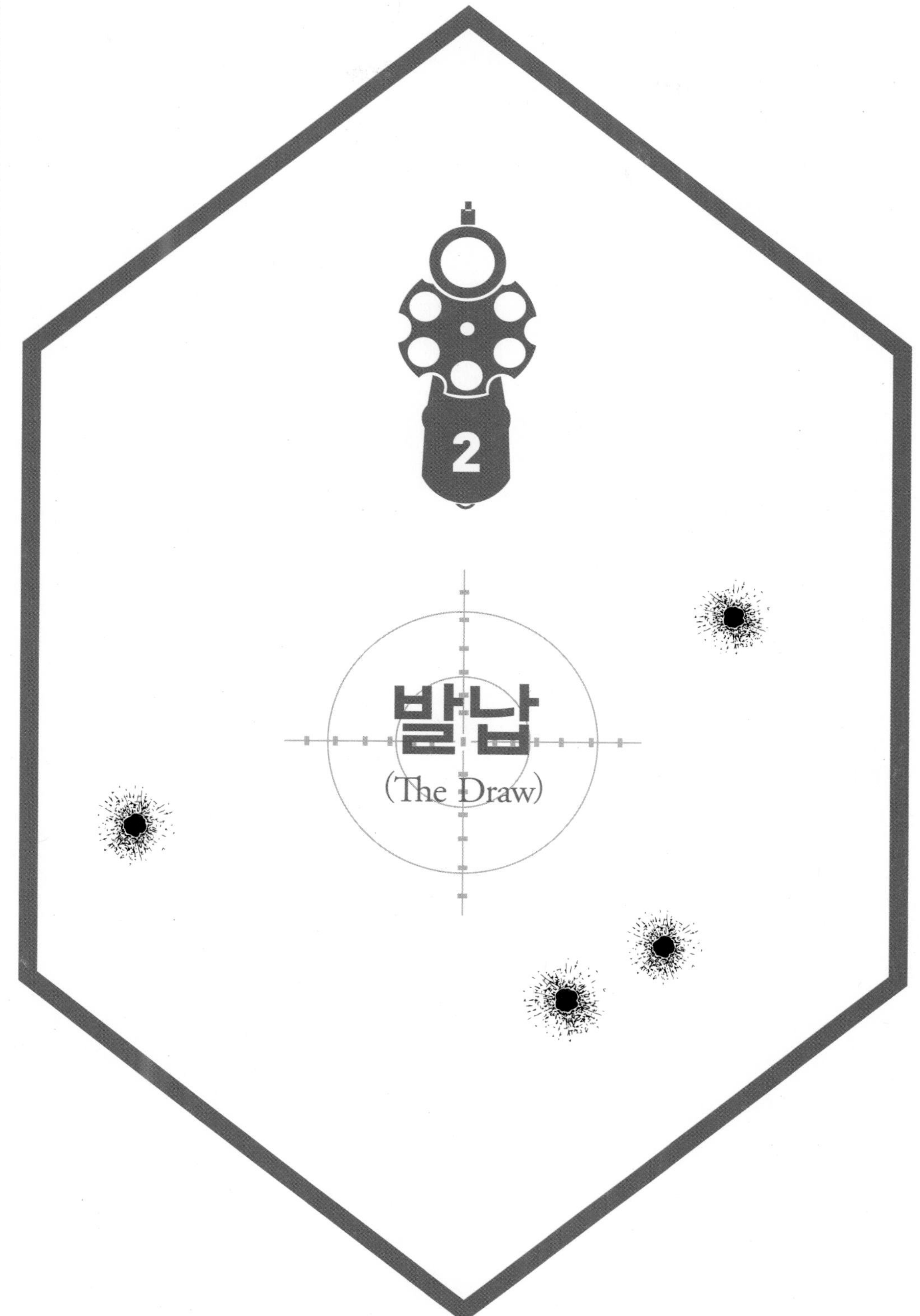
2
발납
(The Draw)

'발납(拔納, The Draw)'이라는 단어는 본 저자가 가장 어렵게 만들어 낸 단어다. 검술(발도술과 납도술)에서 그 의미를 가져왔는데 "拔"이란 뽑는 것을, "納"이란 넣는 것을 뜻하며, 권총사격술에서는 사격을 실시하기 위해 권총을 뽑거나 사용이 끝난 권총을 다시 넣는 기술을 의미한다. 이 기술을 영어단어로는 "The Draw"라고 하는데, 문자적으로는 뽑는 것만을 뜻하지만 마찬가지로 권총사격술에서는 우리 단어인 발납과 같은 의미로 쓰인다. 사격술을 학문적으로 배우는 여러분들에게는 "뽑기" 라든지 "넣기" 따위의 표현을 쓸 수 없는데다가 이런 경우 참고할 수 있는 영어단어 조차도 번역하기가 까다로워 아예 새로운 단어를 만들어야 했다.

권총사격술에서 발납이 매우 중요한 이유는 이것이 사격을 실시하는 데 있어서 가장 처음이 되는 기술이자, 사격의 전체 과정을 마무리하는 기술이기 때문이다. 어떤 일이건 처음이 잘못되면 그 과정의 전체가 엉망이 되고, 과정이 아무리 잘되었어도 마무리가 좋지 않으면 아무 소용이 없다는 것을 잘 알고 있을 것이다. 진검(眞劍)수련에 있어서 발도(拔刀)와 납도(納刀)가 차지하는 비중만 보아도 이것이 얼마나 중요한지 짐작할 수 있다.

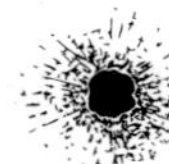

권총의 휴대(Carry of Handgun)

권총을 뜻하는 영어단어에는 'Pistol'과 'Handgun'의 두 가지가 있는데, 집합적인 개념의 권총을 의미할 때는 'Handgun'이라는 단어가 쓰이는 경우가 많다. 본 책자에서 두 가지 단어의 의미를 잘 구분하기 바란다.

권총을 포함한 모든 총기는 유사 이래 개인이 자신의 사지(四肢)를 직접 움직여 다룰 수 있는 가장 강력한 무기이기 때문에 사용하는 방법은 물론이거니와 이러한 것을 안전하게 휴대하는 법에 대해서도 반드시 잘 알고 있어야 한다.

권총은 다른 총기에 비해서 소형이므로 휴대가 용이하다는 것은 이미 배웠다. 그리고 잠시 언급하였거니와 여러분들도 이미 짐작하다시피 무언가를 뽑거나 넣는다는 것은 그 것을 담을 수 있는 용기(容器, Case)가 있음을 의미한다. 이것이 흔히 권총집이라고도 불리는 '홀스터(Holster)'이며 바로 이 홀스터(앞으로는 '권총집'이라는 표현 대신 사용할 것이다)의 존재 때문에 발납이라는 기술을 배워야 하는 것이다.

▶ 여러 가지 홀스터 ◀

홀스터는 휴대의 용이성 이외에 오발(誤發)사고와 오염(汚染) 그리고 제3자에 의한 피탈(被奪)로부터 권총을 안전하게 지켜 주는 기능도 겸하고 있다. 이러한 기본적인 기능 이외에도 요즘에는 권총을 더 은밀하게 휴대할 수 있는 기능을 더한 은닉형(隱匿形) 홀스터, 좀 더 빨리 권총을 준비할 수 있게 해 주는 신속형(迅速形) 홀스터, 얇고 가벼우면서도 튼튼한 재질로 제작하여 휴대성을 더욱 향상시켜 주는 카이덱스(Kydex) 홀스터 등 무수한 종류의 홀스터가 판매되고 있다.

홀스터는 경호의 개념에 따라 크게 은닉형과 비(非)은닉형으로 나뉜다. 은닉형이란 말 그대로 자신이 권총을 휴대하고 있다는 사실을 제3자가 알지 못하도록 하는 것이며, 비은닉형은 그 반대이다. 비은닉형은 홀스터가 몸밖에 드러나 있으므로 은닉형에 비해 더 신속하게 권총을 꺼낼 수 있다는 장점이 있으며, 이 장점을 극대화하기 위해 통상 허리나 허벅지에 위치한다.

은닉형 홀스터의 경우, 장착하는 위치가 각기 다르며 비은닉형에 비해 권총을 꺼내기가 다소 어렵다는 단점이 있다.

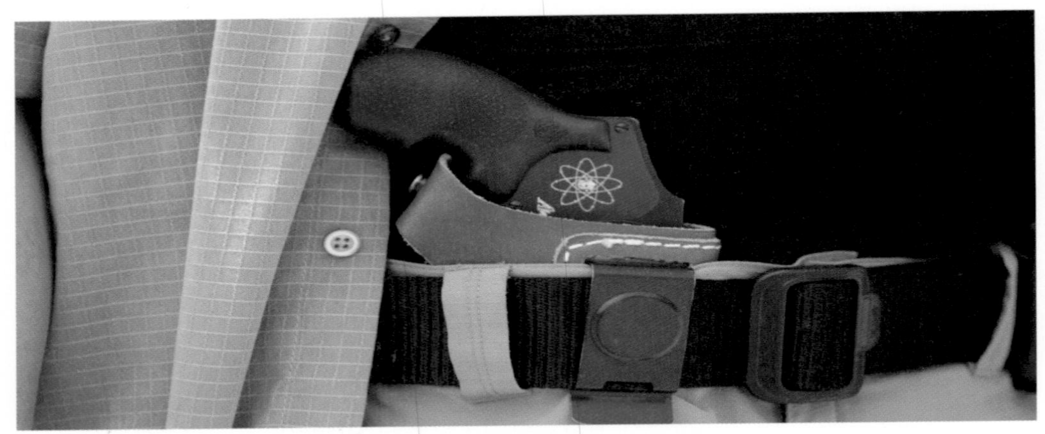

▶ 은닉형 홀스터 ◀

본 편에서는 웨이스트 홀스터를 기준으로 발납의 기본을 설명하고자 한다. 웨이스트 홀스터는 비은닉형은 물론, 적절한 복장을 착용하였을 경우에 은닉형으로도 권총을 휴대할 수 있다는 장점을 지니고 있는 가장 기본적이며 대표적인 홀스터이기 때문이다.

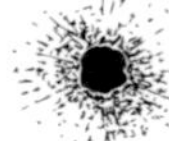

권총의 파지(Handgun Grip)

'파지(把持)'란 권총을 손에 쥐는 행위를 뜻하며, '파지법'이란 권총을 손에 쥐기 위해 그 절차를 쉽게 설명한 것을 말한다. 올바른 파지법에는 몇 가지 종류가 있지만, 현재 가장 널리 쓰이는 한 가지를 소개하고자 한다.

▶ 올바른 파지 모습 ◀

권총을 올바르게 파지하기 위해서는 우선 네 손가락과 엄지를 최대한 벌려 일명 '브이(V)자 홈'을 만든 뒤, 이를 권총의 손잡이와 슬라이드가 만나는 지점인 '총목'에 밀착시킨다. 이때 네 손가락이 벌어져서는 안 된다. 브이자 홈으로 총목을 잡는 이유 중 가장 큰 이유는 격발 시 반동방향과 손이 밀리는 방향이 일직선이 되어야 하기 때문이다. 이는 반동이 있을 시 안정된 자세를 유지할 수 있기 때문이다.

▶ 파지법 1단계 ◀

그런 다음, 검지를 제외한 나머지 손가락은 권총의 손잡이를 감싸 쥔다. 이때 검지는 통상 방아쇠울의 위에 위치한 상태로 총기의 측면을 따라 총구방향으로 자연스럽게 펴 준다. 단, 검지가 권총 슬라이드의 움직임을 방해하여서는 안 된다.

▶ 파지법 2단계 ◀

여기까지 완료하면 한 손으로 권총을 파지할 수 있다. 권총을 파지한 손을 '파지수(把持手, Weapon Hand)'라고 하는데, 오른손잡이는 오른손이, 왼손잡이는 왼손이 파지수가 되어야 하며, 양손잡이의 경우 오른손을 파지수로 사용하도록 한다. 한 손의 파지만으로도 사격은 실시할 수 있으나 특별한 경우가 아닌 한 양손을 이용하여 권총을 파지해야만 한다.

파지법 2단계까지를 통해 권총의 한 손 파지가 끝나면, 다른 손인 보조수(補助手, Reaction Hand)의 엄지 하단에 있는 두툼한 부분을 파지수가 감싼 권총 손잡이의 남은 부분에 밀착시킨다. 만약 파지수가 커서 권총의 손잡이를 완전히 감싸 쥐었다면, 파지수의 손가락 끝부분에 밀착시키면 된다.

밀착이 끝나면 보조수의 엄지는 권총의 측면을 따라 총구방향으로 펴 주며, 파지수의 엄지는 보조수의 엄지에 자연스럽게 밀착시킨다. 양손의 엄지는 권총 슬라이드의 움직임을 방해하여서는 안 된다. 나머지 네 손가락은 여전히 서로 붙인 채로 총구방향으로 뻗어 주는데, 권총에 직접 닿아서는 안 된다. 이후에 보조수의 나머지 손가락은 권총의 손잡이를 쥐고 있는 파지수의 세 손가락을 고정시켜 준다는 느낌으로 감싸 잡는다.

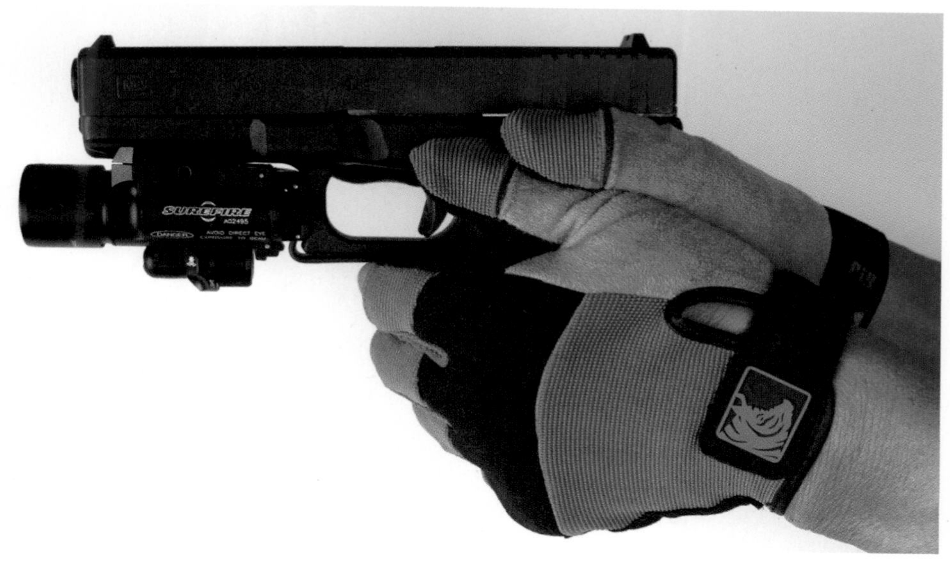

▶ 파지법 3단계 ◀

이렇게 양손을 이용한 올바른 파지가 끝나면, 통상 파지수의 검지와 엄지, 보조수의 엄지는 총구방향으로 향하게 된다. 일반인들이 흔히 권총을 파지하는 방법은 대부분 올바르지 못한 것들이다. 이는 미디어의 영향이 큰데, 이러한 잘못된 파지법들은 명중률을 저하시키고 때로 사수나 타인을 위험에 빠뜨릴 수 있으므로 주의해야 한다.

▶ 파지법 4단계 ◀

발납의 절차(Drawing of Handgun)

일반적으로 권총을 파지한 채 경호업무를 수행하지는 않는다. 따라서 경호대상자나 경호원에게 위협이 되는 상황이 발생하면, 신속하게 사격할 수 있는 능력이 무엇보다 중요하다.

사격을 결심한 이후 홀스터에서 권총을 꺼내어 조준하기 직전까지의 과정을 '발총(拔銃)'(사격의 절차 중 '권총준비(Pistol Ready)'에 해당한다)이라 하며, 그 반대의 과정, 즉 사격을 실시하고 표적확인을 마친 후 권총을 다시 홀스터에 넣는 과정을 '납총(納銃)'이라 한다. 발총의 과정은 정식으로 5단계, 약식으로 3단계로 이루어진다. 본 편에서는 권총의 가장 일반적인 입식자세를 기준으로 발납의 기본을 알아보도록 하겠다.

▶ 발납의 1단계 ◀

발납의 1단계(이하 '1단계')를 실시할 때, 오른손은 신속히 권총을 파지하는 동시에 왼팔은 손바닥을 모은 상태에서 배꼽 위치에 댄다. 이때 네 손가락은 모아 주고 엄지는 자연스럽게 조금 벌려 준다. 또한 왼손은 언제라도 오른손의 보조역할을 할 수 있도록 의식한다. 즉 보조수인 왼손을 배꼽근처에서 대기하면서 다음 동작을 기다리고, 오른손과 어깨와의 간격은 무리 없이 발총(바로 사격할 수 있도록 잡음)을 실시할 수 있는 공간을 확보할 수 있을 만큼만 유지하면 된다.

▶ 발납의 1단계 ◀

오른손은 비록 권총이 홀스터에 삽입된 상태이지만, 신속히 권총의 총목으로 이동하여 올바른 한 손 파지를 실시한다. 엄지와 검지는 권총을 꺼내는 순간 정해진 위치로 갈 수 있도록 홀스터 위에 밀착시킨다.

또 다른 그림을 보며 중요하게 생각해야 하는 부분은 총기가 옷 안쪽에 있을 시 첫 동작은 오른손 엄지손가락으로 옷가락 또는 정장의 옷깃을 안쪽으로 넣어 내려오면서 뒤로 젖혀 권총을 잡아야 한다는 점이다. 실제적으로 대부분 총기는 정장이나 옷안쪽 또는 허리띠에 착용하고 근무하는 것이 통장적이다. 이때 옷이 가볍다면 총기를 잡는 데 걸릴 수 있으므로 실제로 옷 안쪽에 무거운 추나 쇠를 넣고 다니는 경우도 있다.

▶ 발납의 2단계◀

발납의 2단계(이하 '2단계')에서는 홀스터에서 권총을 직후방(直後方)으로 꺼낸 다음, 손목만을 이용하여 총구를 표적이 있는 전방으로 향하게 한다. 입식자세에서는 보통 사람의 경우, 신체구조의 한계로 인해 조준선이 완전히 지면과 평행을 이루지 못할 것이다. 따라서 손목에 무리가 가지 않는 범위 내에서 할 수 있는 정도까지만 굽히도록 한다.

발납을 연속적으로 실시할 때는 2단계의 동작이 거의 보이지 않을 만큼 빠른 속도로 진행되기 때문에 정지동작으로 숙달하지 않으면 발납을 정확하게 실시할 수 없다. 권총을 꺼낼 때에는 최소한의 동작으로 실시해야 한다. 2단계의 동작은 권총에 택티컬라이트(Tactical Light)나 레이저포인터와 같은 광학장비가 장착된 경우에 더욱 중요하다. 왜냐하면 권총을 꺼내는 순간부터 전방의 표적에게 불빛이나 광선을 비출 수 있도록 해야지만 격발까지의 시간을 단축시킬 수 있기 때문이다. 앞서 설명한 올바른 한 손 파지 방식을 반드시 지켜야 하며, 다른 한 팔은 움직이지 않는 상태여야 한다.

2단계에서 신속히 꺼낸 권총을 가슴의 중앙부위로 이동시키는 과정이 발납의 3단계(이하 '3단계')이다. 이동하는 과정에서 총구는 표적이 있는 전방을 제외한 어떤 방향으로 향해서는 안 되며, 몸통을 따라 가슴의 중앙부위까지 최단거리로 이동해야 한다. 이때 다른 한 손은 역시 최단거리로 가슴의 중앙부위로 이동하는데, 곧바로 양손파지가 가능하도록 파지법 3단계를 실시한다. 두 팔꿈치는 최대한 옆구리에 붙여야 하며, 양 어깨는 상체의 안쪽으로 움츠린다. 이 경우에도 신체구조의 한계 상 조준선이 지면과 평행을 이루기는 어려우므로 총구를 약간 상방(上方)으로 들어 주어도 무방하다.

▶ 발납의 3단계◀

3단계에서는 사격에 의해 후퇴하는 슬라이드가 가슴에 직접 접촉하지 않도록 권총과의 간격을 적당히 유지해야 한다. 단, 양팔의 상박(上膊, Upper Arm) 안쪽은 최대한 상체에 밀착시킨 상태여야만 한다. 권총이 가슴에서 너무 떨어져 있으면 상대방에게 피탈될 위험성이 커지므로, 특히 좁은 공간에 있을 때에 더욱 주의하도록 한다.

▶ 발납의 4단계◀

발납의 4단계에서는 권총을 양손으로 올바르게 파지하며 앞으로 힘 있게 조준하면서 뻗어 주는데, 이미 표적을 조준하면서 뻗을 때에는 가늠쇠와 가늠좌를 일직선상에 두는 연습을 하여야 하며 발납 자체의 동작을 반복적으로 연습하면서 팔과 어깨의 근육을 강화시키는 것도 좋은 방법이다. 또한 격발하기 전까지는 방아쇠에 손가락을 넣어서는 안 된다.

▶ 발납의 5단계◀

마지막 발납의 5단계는 양팔을 전방으로 뻗어 주는 동작이다. 양팔은 매우 공격적인 느낌으로 뻗어 주어야 한다. 발총이 완료되면, 표적을 조준하고 격발을 실시한다.

발총의 약식 1단계는 정식 1단계와 동일하다. 약식 2단계는 정식의 2~4단계를 동시에 실시하면 된다. 약식 3단계는 정식의 5단계에 해당한다.

격발이 완료되면 4단계나 5단계의 자세로 사격절차의 마지막 단계인 '결과확인'을 실시한다. 저자는 4단계의 자세를 추천하는데, 5단계에 비해 시야를 좀 더 넓게 확보할 수 있어 사방을 관찰하기에 더 용이하고, 좁은 공간일 경우에는 피탈의 위험성을 줄일 수 있기 때문이다. 만약 5단계의 자세를 취할 경우, 시야를 확보하기 위해서는 총구를 필요한 만큼 약간 내리는 것이 좋다. 여기까지 마무리되면 비로소 납총을 실시하는데, 발총의 역순이며 단계는 약식의 3단계와 비슷하다.

발납을 실시할 때에는 시선이 홀스터를 향하지 않아야 한다. 하지만 납총을 실시하기 직전, 짧은 순간 동안 홀스터의 위치를 확인하는 것 정도는 허용된다. 납총을 실시한다는 것은 일단 주변에 위협이 없기 때문이며, 격렬한 움직임을 통해 훈련할 때와는 다른 위치로 홀스터가 약간 이동한 상태일 수 있기 때문이다. 하지만 역시 시선을 옮기지 않고 발납을 실시하는 것을 권장한다. 홀스터를 올바르게 착용하고 부단한 훈련으로 단련되어 있다면 가능한 일이다. 권총을 소지한 경호원의 시선은 언제나 주변을 향해야 한다.

또한 발납할 때 중요한 점은 홀스터에서 권총을 뽑을 때 안전하고도 확실하게 뽑아야 한다는 점이다. 긴장하거나 성급하게 또는 무리하게 하다가 권총을 떨어트릴 수도 있고, 총구가 옷에 걸리거나 홀스터에 걸릴 수도 있기 때문이다. 일단 뽑은 권총은 뽑는 순간 언제라도 격발할 수 있도록 하며, 표적지에 최대한 빠른 시간에 조준하여야 한다. 여기서 조준이라는 것은 가늠쇠 집중법을 통하여 조준을 하라는 뜻이기도 하다.

발납 5단계 요약

1단계

★ 홀스터에 있는 권총을 잡는다 ★

양손은 동시에 움직인다. 오른손은 홀스터에 있는 권총을 완벽하게 잡고 동시에 왼손은 배꼽부분에 위치하여 오른손의 다음동작을 보조할 준비를 한다. 이때 정장이나 홀스터가 옷 안쪽에 있다면, 권총을 잡을 때 옷에 걸리지 않도록 옷을 젖히고 권총을 잡는다.

2단계

★ 홀스터에 있는 권총을 뽑는다 ★

오른손은 홀스터에 있는 권총을 안전하고 신속하게 뽑으며, 이때 총구가 홀스터에 걸리지 않게 뽑으며 총구방향은 전방을 향해야 한다. 즉, 뽑는 순간부터 격발이 가능하도록 하여야 한다.

3단계

★ 가슴 위치에 언제라도 사격 가능한 사격준비자세 ★

왼손은 권총을 잡은 오른손에 정확한 파지법으로 잡으며, 가슴부위로 이동한다. 그리고 가늠쇠와 가늠좌를 의식하면서 표적을 향해 들어올리며 팔을 뻗을 준비를 한다.

4단계

★ 격발이 가능한 사격자세 ★

표적을 향해 들어올리면서 권총이 눈앞까지 오게 팔을 뻗는다. 동시에 조준점을 확인, 즉 가늠쇠에 집중할 준비를 하면서 격발할 준비를 한다.

5단계

★ 격발 ★

눈을 조준선 위치에 놓고 가늠쇠에 집중하여 표적을 향하여 방아쇠를 당긴다. 4단계에서 5단계로 넘어갈 때, 즉 격발의 준비가 끝났다고 생각하면 방아쇠에 손가락을 넣는다.

"총을 뽑는 연습의 중요성"

미공군특수부대출신 및 외국 대통령 경호대장이었던 스펜서 교관(가명)은 나에게 발납의 중요성에 대한 이야기를 시작했다.

"한! 권총을 쏘는 것만큼이나 권총을 홀스터에서 제대로 뽑는 기술은 실전에서 매우 중요해." 라고 말하며, 이어 나간 스펜서 교관의 말은 아래와 같다.

권총을 홀스터에서 뽑는 과정을 해외 교관들은 "드로잉"이라고 한다. 아무리 빠르게 권총을 홀스터에서 뽑는다 하더라도 적에게 맞추지 못한다면, 그것은 별 볼 일 없는 쇼일 뿐일 것이다. 또한 정확하게 사격을 할 수 있다 하더라도 그 시간이 오래 걸린다면, 나 자신은 적에게 있어 무방비 상태가 될 것이다. 이처럼 권총을 뽑는 속도와 정확성 간의 균형을 동시에 맞춘 "드로잉"은 권총을 사용하고 있는 사람에게는 아주 중요한 사항이다.

특히 경호원들은 권총을 허리의 홀스터에 착용하여 권총이 옷으로 가려지기 때문에 권총을 뽑아 드는 기술은 실전에서 더더욱 중요하다. 권총을 홀스터 밖으로 안전하게 확실히 뽑지 못하면 홀스터나 착용하고 있는 상의의 옷에 걸려, 최악의 경우에는 권총을 놓치는 경우가 발생할 수 있다. 또한 안전하게 홀스터에서 권총을 뽑는다 하더라도 정확하고 신속하게 표적 방향으로 향하게 하는 것이 중요하다. 일반적으로 가늠좌(Rear Sight)와 가늠쇠(Front Sight)를 통한 조준이 꼭 필요하겠지만, 실전적인 사격에서는 총구의 방향이 적을 향한 순간부터 언제든 격발하여 적을 제압한다는 개념으로 접근해야 하며, 그로 인해 양안 사격의 중요성을 인식하고 있어야 한다.

경호사격에서 요구하는 가치는 신속한 사격과 행동이지만, 익숙하지 못한 상태에서 새로운 것을 빠른 속도로 하려다 보면 안전사고와 같은 치명적인 실패를 불러일으킬 위험성이 있다. 따라서 처음에는 부드럽고 느리게 시작하되 정확하고 완변한 동작으로 연습하고, 그 움직임을 오랜 기간 반복적으로 연습하다 보면 숙달되어 결국 사격과 행동이 빨라지게 되는 것이다.

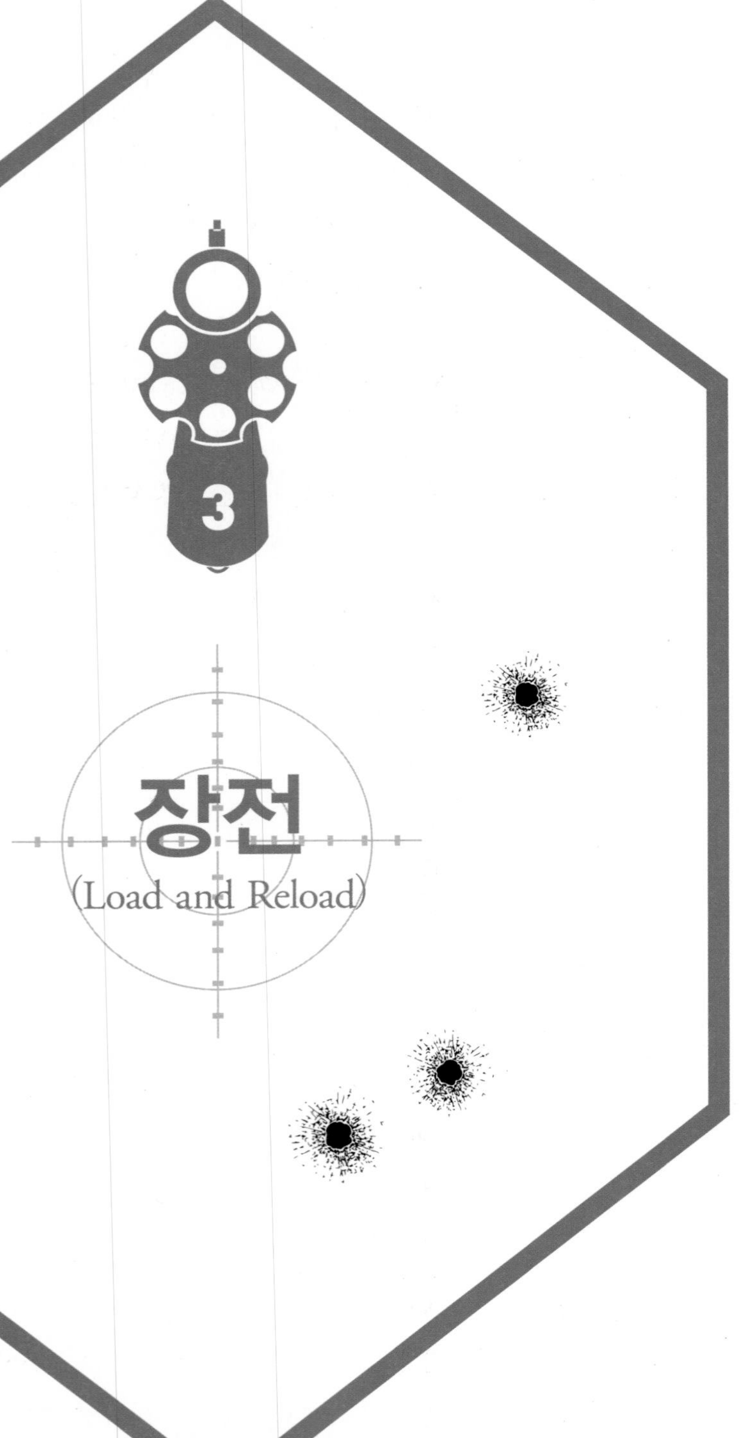

3 장전
(Load and Reload)

 장전의 개념(Understanding for Loading/Reloading of Handgun)

장전이란 '실탄을 총기의 약실에 삽입하는 행위'를 말한다. 실탄은 노리쇠뭉치가 전진하면서 장전이 되고, 방아쇠의 격발에 의해 탄자가 발사된다. 탄자의 발사가 완료된 실탄의 탄피는 노리쇠뭉치의 후퇴에 의해 약실로부터 추출되고, 곧 차개에 의해 총기의 외부로 방출된다. 재장전이란 새로운 실탄을 다시 약실에 삽입하는 것을 뜻한다.

어디서 많이 들어 본 것이 아닌가. 여러분이 제1부에서 이미 배운 것과 같이 상기의 정의가 총기학과 탄도학에서 말하는 장전과 재장전이다. 하지만 사격술에서의 의미는 이와 비슷하지만 약간의 차이가 있다. 오히려 구분이 있다고 하는 것이 정확한 표현일 것이다.

한 번에 한 발씩 매 사격 시마다 손을 이용하여 장전하는 것은 매우 비효율적이다. 그래서 좀 더 신속하고 원활하게 약실에 실탄을 공급하기 위해 개발된 것이 바로 '탄창'이다. 탄창은 일정수의 실탄을 보관하고 있는 일종의 용기로 장전과 재장전을 통해 내부에 채워진 모든 실탄이 소비될 때까지 노리쇠뭉치의 움직임에 따라 계속하여 실탄을 공급하는 역할을 한다. 이와 같이 지속적으로 실탄을 공급하는 장치를 일컬어 '급탄장치(給彈裝置)'라고 부른다. 대부분의 권총은 탄창을 급탄장치로 사용한다. 사격술에서의 장전과 재장전은 바로 탄창을 기준으로 정의된다.

사격술에서 장전(이하 '장전')이란 아직 탄창이 장착되지 않은 총기에 탄창을 장착한 후 노리쇠뭉치를 전진시켜 탄창의 실탄을 약실에 삽입하는 것(총기 · 탄도학에서의 장전)을 말하며, 재장전이란 실탄의 일부 또는 전부를 소모한 이전 탄창을 제거하고 새로운 탄창으로 다시 장전을 실시하는 것을 뜻한다. 탄창을 총기에 장착하는 것을 '탄창장전(彈倉裝塡, Magazine Loading)', 노리쇠뭉치를 전진시킴으로써 탄창의 실탄을 약실에 삽입하는 것을 '실탄장전(實彈裝塡, Bullet Loading 혹은 약실장전Chamber Loading)'이라 부르는데, 탄창장전이 실탄장전보다 먼저 이루어지며 특별히 구분하지 않는 한 장전이란 탄창장전을 거쳐 실탄장전까지 실시하는 것을 의미한다. 탄창장전은 '실탄을 탄창에 장전'하는 것과는 구분되어야 한다. 실탄을 탄창에 채워 넣는 것에도 '장전'이라는 표현을 쓰기 때문이다. 실탄을 탄창에 장전하는 것은 '삽탄(揷彈, Magazine Loading)'이라고 한다.

▶ 탄창장전 ◀

삽탄, 즉 탄창을 권총 안에다 넣을 때는 왼손 검지손가락으로 탄창의 윗부분까지 확실하게 붙잡고 한 번의 동작으로 삽탄을 실시하여야 한다. 그 이유는 탄창의 아랫부분만 쥐게 되면 탄창을 넣을 때 실수하는 경우가 생기기 때문이다.

장전은 경호업무를 시작하기 전이나 재장전이 요구되지 않는 훈련 시에만 실시한다. 실전에서는 재장전만을 실시한다. 장전이나 재장전은 가능하면 안전이 확보된 상태에서 실시해야만 한다. 특히 재장전의 경우에는 대부분 교전 중에 실시하므로 가능한 한 은폐·엄폐물을 확보한 상태에서 실시하는 것을 권장한다.

총기를 소지한 채 경호업무에 임한다면, 경호원 자신의 임무에 방해가 되지 않는 범위 내에서 많은 탄약을 휴대하는 것이 좋다. 이라크와 같은 고위험지역에서 활동하는 사설 경호원의 경우, 군인보다 더 많은 탄약을 소지하는 것으로 알려져 있다. 총기의 사용은 어느 경우에나 최후의 수단이 되어야 하지만, 때로는 높은 수준의 위협을 효과적으로 저지할 수 있는 단 하나의 방법이기도 하다.

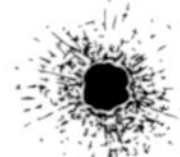

일반장전(General Loading)

일반장전이란 경호업무를 시작하기 전이나 재장전을 실시하지 않는 훈련에서의 장전을 말한다(일반장전 시 업무환경이나 담당자의 성향 등 여러 가지 이유로 탄창장전까지만 실시하는 경우도 있다).

우선 안전수칙을 준수한 상태에서 권총의 슬라이드를 후퇴시킨 후, 노리쇠멈치를 눌러 고정시킨다. 슬라이드를 후퇴시킬 때에는 영화에서처럼 두 손가락만을 이용하지 않고 손바닥 전체를 사용하여 실시한다. 두 손가락만 사용해서 슬라이드를 후퇴시키게 되면 접지면은 엄지와 검지로 단 두 곳뿐이기 때문에 손가락이나 슬라이드에 이물질이 묻어 있거나 사수가 격렬하게 움직이는 경우, 안정적으로 슬라이드를 후퇴시킬 수 없기 때문이다. "두 개는 결국 한 개"라는 말이 있다. 한쪽만 접지해서는 슬라이드를 쉽게 움직일 수 없다. 이어 탄창장전을 실시하고 다시 슬라이드를 전진시켜 실탄이 약실에 들어가게끔 한다.

▶ 일반장전 ◀

실탄장전을 실시할 때에도 노리쇠멈치를 이용하는 대신 슬라이드를 후퇴시킬 때처럼 손바닥 전체를 사용하는 것을 권장한다. 물론 노리쇠멈치를 눌러도 후퇴 · 고정된 슬라이드를 전진시킬 수 있으나 사격술의 원칙 중 일관성의 원칙에 따라 가급적 단순한 하나의 방법만 사용하는 것을 권장한다. 그리고 권총의 노리쇠멈치는 작기 때문에 자칫하면 이를 엄지로 더듬어 찾는 데 시간이 소요될 수도 있다. 하지만 손바닥 전체를 사용하면, 어떤 상황에서도 슬라이드를 후퇴 혹은 전진시킬 수 있는데, 이는 효율성의 원칙과도 일맥상통한다. 또한 이 방식은 장전과 재장전뿐만이 아니라 뒤에 학습할 "기능고장 처치"에서도 사용하므로 노리쇠멈치는 슬라이드를 고정시킬 때 외에는 아예 사용하지 않는다고 보면 된다. 어떤 권총은 탄창장전을 강하게 실시하면 슬라이드가 저절로 전진되기도 한다. 따라서 자신이 사용하는 총의 특성을 잘 파악하고 있어야 한다.

탄창장전을 실시할 때에 반드시 슬라이드를 후퇴 · 고정시켜야 하는 것은 아니다. 슬라이드가 전진되어 있는 상태라 할지라도 탄창장전과 실탄장전을 실시할 수 있다. 하지만 좀 더 원활하게 권총을 작동케 하고 실탄장전을 실시하기 전 약실의 상태도 점검할 수 있으므로 가능하다면 슬라이드를 후퇴 · 고정시킨 후 일반장전을 실시하는 것이 좋다.

일반장전에서 가장 중요한 것은 실탄이 약실에 삽입되어 있는지 확인하는 일이다. 왜냐하면 장전이 끝난 권총은 언제든 방아쇠를 당겨 실탄을 발사할 수 있어야 하기 때문이다. 이러한 과정을 '약실확인(Press Check)'이라 하며, 두 가지 방법으로 실시할 수 있다.

하나는 슬라이드를 약간 뒤로 후퇴시켜 실탄이 약실에 들어가 있는지 육안으로 확인하는 방법이다.

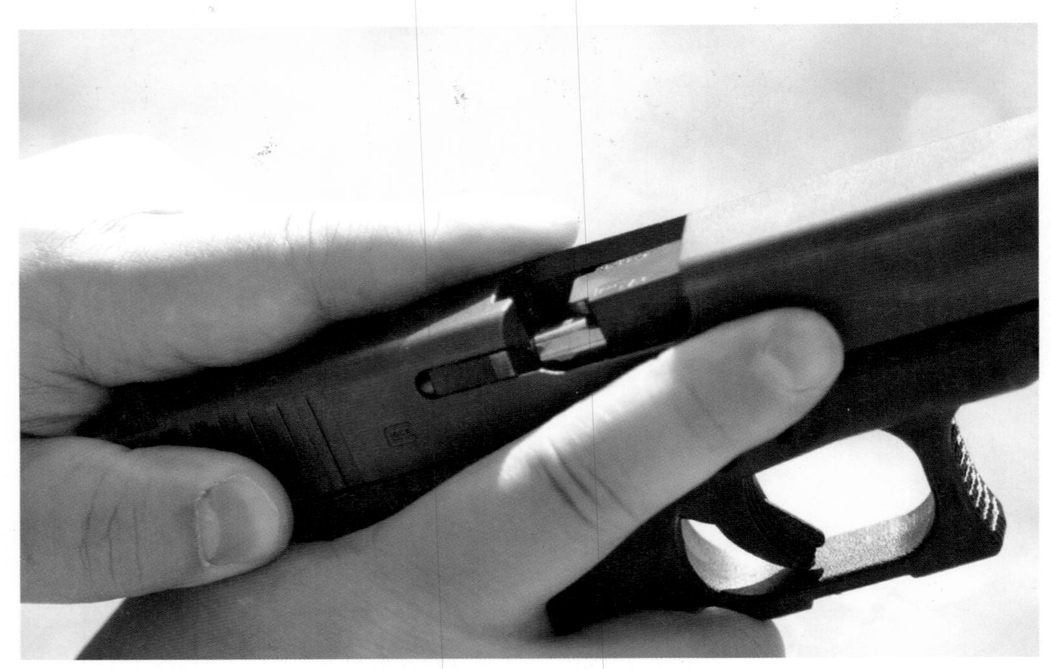

▶ 약실확인 ◀

약실을 확인할 때에 노리쇠를 후퇴 · 고정 · 전진시킬 때처럼 손바닥 전체를 사용하면, 힘을 조절하지 못하거나 상체에 충격이 있을 시 슬라이드가 과도하게 후퇴하여 약실의 실탄이 추출되거나 방출될 위험이 있다. 그러므로 약실확인을 실시할 수 있을 만큼만 슬라이드를 후퇴시키도록 보조수를 잘 활용해야 한다. 약실확인이 끝나면, 슬라이드는 짧고 강하게 전진시킨다. 일부 사수의 경우, 정확한 확인을 위해 주먹의 하단부로 전진이 끝난 슬라이드의 뒷면에 살짝 충격을 가하기도 한다.

▶ 슬라이드 주먹으로 고정 ◀

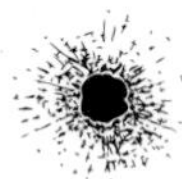

신속재장전(Quick Reloading)

교전상황시 군인들의 임무는 적을 사살하거나 제압하는 것인데, 이를 위해서는 생각보다 많은 탄약이 소모된다. 그러나 경호업무에 있어서는 고위험지역에서 위협상황이 발생한 경우, 공격자를 사살 또는 제압하는 것이 우선이 아니라 경호대상자를 신속하고도 안전하게 피신시키는 것이 최우선 과제가 된다. 이 때문에 공격자의 행동을 제한시키기 위해 군인보다 더 많은 탄약을 소모할 때가 많다. 탄약을 많이 소비하면, 탄창교환을 여러 번 실시하게 된다.

사수가 위협으로부터 가장 취약한 때가 바로 탄창을 교환하는 순간이다. 그러므로 탄창교환은 되도록 기동 중에, 그리고 정확하게 할 수 있는 범위 내에서 가장 신속하게 실시할 필요성이 있으며, 이에 더하여 은폐나 엄폐 또는 동료의 엄호(掩壕, Cover)를 확보하면 가장 이상적이다. 공격자와 근거리에서 교전 중인 상황에서 총기에 장전된 탄창의 탄약이 다 소모되어 탄창교환을 실시해야 할 때, 은폐 · 엄폐물을 확보할 수 없거나 동료의 엄호를 기대할 수 없다면 매우 위험한 상황에 처한 것이다. 따라서 이러한 상황에서는 탄창을 교환하는 것보다는 사수가 소지한 또 다른 총기로 신속하게 전환하는 것을 권장한다. 이를 '총기교환(Weapon Transition)'이라 부르며, 고위험지역에서 활동하는 사설경호원들이 기본적으로 소총과 권총을 한 정씩 최소 두 정의 총기를 소지하고 있는 이유이다. 권총만으로 경호업무를 수행하는 경우는 가능하다면 두 정의 권총을 소지하는 것이 좋다. 물론 탄약과 탄창이 서로 호환되는 것이 권장되지만, 주병기(主兵器, Primary Weapon)에 비해 소형 · 경량형 권총을 보조병기(補助兵器, Secondary Weapon)로 사용하는 것도 나쁘지 않다.

권총에 장전된 탄창 안에 있는 실탄을 모두 소비하면, 슬라이드는 자동적으로 후퇴 · 고정되며 격발을 실시하여도 공이치기가 움직이지 않는다. 권총이 이러한 상태가 된 것을 확인했다면, 곧바로 신속재장전을 시작하여야 한다. 사격훈련 시에는 양손에 전해지는 (슬라이드가 후퇴 · 고정되는) 느낌으로 권총이 신속재장전이 필요한 상태에 있다는 사실을 알게 되지만, 스트레스가 많은 실전에서는 알아채기가 쉽지 않다. 그러므로 교전 중에 방아쇠를 당겨도 탄약이 발사되지 않으면 신속히 권총의 상태를 육안으로 확인해야 한다.

▶ 신속재장전 1단계 ◀

사격자세를 유지한 상태에서 손목을 안쪽으로 약간 비틀어 주면, 고개를 움직일 필요 없이 최소한의 시선변화만으로도 권총의 상태를 육안으로 확인할 수 있다. 권총의 상태확인은 최단시간에 이루어져야 하며, 시선이 짧게나마 권총에 있는 순간에도 주변시야(周邊視野, Peripheral Visual Field)를 통하여 표적의 행동과 주변의 동향을 지속적으로 인지해야 한다. 권총의 상태를 육안으로 확인한 결과, 슬라이드가 후퇴 · 고정되어 있고 약실이 비어 있다면 재장전을 실시해야 하는 상황이다. 만일 실전경험이 풍부하다면, 직접 육안을 통해 확인하지 않고도 신속재장전을 실시해야 하는 상황임을 느낌만으로 알 수 있는 경우도 있다.

▶ 신속재장전 2단계 ◀

권총의 상태가 재장전이 필요한 상황임을 인식했다면, 바로 다음으로 재장전 시에 은폐 · 엄폐물을 활용할지, 근처에 있는 동료의 엄호나 지원을 요청할지, 아니면 이동하거나 정지한 상태로 신속히 실시할지의 여부를 결정해야 한다. 이 또한 순식간에 결정해야 하므로 사수는 항상 주변의 지형지물(地形地物, Terrain)을 거의 무의식적이고 실시간으로 파악할 수 있는 능력을 갖추고 있어야 한다. 그리고 판단이 끝났으면 주저 없이 실행하고, 그와 동시에 큰 목소리로 자신이 탄창교환을 실시하겠다는 사실을 동료들에게 알려야 한다. 그렇지 않으면 동료들의 엄호나 지원을 기대할 수 없기 때문이다. 통상 "탄창교환!"이라고 외치는 경우가 많다.

▶ 신속재장전 3단계 ◀

탄창을 교환한다고 외치는 동시에 시선은 표적을 향하고, 보조수는 예비탄창을 꺼낼 준비를 하며, 파지수는 얼굴에서 정면으로 한 뼘 정도 떨어진 곳으로 위치시키는데, 이때 구부려지는 팔의 팔꿈치는 상체의 양옆을 벗어나지 않도록 한다. 파지수가 얼굴의 정면으로 이동하는 동안 엄지를 사용하여 탄창멈치를 눌러 탄약을 모두 소비한 이전 탄창을 꺼내어 바닥에 떨어뜨린다. 만일 상황이 허락한다면, 제거된 탄창은 아예 버리지 말고 별도로 회수하는 것이 좋다(이 경우의 탄창교환의 준비와 방법은 전술재장전의 3단계를 참조하라).

빈 탄창은 가볍기 때문에 때로는 권총에서 잘 분리되지 않는 경우가 있으므로 탄창멈치를 누른 직후에는 손목의 스냅을 이용하여 원심력을 통해 빈 탄창이 쉽게 빠져나올 수 있도록 하는데, 이렇게 하면 파지수의 손바닥면과 얼굴이 서로 마주 보는 위치가 된다. 권총과 파지수가 비록 얼굴 앞에 위치하더라도 사수는 표적의 상태를 육안으로 관찰할 수 있어야 한다. 동시에 눈의 초점만 바꾸면 재장전을 실시할 때에 권총을 볼 수 있도록 자신에게 알맞은 파지수의 위치를 결정해야만 하며, 마찬가지로 주변 시야를 적극 활용하여 표적은 물론 주변의 동태를 지속적으로 파악해야 한다. 또한 재장전에 중요한 점으로 탄창교환을 시작하는 시점부터 방아쇠에 있던 손가락을 슬라이드쪽으로 안전화 상태로 두어야 한다는 점을 강조하고 싶다.

▶ 신속재장전 4단계 ◀

탄창을 교환할 준비가 끝났다면, 먼저 새로운 탄창을 탄창집(Magazine Carrier)에서 신속히 꺼낸 후 탄창장전을 실시한다. 탄창은 신속히 꺼낼 수 있는 곳에 위치한 것부터 꺼내도록 한다. 시선은 계속 표적을 주시하는 것이 이상적이지만, 아주 짧은 순간 동안 눈의 초점을 권총으로 바꾸어 탄창이 제대로 삽입되는지 확인하여도 무방하다.

▶ 신속재장전 5단계 ◀

탄창장전이 마무리됨과 동시에, 파지수의 손목을 틀어 총구의 방향을 표적으로 향하면서 보조수로 슬라이드를 당긴 후 신속히 권총을 파지한다. 당겨진 슬라이드는 스스로 전진되며 실탄이 약실에 장전되지만, 만약 어떠한 이유로든지 끝까지 전진이 되지 않는다면 보조수를 사용하여 확실히 전진시키면 된다. 신속재장전에서는 약실확인은 실시하지 않는다. 이렇게 해서 신속재장전이 완료되면, 사격절차로 복귀하여 사격을 계속하거나 종료한다.

신속재장전은 별도의 사격훈련이 아니라면 교전 중인 위험한 상황에서만 실시하므로 철저한 숙달이 필요하다.

▶ 신속재장전 6단계 ◀

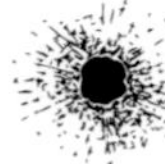 한손재장전(One Reloading)

기존의 신속재장전은 두손으로 해야 신속하게 탄창 교환을 할 수 있다. 그러나 경호대상자를 한 손으로 이동할 곳으로 리드 또는 보호한다거나 위해기도자와 교전 시 부상을 입어서 한 손을 못 쓰는 경우가 발생할 가능성이 있다. 이러한 여러 가지 상황을 가정하여 연습해야 하는 것들 중에 한 손으로 탄창을 교환하며 사격하는 것이 있다. 이는 경호사격술뿐만 아니라 여러 분야에 관련된 사격술에서도 기본으로 익혀야 할 기술이다. 신속재장전과 다른 점은 모든 동작을 한 손으로 한다는 점인데, 기본 탄창교환을 생각하면 오산이다. 실제로 한 손으로 탄창교환을 해 보면, 그동안 두 손으로 사격 및 탄창교환 하는 데 익숙해진 습관들 때문에 혼란스러울 것이다.

▶ 한손재장전 1단계 ◀

신속재장전을 어느 정도 연습하다 보면, 고개를 비틀어 육안으로 확인할 필요없이 재장전을 해야 하는 상황임을 단지 느낌만으로 알 수 있을 거라 생각한다. 다시 말하면, 슬라이드가 후퇴되어 약실이 비어 있는 것을 신속하게 확인 또는 느낌으로 알 수 있을 것이다.

▶ 한손재장전 2단계 ◀

신속재장전 2단계와 마찬가지로 권총의 상태가 재장전이 필요한 상황임을 인식한다. 인식했다면, 슬라이드가 후퇴된 권총을 위의 그림과 같이 한 손으로 탄창멈치를 눌러 탄창을 빼낸다.

탄창교환을 준비하는 과정은 신속재장전의 과정과 거의 흡사하다. 단, 파지수를 몸의 안쪽으로 더 당겨 상박의 안쪽을 상체에 밀착시켜야 하는데, 이는 탄창교환 시 상체의 안정성을 확보하기 위함이다. 한 손으로 권총을 파지하며 탄창멈치를 눌러 탄창을 빼낼 준비를 하고 있으므로 혹시 있을지도 모르는 충격에 대비하여 좀 더 안전을 기할 필요성이 있다. 또한 한 손으로 탄창멈치를 쉽게 컨트롤하기 위해 멈치만 높게 따로 주문 제작하기도 한다.

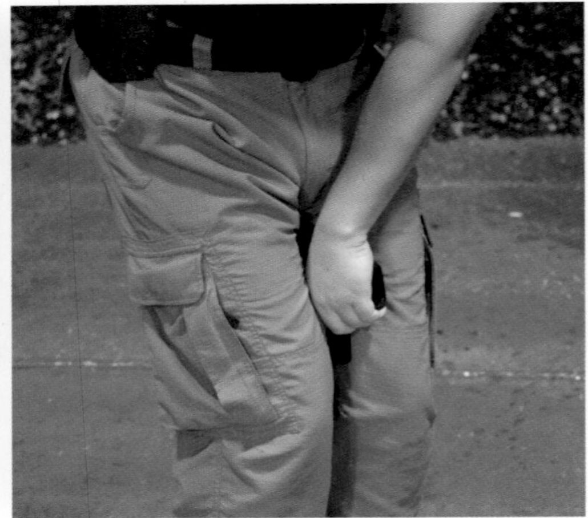

▶ 한손재장전 3단계 ◀

오른손을 이용하여 홀스터를 이용하는 방법(왼쪽 그림)과
왼손을 이용하여 허벅지 사이를 활용하는 방법(오른쪽 그림)

탄창멈치를 눌러 탄창을 빼내었다면, 슬라이드가 후퇴된 권총을 다시 권총 파우치에 넣는다. 넣을 때는 신속하고 재빠르게 넣어야 한다. 위급상황 시 경호대상자와 같이 이동하는 경우에는 뛰면서 한 손으로 장전해야 하는 경우도 있기 때문이다. 다른 방법으로는 다리 사이로 권총을 껴서 재장전을 하는 방법이다.

▶ 한손재장전 4단계 ◀

권총을 권총집에 신속하게 넣으면, 한 손으로 반대편 탄창집에서 새로운 탄창집을 신속하게 꺼낸다. 탄창집을 꺼낼 때에는 그림에서 보는 것과 같이 손가락 마디로 정확하게 집어서 반대편 권총집에 넣었던 권총에다가 탄창집을 넣고, 마지막으로 손바닥으로 힘을 주어 밀어 넣는다. 밀어 넣을 때 "틱" 하고 걸리는 소리가 나야, 탄창이 권총에 제대로 삽탄이 된 것이다.

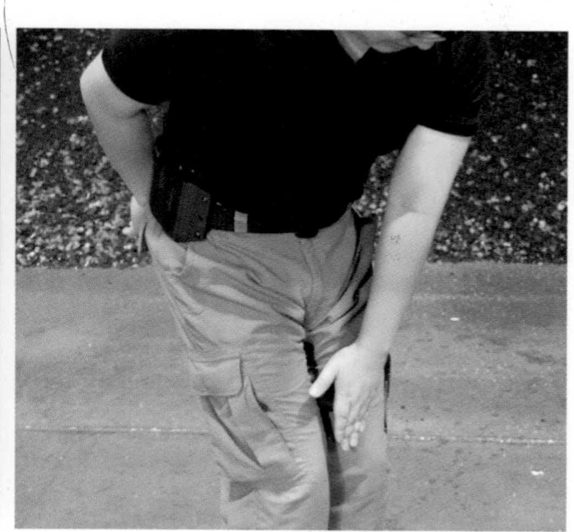

▶ 한손재장전 5단계 ◀

오른손을 이용하여 삽탄한 모습(왼쪽 그림)과 왼손을 이용하여 삽탄한 모습(오른쪽 그림)

탄창을 정확하게 넣은 것을 확인하면, 오른손으로 권총파우치에서 권총을 꺼낸다. 재장전을 위해서는 슬라이드를 움직여야 하는 과정이 남았는데, 그림에서 보는 것과 같이 한쪽 무릎을 약간 굽혀 무릎 밑으로 슬라이드를 밀어서 재장전을 하기도 하고, 아래와 같이 권총 파우치에 대고 밀어 장전을 하는 경우도 있다. 한손재장전에서는 사실 이 부분이 제일 중요한 부분이기 때문에 반복적인 연습이 필요하다.

▶ 한손재장전 6단계 – 홀스터를 이용하여 슬라이드 고정시키는 모습 ◀

▶ 한손재장전 7단계 – 홀스터를 이용하여 슬라이드를 당기는 모습 ◀

마지막으로, 한 팔을 전방으로 뻗어 주며 격발 동작을 한다.

신속 재장전 요약

1단계

★ 육안으로 빈약실 확인 ★

권총의 슬라이드가 후퇴 · 고정되어 있으면 약실이 비어 있는 것을 확인한다.

2단계

★ 탄창멈치를 눌러 빈 탄창빼기 ★

권총의 엄지부분에 가까이 있는 탄창멈치를 눌러 손목 스냅을 이용하여 빈 탄창을 빼낸다. 정확한 동작으로 한 번에 빈 탄창을 뺄 수 있도록 정확한 동작으로 탄창멈치를 확실하게 눌러 주면서 스냅을 사용하여야 한다.

3단계

★ 왼손을 이용하여 예비탄창 삽입(Magazine Load) ★

손목스냅을 이용하여 빈 탄창을 제거한 후, 왼손을 이용하여 예비탄창을 꺼내 권총에 삽입한다. 이때 왼손 검지손가락으로 탄창 윗부분까지 확실하게 붙잡고, 한 번의 동작으로 삽탄한다. 이는 탄창의 아랫부분만 쥐고 할 경우, 종종 실수가 생기기 때문이다.

4단계

★ 슬라이드 후퇴(Chamber Load) ★

왼손을 이용하여 권총의 뒤쪽 부분을 덮는 느낌으로 슬라이드 끝부분을 잡고 뒤로 당긴다. 이때 슬라이드가 빠르고 강하게 전진할 수 있도록 슬라이드를 끝까지 잡아당겨 줘야 한다.

5단계

★ 격발(Bang) ★

표적을 향해 격발한다.

“신속재장전”

현직경찰이면서 사격교관인 마크 교관(가명)은 재장전의 중요성을 다시 한 번 강조하면서 이야기를 했다.

“한! 앞서 배운 재장전에는 몇 가지가 있어. 그러나 여러 가지 재장전 기술을 습득하기 전 실제 교전상황에서는 현실적으로 대부분의 사람들이 긴장을 하지. 이처럼 정신과 육체가 긴장한 상황에서 탄창교환을 실시하게 되므로 대부분 단순하게 일반적인 신속재장전을 한다.”

그러나 다른 재장전의 기술들도 상황에 따라서는 꼭 필요한 것이라는 말도 덧붙이면서 말을 이었다.

“재장전의 기술을 활성화하기 위해서 장비의 배치와 개조도 중요하게 생각해야 한다. 우선 예비탄창을 휴대하는 파우치의 경우, 벨트에 장착하든 조끼에 장착하든 직관적으로 가장 빠르고 편하게 손이 가는 자리에 파우치를 두어야 해. 또한 권총의 탄창 멈치(탄창을 낼 때 누르는 버튼)를 부드럽고 크게 개조하기도 하지. 그 이유는 누르기 편하고 살짝만 눌러도 작동이 되어서 더욱 빠르고 부드럽게게 탄창교환을 할 수 있다는 점 때문이야.”

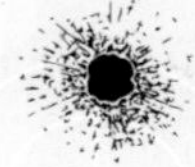

기능고장 처치

(Malfunctions)

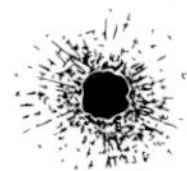 기능고장의 개념(Understanding of Malfunctions)

어떠한 기계장치가 고장이 났다는 것은 두 가지 경우로 구분할 수 있다. 하나는 사용자가 고장의 원인을 파악하거나 파악하지 못하거나, 핵심기능을 사용할 수 없고 고칠 수도 없는, 즉 "완전히" 작동이 멈춘 경우이며, 다른 하나는 역시 핵심기능은 사용할 수 없지만 사용자가 고장의 이유를 알고 적절한 조치를 취하면 다시 재기능대로 사용할 수 있거나 최소한 얼마 동안이라도 핵심기능은 발휘되는, 즉 "일시적으로" 작동이 멈춘 경우이다.

총기 또한 일종의 기계장치이므로 고장이 발생한다. 총기의 고장에 있어서 "완전히 작동이 멈춘 경우"는 수리를 전문으로 하는 사람이나 기관 또는 부서에 맡겨야 한다. 사실 유지 · 보수만 제대로 한다면 이러한 경우는 잘 발생하지 않는다.

하지만 사격훈련이나 현장에서 "일시적으로 작동이 멈춘 경우"는 생각보다 많이 발생하는데, 이러한 경우를 '기능고장(Malfunction)'이 발생했다고 표현한다. 권총에서 작동이 멈추었다는 것은 핵심기능이 발휘되지 않는 상태, 즉 탄창 및 실탄장전이 끝난 상태에서 격발을 하였음에도 탄자가 발사되지 않는 경우를 의미한다. 이러한 기능고장의 대표적인 원인은 ① 불완전한 탄창장전, ② 슬라이드의 불완전 전진, ③ 불량탄의 장전, ④ 탄피추출 및 방출 불량 등이다.

❶ 불완전한 탄창장전

탄창이 권총에 제대로 장전되지 않으면 슬라이드를 후퇴 · 전진시켜도 실탄이 장전되지 않기 때문에 격발을 하여도 탄자가 발사되지 않는다. 이러한 현상을 해결하기 위해서는 불완전하게 장전된 탄창의 밑단을 손바닥으로 타격하면 된다. 탄창을 다시 꺼내어 다시 삽입하거나 탄창의 밑단을 근육의 힘으로만 밀게 되면, 시간도 더 소요되며 탄창장전이 제대로 되지 않는 경우가 또다시 발생하게 된다.

때로는 탄창자체가 불량인 경우도 있다. 이런 경우에는 아예 새로운 탄창으로 교환해야 한다.

❷ 슬라이드의 불완전 전진

슬라이드가 끝까지 전진되지 못하면 실탄장전이 되지 않아, 방아쇠를 당긴다 한들 탄자는 발사되지 않는다. 대부분의 권총은 이런 경우, 방아쇠를 당겨도 공이치기 자체가 움직이지 않는다.

이처럼 슬라이드가 완전히 전진되지 않을 때에는 보조수의 바탕손(Palm Hand)이나 메주먹(Hammer Fist)으로 슬라이드의 후면을 타격하도록 한다. 슬라이드를 움켜쥐고 미는 행동은 권장하지 않는다.

❸ 불량탄의 장전

불량품 탄약이 약실에 장전된 경우에는 격발 후에 공이치기가 탄약의 뇌관을 충격해도 탄자가 발사되지 않는다. 이런 경우에는 신속하게 노리쇠를 후퇴 · 전진시켜 다음, 탄약을 약실에 장전해야 한다.

❹ 탄피추출 및 방출 불량

탄자가 발사된 후 약실에 남은 탄피가 슬라이드의 후퇴에도 불구하고 제대로 추출 · 방출되지 않으면, 탄피가 슬라이드의 배출구에 걸리거나 슬라이드의 내부에서 다음 탄약과의 걸림이 발생하여 슬라이드 자체의 작동에 이상이 생긴다.

▶ 탄피추출 및 방출 불량 ◀

탄피가 슬라이드의 배출구에 걸리면, 슬라이드를 후퇴시키며 보조수의 손바닥으로 털어 내면 된다. 하지만 슬라이드의 내부에서 탄피와 다음 탄약이 이중으로 걸리게 되면, 이 모두를 제거하고 다시 실탄장전을 실시하는 수밖에 없다. 탄피와 다음 탄약의 이중걸림 현상은 "더블피드(Double Feed)"라고 부른다.

실전에서 교전 중에 격발을 실시하였음에도 탄자가 발사되지 않는다면 이유는 단 두 가지뿐이다. 탄창의 탄약이 모두 소모되었거나 총기의 고장이 발생한 것이다. 신속재장전과 마찬가지로 이유를 불문하고, 교전 중에 권총에 이상이 발생하면 신속히 다른 총기로 전환하는 것이 가장 좋다. 그럴 수 없다면 재빨리 권총의 상태를 육안으로 확인할 필요성이 있다. 육안을 통안 권총의 상태확인은 신속재장전과 동일하게 실시하면 된다. 권총이 작동하지 않는 이유가 탄창의 탄약이 모두 소모되었기 때문이라면, 신속재장전을 실시하면 된다.

육안으로 권총의 상태를 확인한 결과 기능고장이 발생했다면, 사수는 굉장한 위험에 처한 것이다. 이러한 상황에서는 찰나의 순간에 죽고 사는 것이 결정되기도 한다. 현장에서 기능고장이 나타나면, 이것이 어떠한 이유 때문인지를 일일이 자세하게 확인할 수는 없다. 하지만 다행히 상기에서 배운 기능고장에 대한 원인을 단번에 제거할 수 있는 두 가지 방법이 계발되어 있다. 이러한 방법을 사용하여 기능고장을 해결하는 것을 '기능고장처치'라고 한다.

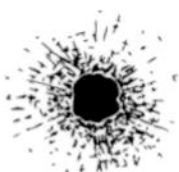

1차 기능고장 처치(Tap, Rag, Bang)

1차 기능고장 처치란 더블피드를 제외한 모든 기능고장의 원인을 한 번에 해결할 수 있는 방법이다. 이를 흔히 "Tap, Rag, Bang"이라고 부른다. 교전 중에 격발을 하였음에도 탄자가 발생되지 않아 신속히 육안으로 권총의 상태를 확인한 결과, 신속재장전이 필요하거나 권총의 내부에서 이중걸림 현상이 발생한 경우가 아니라면 지체 없이 1차 기능고장 처치에 들어간다. 또한 아래의 그림과 같이 탄피배출구에 탄피가 껴 있는 경우도 자주 발생하는 일 중에 하나이다.

이때에도 기능고자처치방법을 그대로 따라 하면 된다. 손바닥으로 탄피가 껴 있는 부분만 슬라이드가 움직이는 방향으로 걷어내는 경우도 있으나 권장하는 방법은 아니므로 기능고장 처치방법을 활용하기 바란다.

▶ 탄피가 탄피배출구에 껴 있는 모습 ◀

신속재장전과 마찬가지로 1차 기능고장 처치 시에도 은폐 · 엄폐물을 확보하고, 동료에게 육성으로 통보함으로써 엄호나 지원을 받는 것이 좋다. 하지만 실전에서 대부분의 1차 기능고장 처치는 은폐 · 엄폐물로 이동하기 위한 시간마저도 허락되지 않는 매우 위급한 상황에서 신속하게 실시해야 하는 경우가 많다. 따라서 1차 기능고장 처치에 관해서는 이러한 상황을 기준으로 설명하도록 하겠다.

▶ 탄피가 탄피배출구에 껴 있는 모습 ◀

❶ Tap

우선 파지수의 팔을 약간 굽히면서 동시에 손목을 안쪽으로 약간 비튼 다음, 보조수의 손바닥을 이용하여 탄창을 타격한다. 너무 무리한 힘으로 타격할 필요는 없으나 확실히 탄창을 밀어 줄 수 있도록 어느 정도 적당한 힘을 사용해야 하는데, 예비동작 시에 보조수가 상체 밖으로 벗어나서는 안 되고 사격자세를 최대한 유지시켜야 하며 총구는 표적방향을 향해야 한다. 기능고장 처치 중에는 안전수칙에 따라 검지를 방아쇠울에 넣지 않아야 한다. 상황에 따라 발총의 3단계 자세, 즉 권총을 가슴부위로 이동시킨 상태에서 실시하여도 된다.

▶ 기능고장 처치 1단계 – 왼손으로 탄창 밑부분을 치는 모습 ◀

❷ Rag

"Tap" 과정이 끝났다면 파지수의 손목을 "Tap" 때와는 반대방향으로 약 90도 정도 비트는 동시에 보조수로 신속히 슬라이드를 후퇴 · 전진시킨다. 손목은 하박(下膊, 팔꿈치부터 손목까지의 부분)을 움직이지 않는 상태에서 근육에 무리가 가지 않는 수준까지만 비트는 것이 좋다. 기능고장 처치는 기본적으로 사격자세를 최대한 유지시킨 자세 혹은 권총을 가슴부위로 이동시킨 상태든 일관성의 원칙에 따라 전 과정에서 동일한 자세를 취해야 한다.

▶ 기능고장 처치 2단계 – 왼손 전체로 슬라이드를 잡고 오른손 어깨 방향으로 당기는 모습 ◀

▶ 격발하는 모습 ◀

"Rag" 과정까지가 실질적인 1차 기능고장 처치이다.
"Bang"은 말 그대로 다시 사격을 재개한다는 것이다.

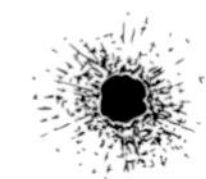

2차 기능고장 처치(Double Feed)

교전 중에 격발을 하였음에도 탄자가 발사되지 않아서 신속히 육안으로 권총의 상태를 확인한 결과, 권총의 내부에서 이중걸림 현상이 발생했거나 혹은 1차 기능고장 처치를 실시하였음에도 격발 시 탄자가 발사되지 않는다면 신속히 2차 기능고장 처치에 들어간다. 2차 기능고장 처치는 약간의 시간과 기술이 소요되므로 가능하다면 은폐 · 엄폐물을 확보하고 권총을 가슴부위로 이동시킨 상태에서 실시하는 것을 권장한다. 또한 동료에게 알리는 것도 잊지 않도록 한다.

▶ 2차 기능고장 처치 1단계 – 육안으로 확인 ◀

이중걸림 현상이 발생하면 대부분 슬라이드는 어느 정도 후퇴한 상태이지만, 멈치로 인해 완전히 고정된 상태는 아니므로 상당히 후퇴한 경우라 할지라도 보조수를 이용하여 반드시 완전히 후퇴시킨 후 멈치를 눌러 고정시킨다. 이후 탄창을 제거하는 데 이중걸림으로 인해 잘 빠지지 않은 경우가 많으므로 탄창멈치만 눌러서 제거하려 하지 말고 반드시 보조수를 활용하도록 한다. 여기서 중요한 것은 1차 기능처치보다 더 많은 시간이 필요하므로 항상 주위의 엄폐물 뒤에서 실시한다고 생각하면서 아래 그림에서 보이는 것과 같이 옆으로 이동하여 기능처치를 실시하도록 연습한다.

▶ 2차 기능고장 처치 2단계 – 옆으로 이동하여 슬라이드 고정시키는 모습 ◀

제거한 탄창은 버리는 것이 좋다. 그 이유는 이중걸림 자체가 탄창의 불량으로 발생한 것일 수 있기 때문이다. 탄창을 제거하면 대부분 이중걸림을 유발한 탄피와 실탄이 권총의 탄창삽입구를 통해 자동적으로 빠져나온다. 만약 그렇지 않을 때에는 보조수의 손가락을 이용하여 직접 꺼내야 하는데, 걸려 있는 탄피나 실탄은 고온의 상태이므로 잡아서 꺼내지 말고 손가락의 타격을 이용해야 한다. 보조수로 이중걸림을 해결할 때에는 도중에 슬라이드가 전진되지 않도록 권총을 파지한 상태에서 파지수의 남은 손가락으로 슬라이드를 잡아 주어야 한다.

▶ 2차 기능고장 처치 3단계 – 탄창을 빼는 모습 ◀

▶ 2차 기능고장 처치 4단계 – 슬라이드 2~3회 후퇴 · 전진 ◀

이중걸림을 해결했다면, 슬라이드를 2~3회 정도 후퇴 · 전진시켜 원활히 작동되는지 확인한다. 슬라이드의 전진은 근육의 힘이 아닌 관성으로 이루어지도록 한다. 좀 더 높은 관성력을 주기 위해서 슬라이드가 후퇴 · 전진할 때 파지수를 약간 앞으로 밀어 주는 것이 좋다.

▶ 2차 기능고장 처치 5단계 – 새로운 탄창 장전 ◀

여기까지가 실질적인 2차 기능고장 처치이다. 완료되면, 다시 탄창 및 실탄장전을 실시하고 사격을 재개하면 된다. 약실확인은 실시하지 않아도 된다. 탄창을 재장전하는 순간보다 더 위험한 때가 바로 기능고장이 발생한 경우이다. 권총에 대한 유지 · 보수를 철저하게 한다고 해도 기능고장을 발생시키는 원인은 매우 다양하여, 이를 일일이 방지하려는 것은 사실상 불가능하다. 게다가 실전에서는 권총을 매우 격렬하게 사용하게 되므로 기능고장의 확률은 더욱 높아진다. 기능고장은 언제 어디서나 누구에게든 발생할 수 있다. 다른 사격기술도 마찬가지겠지만, 기능고장 처치에 있어서는 더욱더 무의식적인 반응이 필요하다.

▶ 2차 기능고장 처치 6단계 – 격발 장면 ◀

작동불량 처리방법 요약

1단계

★ 육안으로 기능고장 확인 ★

격발 중 방아쇠의 움직임이 없거나 정상적인 격발이 이루어지지 않을 경우, 육안으로 약실을 확인한다.

2단계

★ Tap, Rack, Bang(치고, 당기고, 격발) ★

권총의 탄창 밑부분을 왼손바닥으로 아래에서 위로 치고 왼손바닥 전체를 이용하여 슬라이드를 뒤로 후퇴시키는데, 오른쪽 어깨부분까지 힘차게 후퇴시킨다. 그리고 마지막으로 격발을 한다.

3단계

★ If that fails, Drop the magazine ★
(만약 실패하면 탄창을 뺀다)

1차적으로 처리방법이 안 되면, 곧바로 탄창멈치를 눌러 탄창을 뺀다. 이때 신속하고 정확하게 빼야 하며, 혹시 이중으로 탄피가 걸려 있을 경우에는 탄창이 쉽게 빠지지 않으므로 왼손의 엄지와 검지를 이용하여 완벽하게 빼야 한다.

4단계

★ Rack Rack Rack (슬라이드 연속후퇴) ★

탄창을 뺀 상태에서 왼손바닥 전체를 이용하여 슬라이드를 힘차게 2~3번 후퇴하여, 약실 안이나 권총 안에 걸린 탄피를 밖으로 제거한다.

5단계

★ Reload(탄창장전) ★

탄피를 제거하는 순간, 새로운 탄창으로 빠르게 재장전을 한다.

6단계

★ 격발(Bang) ★

이미 탄창을 장전할 때 격발 준비가 끝났으므로 표적을 향해 격발한다.

"기능고장"

벤자민 교관(가명)은 총기 작동 불량 처리법을 배우기에 앞서 나에게 말했다.

"교전지역에서는 최악의 상황이겠지만, 총기의 작동 불량은 언제나 일어날 가능성이 있어. 특히 생사가 달려 있는 교전상황에서는 이러한 작동 불량 또는 기능교장이 생겼을 때 직관적으로 대처할 수 있느냐 없느냐에 따라 나 자신과 동료의 생사가 결정되지."

총기는 보통 사람의 생각 이상으로 견고하고 신뢰성 있게 만들어진 물건이다. 대부분 내가 사용했던 총기만 보더라도 웬만한 충격이나 파열에도 별다른 이상 없이 작동을 유지하였으며, 수만 발의 사격 역시 버텨 냈다. 그러나 어떤 이유에서인지 또는 예상치 못한 이유로 작동불량이 일어난다.

이런 작동 불량을 미연에 방지하기 위해 총기의 청소를 깨끗이 하거나 부품을 교체하여 총기의 상태를 최고로 유지하기 위해 노력하지만, 해외의 분쟁지역 또는 전투현장에서도 이런한 작동 불량이 빈번하게 일어나 문제가 되고 있다. 그뿐만 아니라 치안을 담당하는 경찰관에게도 범죄자와 대적하는 현장에서 작동 불량이 일어나 안타까운 결과를 초래한 경우도 적지 않다.

빠른 탄창교환과 더불어 작동 불량 혹은 기능고장의 처리기술은 어떤 상황에서든 즉각적으로 대응할 수 있는 수준까지 반복 숙달을 통해 자신의 몸에 각인시켜야 한다. 이를 "머슬메모리(Muscle Memory)"라고 한다. 쉽게 설명하자면, 근육의 조건반사라고 생각하면 된다. 즉, 한 동작을 오랜 기간 반복적으로 행동할 경우, 특정 상황에서 반사적으로 나오는 행동을 말하는 것이다.

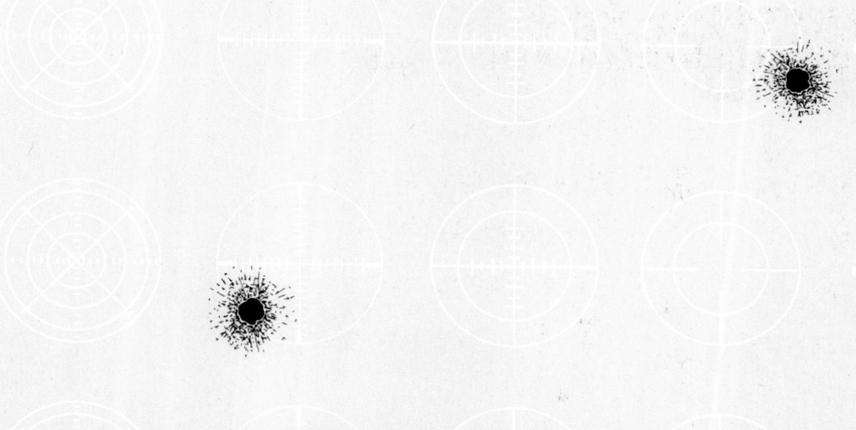

또한 이러한 처리기술과 더불어 일반적인 작동불량과 실질적인 총기의 고장의 차이점을 확인하는 것이 중요하다. 통상적으로 작동불량은 1분 안에 즉각적인 조치를 통해 총기의 기능을 회복시켜 사격이 가능하다. 이에 반해 실질적인 총기자체의 고장은 총기를 분해하거나 특별한 도구를 사용해야 하는 상황으로, 실전에서는 바로 부무장으로 교환하거나 동료의 엄호를 받아 퇴출 및 도움을 받아야 한다.

CHAPTER

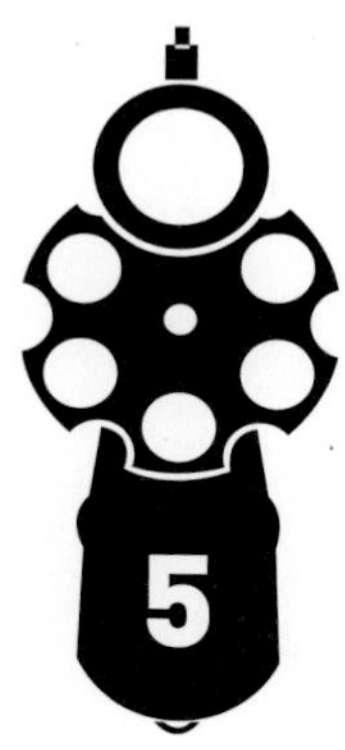

경호사격 기본

(사격훈련의 종류)

Fundamentals of Security Shooting(Types of Firing Drills)

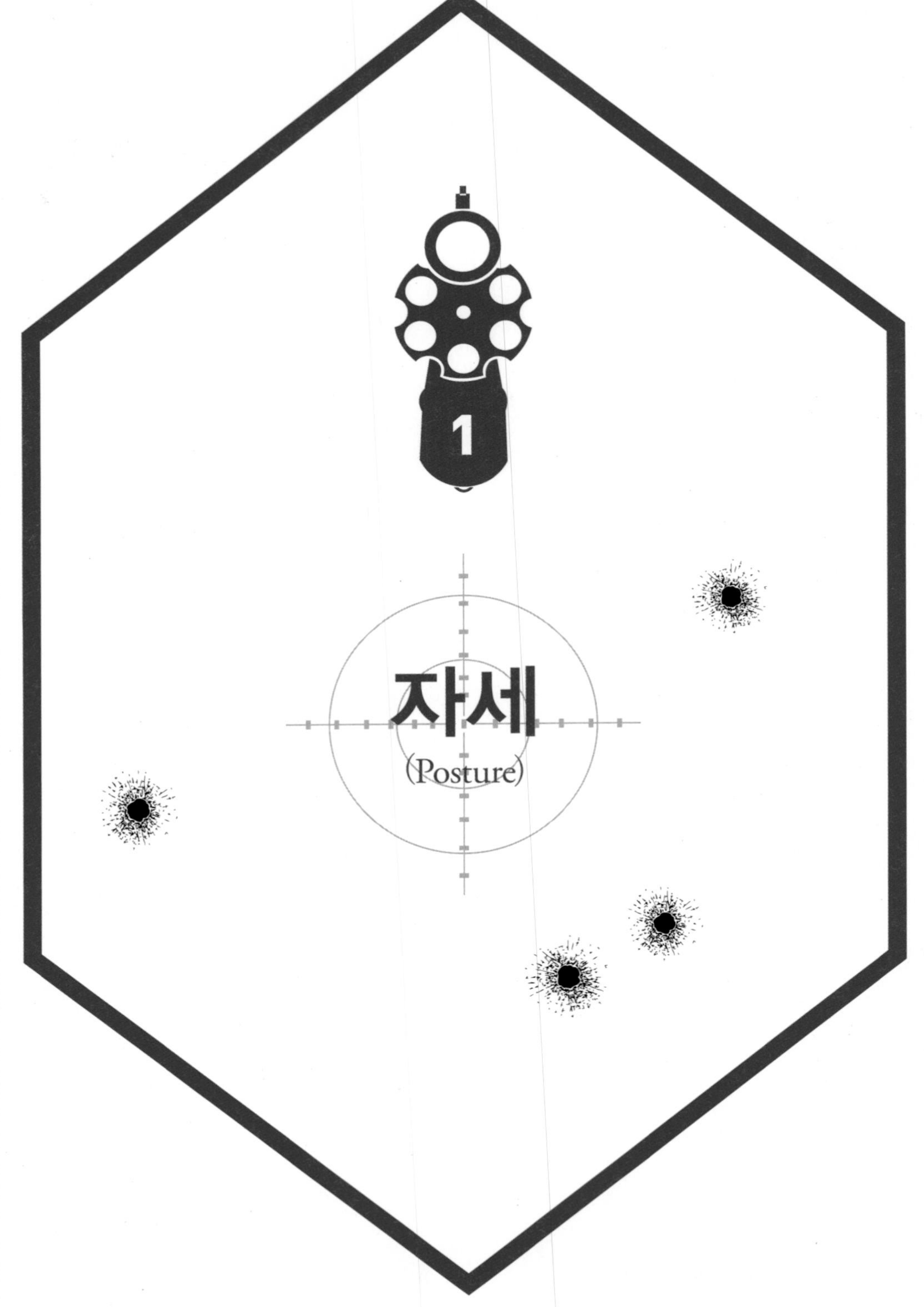
1
자세
(Posture)

일반적으로 생각하기에, 고정된 표적을 맞추는 것은 그리 어려운 일이 아니다. 그러나 만일 '그 표적이 걸어다니거나 뛰는 상태라면 어떨까? 이러한 상황에서도 효과적으로 표적을 맞출 수 있을까?'에 대한 질문에는 의문을 가질 수밖에 없다.

기존의 사격훈련은 정지한 상태에서 신중한 조준과 격발과정의 사격술을 중요시 여겨왔다. 그러나 실전에서는 이런 고정관념과는 달리 이동사격, 장애물, 극한상황에서의 사격등 많은 종류의 사격훈련이 필요하다는 점을 지적하고 있다. 또한 사수가 이동하는 것과 동시에 적도 움직이는 상황에서 효과적인 사격으로 표적을 제압하여야 살아남을 수 있다는 사실을 인지하고 있어야 한다.

사격술에 있어서의 자세란 무도에서의 자세와 동일하다. 다만 무도에서는 자세가 공(攻, Attack)과 수(守, Defence)로 구분되지만, 사격술에 있어서의 자세는 공격에 확실히 초점을 맞추고 있다. 왜냐하면 총기라는 무기를 사용하면 승부가 순간에 결정되는데다가 수비자세 자체로는 공격자의 총탄을 막을 수 없기 때문이다.

그래서 사격술의 자세는 매우 공격적이지만 수동적인 수비자세가 혼합된 형태가 대부분이다. 수동적인 수비자세는 총탄을 막기 위한 것이 아니라 피탄면적을 최대한 줄이기 위한 형태를 취한다. 하지만 여러 가지 엄폐물을 적극 활용함으로써 얼마든지 보완이 가능하다. 사격자세는 크게 네 종류로 나뉜다.

입식(立式, Standing, 서서 쏴)

입식 사격자세(이하 '입식자세')는 권총을 이용한 가장 일반적인 사격자세로서 크게 정적(靜的) 입식자세와 동적(動的) 입식자세로 구분된다. 입식자세는 순간적인 대응이 필요한 경우에 권장되는 사격자세이다.

❶ 정적 입식자세

모든 입식자세의 기본이 되는 자세로 통상 다리를 어깨너비로 벌린 상태에서 무릎과 허리를 약간 구부리고 양팔을 이등변삼각형 모양으로 쭉 뻗어 사격하는 자세를 말한다. 다리는 평행하게 벌리는 것이 좋으나 불편할 경우에는 통상 권총을 쥐는 방향의 발(오른발 혹은 왼발도 무관하다.)을 약 반(半) 족장(足掌, 발길이) 정도 뒤로 빼도 무방하다. 어떠한 경우에도 무게 중심은 언제나 가운데에 두며, 피탄면적을 줄이기 위해 몸을 최대한 웅크린다는 느낌으로 자세를 취한다. 양쪽 어깨는 턱에 가깝게, 양팔은 똑같이 뻗어서 근육이 아닌 뼈로 반동을 제어할 수 있도록 한다. 하체가 견고하여야 반동을 더욱 효과적으로 제어할 수 있으므로 다리가 평행한 경우는 그렇지 않을 때보다 무릎은 항상 전방으로 약간 더 구부리는 것이 좋다.

▶ 입식 사격자세 기본 ◀

정적 입식자세로 사격하는 경우에는 반드시 상체를 표적으로 향해야 하며, 옆구리가 노출되어서는 안 된다. 같은 스위치 존이라 할지라도 옆에서 총탄이 명중한 경우에 더 심각한 피해를 입게 된다. 옆구리를 관통한 총탄은 여러 장기를 한꺼번에 손상시키기 때문이다. 그러므로 사격 시에 자신의 옆구리를 노출시키는 입식자세는 지양해야 한다. 표적이 앞 · 뒤 · 좌 · 우 어디에서 나타나든 정적 입식자세로 사격하는 경우에는 반드시 표적을 정면에 두어야 한다.

정적 입식자세로 정면을 제외한 다른 방향에서 나타난 표적에게 사격을 실시할 때에는 고개와 상체가 돌아가기 용이하도록 방향을 전환한다. 통상 표적이 측면에 있는 경우에는 왼발을, 후면에 있는 경우에는 오른발을 축으로 회전하면 된다. 우측면과 후면의 표적으로 향하는 경우, 등이 있는 뒤쪽으로 회전하게 되므로 정적 입식자세의 방향전환을 실시할 때는 주변 공간에 장애물이 없는지 반드시 확인해야 하며, 축이 아닌 발은 너무 높이 들지 말고 지면에 스치듯 이동해야 한다. 한쪽 발이 높이 떠 있는 상태에서는 균형을 심하게 잃게 되기 때문이다.

▶ 입식 사격자세 기본 ◀

정적 입식자세는 비록 정지해 있는 상태이지만, 언제든 이동할 수 있는 준비가 되어 있어야 하는 사격자세이다. 사격을 실시하고 있는 도중이나 사격이 완료되었을 경우, 즉시 이동할 수 있는 능력, 즉 사격 중 · 후의 기동성이 최대로 갖춰진 사격자세이다. 마치 복싱선수의 자세처럼 언제든 신속하게 이동할 수 있어야 하고, 상대방의 접촉에도 쉽게 흔들리지 않도록 견고해야 한다.

정적 입식자세는 근거리 표적을 향해 신속하고 정확한 선제사격을 가할 필요성이 있거나 격발까지의 시간(이하 '사격시간')이 넉넉한 경우에 적합한 자세이다. 이 경우에는 대부분 엄폐물의 활용이 고려되지 않는데, 그 이유는 사격을 가하는 데 있어 신속함이 더 중요한 상황이거나 사수의 안전이 보장되어 있는 상황이기 때문이다. 또한 교전(交戰, Engagement)의 상황에 따라 다양한 엄폐물을 활용한 정적 입식자세도 존재하지만, 본 편에서는 다루지 않겠다.

❷ 동적 입식자세

사수가 정지하고 있으면 표적을 명중시키기가 수월하지만, 그것은 표적인 공격자에게도 마찬가지다. 엄폐물이 없고 교전 중인 상황이라면, 사격 중에도 끊임없이 움직이는 것을 권장한다. 단, 명중률을 일정한 수준 이상으로 유지시킬 수 있어야 하며, 정말 필요한 경우가 아니라면 달리는 도중에는 사격하지 않아야 한다. 사수가 어떻게 움직이고 있던 표적은 전 · 후 · 좌 · 우 중 어디서나 나타날 수 있지만, 본 편에서는 표적이 전방에 있는 경우로 한정하여 동적 입식자세를 다루도록 하겠다.

앞으로 이동하는 경우에는 정적 입식자세를 취하고, 부담되지 않는 보폭(步幅, Step)으로 걷되 반드시 발뒤꿈치가 먼저 지면에 닿도록 한다. 정적 입식자세에서 걸으면 보통의 경우보다 보폭이 더 좁아지는데, 이때 어깨와 양팔이 상하로 흔들리지 않도록 유의해야 하며, 역시 발을 높이 들지 말고 지면에 스치듯 움직여야 한다.

▶ 동적 입식자세 – 앞으로 이동하는 경우 ◀

▶ 동적 입식자세 - 뒤로 이동하는 경우 ◀

뒤로 이동하는 경우는 앞으로 이동하는 경우와 유사하다. 단, 진행방향은 반대이며 발 앞꿈치가 먼저 지면에 닿아야 한다. 뒤로 이동할 때에는 앞으로 이동할 때보다 통상 조금 더 느리고 조심히 걸어가게 되는데, 마치 고양이가 걷는 것과 유사하여 본 저자는 이를 '고양이 뒷걸음질'이라고 부른다. 사수는 반드시 뒤로 이동하기 전에 주변에 장애물이 없는지 파악해야 한다.

옆으로 이동하는 경우에는 명중률을 유지하기가 가장 어렵다. 양발이 평행한 정적 입식자세를 유지한 상태에서 한쪽 다리를 벌리면서 측면으로 이동한다. 좌측으로 이동할 때에는 좌측발이, 우측으로 이동할 때에는 우측발이 먼저 한 족장에서 한 족장 반 정도 이동한 뒤, 다른 발이 그 방향을 따라 다시 정적 입식자세의 위치로 이동하는 방식이다. 이 때에는 발바닥이 완전히 지면에 스치는 것이 좋다.

다리를 많이 벌리면 어깨와 양팔이 상하로 많이 흔들리게 되므로 주의해야 한다. 서툰 사수의 경우, 옆으로 이동하는 도중 멈췄을 때에만 방아쇠를 당기는데, 이는 옳지 못한 것이다. 이동하는 중에는 언제든 방아쇠를 당길 수 있도록 더욱 조준에 집중해야 한다.

▶ 동적 입식자세 – 옆으로 이동하는 경우 ◀

반드시 앞이나 뒤로 이동해야 하는 경우를 제외하고는 동적 입식자세로 사격을 한다면 측면으로 이동하는 것을 권장한다. 왜냐하면 사수가 앞뒤로 이동하는 경우, 표적인 공격자의 입장에서는 자신의 표적인 사수가 정지해 있는 상태와 다를 바가 없기 때문이다. 하지만 사수가 이동한다 할지라도 정지해 있는 공격자는 사수보다 더 안정된 상태에서 사격을 가할 수 있다. 그러므로 사수는 언제나 공격자보다 더 뛰어난 사격술을 갖추고 있어야 한다. 동적 입식자세 또한 다양한 엄폐물을 활용할 수 있으나 역시 본 편에서는 다루지 않겠다.

 좌식(坐式, Sitting, 앉아 쏴)

좌식 사격자세(이하 '좌식자세')는 앉아서 사격을 실시하는 자세인데, 입식자세와 비교하여 다음과 같은 장점이 있다.

1. 사격의 안정성 증가
2. 피탄면적의 감소

사격의 안정성이란 말은 결국 명중률과 관계가 깊은데, 아무래도 서 있는 것보다는 앉아 있는 것이 사격의 안정성을 증가시키는 데 더 도움이 된다. 좌식자세는 사격의 네 가지 자세 중에서 두 번째로 안정적인 자세이다.

일단 앉게 되면, 공격자의 입장에서는 표적의 크기가 작아지는 것이므로 피탄면적을 줄일 수 있다. 하지만 좌식자세의 핵심은 단지 자세의 변환을 통해서 소극적으로 피탄면적을 줄이는 것만이 아니라 이와 동시에 엄폐물을 활용하여 사수의 안전을 더욱 보장하는 데 있다. 하지만 좌식자세는 매우 정적인 사격자세이므로 입식자세와 비교할 때 사격 중·후의 기동성이 현저히 떨어진다는 단점이 있다.

▶ 엄폐물을 이용한 좌식자세 ◀

통상 둔부가 바닥에 닿았는지 아닌지를 떠나 무릎 안쪽의 각도, 즉 허벅지 뒤쪽과 종아리 뒤쪽이 만나는 지점의 각도가 90도보다 작은 경우를 좌식자세로 보면 된다. 그렇기 때문에 좌식자세는 여러 가지 변형이 존재하나 가장 많이 쓰이는 자세는 평좌식(平坐式, Standard Sitting)과 슬좌식(膝坐式, Kneeling)이다.

❶ 평좌식(平坐式, Standard Sitting)

둔부를 바닥에 대고 앉아 사격하는 가장 일반적인 좌식자세이다. 상체는 기본적으로 입식자세와 동일하고, 사격의 안정성과 사격 중 · 후의 기동성에 악영향을 주지 않는 범위 내에서 하체는 다양한 자세를 취할 수 있다. 그러나 통상 두 다리를 약 30도 정도의 각도로 전방을 향해 쭉 뻗거나 일명 '양반다리'라고 불리는 가부좌(跏趺坐)를 취하게 된다.

▶ 평좌식의 자세 ◀

다리를 뻗는 평좌식의 경우, 지면에 붙어 있기는 하지만 다리가 일부나마 총구의 전하방(前下方)에 위치하게 되므로 사격 시에 유의해야 한다. 사격이 완전히 끝날 때까지는 무릎이나 발을 들어서는 안 된다. 앉은 전방에 장애물이 있어 다리를 뻗을 수 없는 경우에는 가부좌를 취하는 것이 편리할 것이다. 이는 평좌식으로 엄폐물을 활용하여 사격할 때 엄폐물과의 거리를 좁히기 위한 유일한 방법이다. 가부좌를 취하게 되면, 다리를 뻗는 경우보다 사격의 중 · 후에 더 기동성이 떨어진다는 단점이 있다. 평좌식은 사격 시 반동을 제어하는 데 하체를 사용할 수 없으므로 입식자세보다 조금 더 허리를 굽혀야 한다.

❷ 슬좌식(膝坐式, Kneeling)

한쪽 무릎이나 양쪽 무릎을 지면에 댄 상태에서 사격하는 가장 널리 쓰이는 좌식자세이다. 평좌식은 통상 엄폐물의 상단으로만 사격하기 용이한데 반해, 슬좌식은 엄폐물의 상단과 측면으로도 사격하기에 매우 용이하다. 엄폐물을 활용하여 사격할 때에는 상단보다는 측면을 이용하는 것을 권장한다. 왜냐하면 사람의 시력은 지면과 평행하게 좌우로 이동하는 데 익숙해져 있으므로 가로보다는 세로선상에 위치한 표적을 발견하기 더 쉽기 때문이다.

한쪽 무릎을 지면에 대고 사격할 때에는 종아리의 정면과 발등이 지면에 닿고 둔부와 발뒤꿈치가 서로 맞닿은 상태가 가장 안정적이다. 하지만 사격의 중 · 후에 기동하기가 불편한 감이 없지 않다.

▶ 슬좌식의 자세 (1) ◀

▶ 슬좌식의 자세 중 원거리사격 시 자세 ◀

이 자세는 좀 더 정확하고 먼거리에 표적이 있을 때 사격하는 방식으로, 정밀한 타격을 요할 때 쓰는 방식이다. 중요한 것은 현재 사진에서 보면 무릎파우치에다 왼팔을 대었는데, 이보다 왼팔이 무릎의 뼈가 있는 부분이 아니라 허벅지쪽으로 대야 한다는 점이다. 이는 실 사격 시 반동 컨트롤과 안정된 사격법으로 인정받고 있다. 다음 자세 또한 효율적이다.

▶ 슬좌식의 자세 (2) ◀

한쪽 무릎이 지면에 닿는 슬좌식의 경우, 명중률에 영향을 주지 않는 범위 내에서 자신이 가장 편한 자세를 선택하면 된다. 단, 팔꿈치를 무릎에 의탁하는 것은 올바른 자세가 아니다. 반동을 제어하기 어려운 자세가 되기도 하거니와 사격 시의 반동으로 인해 팔이 무릎 위에서 미끄러져 명중률이 저하되기 때문이다. 허벅지가 이루는 각도 또한 자신이 편한 상태로 유지하면 되지만, 과도하게 벌리거나 옆구리가 노출되지 않도록 해야 한다.

양쪽 무릎이 지면에 닿은 자세는 특별한 경우를 제외하고는 추천하지 않는다. 좌식자세와 입식자세를 혼합한 형태로 볼 수 있는데, 엄폐물을 평좌식이나 슬좌식으로 활용하기에는 너무 높을 때 쓰이는 경우가 많다.

한쪽 무릎이 지면에 닿도록 하는 슬좌식은 좌식자세의 장점을 모두 갖추고 있으며, 그에 더하여 사격의 중 · 후에 나름 신속하게 기동할 수 있다는 장점도 있다. 이 때문에 좌식자세 중 가장 선호되는 자세이기도 하다.

공격자와 경호원 간에 교전이 벌어졌거나 기습을 당한 경우 퇴출(退出)할 수 없는 상황에서 경호대상자의 안전이 우선적으로 확보되었다는 전제 하에서는 적절한 엄폐물을 이용한 좌식자세로 사격하는 것을 권장한다.

▶ 슬좌식의 자세 중 양쪽 무릎이 지면에 닿는 자세 ◀

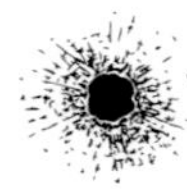

복식(伏式, Prone, 엎드려 쏴)

바닥에 엎드려 사격하는 자세를 복식 사격자세(이하 '복식자세')라고 한다. 복식자세는 사용하는 총기의 종류를 불문하고 피탄면적을 가장 최소화할 수 있는 동시에, 사격의 안정성 또한 최대로 확보할 수 있는 사격자세이다. 물론 여러분들도 예상할 수 있듯이 사격 중 · 후의 기동성은 다른 사격자세에 비해 가장 낮다는 단점이 있다.

복식자세는 표적거리가 멀 때, 엄폐물이 없거나 크기가 작을 때 혹은 공격자의 화력이 강할 때 등에 적합하기 때문에 권총보다는 소총을 사용하는 사수가 가장 선호하는 사격자세이다. 앞서 설명한 요구조건이 일치하는 상황 하에서 적절한 엄폐물만 확보된다면 최고의 사격자세라고 할 수도 있을 것이다. 하지만 특별한 몇몇의 경우를 제외하고는 권총을 사용하는 사수가 복식자세를 취하는 경우는 드물다.

▶ 일반적인 복식 ◀

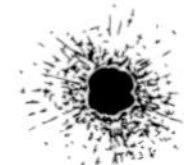

와식(臥式, Supine, 누워 쏴)

누운 상태에서 사격을 실시한다는 것은 매우 치명적인 두 가지 단점을 지닌다.

1. 사격의 안정성 저하
2. 사격 중 · 후의 기동성 제한

그럼에도 불구하고 와식 사격자세(이하 '와식자세')가 쓰이는 데에는 다음과 같은 두 가지 이유가 있다.

1. 넘어진 상태에서 사격하는 경우를 대비
2. 엄폐물의 활용능력 극대화

이와 같이 와식자세는 매우 제한된 상황에서만 쓰여야 하는데다가 치명적인 두 가지 단점을 최대한 극복해야 하므로 많은 훈련이 필요한 매우 고난이도의 사격자세이다. 누운 자세로 양다리는 좌우 격발할 수 있을정도로 벌려 주는데, 권총의 행동방향에 걸림이 없어야 한다. 그리고 팔은 쭉 펴 준 상태로 표적을 향하여야 하는데, 상체를 약각 들어야 하므로 복부의 힘이 필요하다. 또한 격발을 완료한 후나 일어설 때 항상 총구는 표적을 향하면서 일어나야 하며, 일어날 때 한 손은 땅을 짚을 때도 권총을 잡은 오른손은 항상 표적을 향해 격발할 수 있게, 다시 말해서 한손사격이 언제라도 가능할 수 있도록 해야 한다.

▶ 일반적인 와식 ◀

가장 좋은 사격자세란 없다. 그러나 현장에서 일어나는 상황에 따라 사수가 스스로 가장 적합한 사격자세를 선택해야 한다는 것은 확실하다. 종합해 보면, 각각의 권총 사격자세는 세 가지 요소인 ① 사격의 안정성, ② 사수의 안전성, ③ 사격 중 · 후의 기동성을 적절히 혼합한 것으로서 대표적인 특정 상황에 맞추어 계발되었다. 어떤 사격자세도 세 가지 요소를 전부 최적으로 만족시킬 수는 없다. 만약 현장에서 발생가능한 모든 상황을 분석한다고 하더라도, 변수–이를테면 표적과 사수의 위치, 표적거리, 엄폐물의 크기와 종류 등–가 너무나도 많기 때문에 다양한 각각의 상황에 표준화할 수 있는 사격자세를 설정한다는 것은 불가능한 일이다.

▶ 와식자세의 응용 – 측와식 ◀

하지만 반대로 현장 상황이 워낙 다양하기 때문에 이를 이용하면 세 가지 요소를 다 만족시킬 수 있는 자세를 선택할 수 있다. 특히 현장에 존재하는 무수한 엄폐물은 모든 사격자세를 완벽하게 만들 수 있는 핵심요소이다. 그러므로 끊임없는 반복과 숙달을 통해 다양한 사격자세에 익숙해져야만 하고, 상황을 자신에게 유리하게 활용할 수 있는 감각을 배양해야 한다. 사격자세는 그 자체만으로 완벽할 수 없다.

2

사격훈련의 종류 (Firing Drills)

사격훈련에는 여러 종류가 있지만, 사격훈련의 전체가 한 가지로 이루어지는 경우는 숙련도가 낮은 훈련생이 대부분이라는 의미이다. 숙련된 훈련생으로 구성된 경우에는 최소 두 가지 이상의 사격훈련이 동시에 혹은 순차적으로 실시된다. 사격훈련에 있어서 표적거리, 즉 사거리는 25m 정도를 그 한계로 정한다. 왜냐하면 총격적은 대부분 최대 25m 이내, 특히 7m 이내에서 가장 빈번하게 발생하기 때문이다.

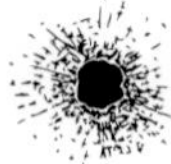

영점사격(Zeroing Fire)

영점사격이란, 제2장 제2절의 제3번 항에서 설명한 것처럼 '영점을 수정하기 위해 실시하는 사격훈련'을 말한다. 하지만 권총은 소총과 달리 유효사거리가 짧아, 보통 별도의 광학장비를 장착하여 사용하지 않는 한 영점사격을 실시할 필요는 없다. 그래서 대부분의 권총은 가늠자와 가늠쇠를 조절할 수 없도록 설계되어 있다. 권총용 도트사이트(Dot Sight)나 레이저포인터(Laser Pointer)를 사용하는 경우에는 통상 소총과 비슷한 방법으로 영점사격을 실시하는데, 영점수정의 방법은 해당 광학장비의 사용설명서에 자세히 기록되어 있으므로 이를 참고하면 된다.

영점사격은 단발(單發, Single Shot)로, 세 발을 사격한 후 탄착군을 확인한다. 이러한 방법으로 영점수정이 완료될 때까지 실시하면 된다. 세 발의 탄착군이 삼각형으로 형성되면 그 중심을, 세 발 중 두 발이 탄착군을 이룬 경우에는 그 중심을 평균탄착점으로 보고 좌우 및 상하 편차를 수정한다. 탄착군이 형성되지 않으면 영점수정이 불가하다. 특별한 사정에 의한 경우를 제외하고는 매 사격훈련 시마다 영점사격을 하는 것은 옳지 않다. 특히 광학장비를 장착한 경우에는 영점수정이 완료된 후 광학장비를 탈 · 부착하거나 충격 혹은 관리소홀로 총기와의 연결부분이 흔들리지 않도록 주의해야 한다.

▶ 영점사격을 위한 격발 모습 ◀

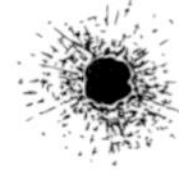 정밀사격(Precise Fire)

정밀사격은 가장 편안한 상태에서 시간에 제한을 두지 않고 실시하는 사격훈련을 말한다. 정밀사격의 목적은 기초적인 사격능력을 극대화하는 데 있다. 권총사격술이 어느 정도 숙달되더라도 상급의 사격훈련을 실시하기 전에 반드시 정밀사격을 실시하는데, 이는 준비운동의 개념이자 사격술의 기초를 다지는 것이라고 볼 수 있다.

시간이 지나면서 사격술의 자세나 방법 등이 기본과 달라질 수 있다. 사격훈련 시마다 정밀사격을 실시하면, 올바르지 않은 자세나 방법을 주기적으로 점검하여 바로잡을 수 있다. 그리고 본격적인 사격훈련에 앞서 이전에 완료한 영점수정이 유효한지 확인할 수 있다. 하지만 전체 사격훈련에서 정밀사격이 차지하는 비중이 높다는 것은 훈련생들의 숙련도가 낮다는 것을 의미하기도 한다. 정밀사격은 단발로 표적에 한 발씩 사격을 실시한다.

▶ 정밀사격 ◀

다음은 정밀사격의 응용으로, 인체모양의 사격판에 가운데를 중심으로 사격하는데 권총이 홀스터에서부터 시작하는 방식이다. 신속한 발납과 정확도를 연습하는 방법 중에 하나이며, 머리와 가슴 배 밑부분을 교관의 구령에 따라 정확하게 사격하여야 한다.

▶ 정밀사격 응용 ◀

신속사격(Quick Fire)

제한된 시간 내에 신속히 단발로 표적을 명중시키는 사격훈련을 '신속사격'이라 한다. 보통 3초 이내에 표적을 명중시켜야 하고, 숙련자의 경우에는 2초 이내에 완료할 수 있어야 한다. 신속사격은 정확성과 신속성을 동시에 배양하는 데 그 목적이 있다. 실전에서는 반드시 3초 이내에 초탄(初彈, First Round)을 스위치 존에 명중시킬 수 있어야 하는데, 이는 고도의 집중력을 필요로 한다. 신속사격은 숙달된 사수로 가는 첫 관문이라 볼 수 있다. 신속사격(이 항목에서 '속사')은 크게 고정 · 연속 · 선별 · 회전 · 기동 · 방향전환기동 속사로 나뉘며, 표적 당 한 발의 사격을 실시한다.

❶ 고정속사

정지된 자세에서 사격구령에 따라 한 개의 표적에 신속히 사격하는 방식으로 속사의 기초이다. 정지된 자세란 마네킹과 같이 부동의 자세를 취하되 걷거나 서 있는 자세, 앉아 있거나 누워 있는 등의 '평상시 모습'이나 총기를 소지하고 있거나 총기를 사용하기 위해 꺼내 든 자세 등의 '전투자세'도 포함한다.

고정속사에서 중요한 것은 정확도에 신경을 써야 한다는 점이다. 그만큼 고정된 자세에서 표적에 격발하기 때문에 조준 즉가늠쇠에 집중하여 정밀도를 높여 가는 것에 신경을 쓰며 격발을 한다. 이미 홀스터에서 권총을 꺼내어 준비자세에서 격발과 홀스터에서부터 발납과정으로 하는 격발, 이 두 가지를 고정속사 자세로 훈련하여야 한다. 발납과정으로 시작하는 격발을 할 때에는 홀스터에서 권총을 뽑고 표적을 향해 팔을 뻗을 때 가늠쇠와 가늠좌를 표적과 일직선이 되게 연습하여야 정확도 및 빠른 속사가 가능하다.

▶ 정지된 상태의 사격 ◀

❷ 연속속사

정지된 자세에서 사격구령에 따라 두 개 이상의 표적에 연속적으로 사격하는 방식이다. 이전 표적에 사격을 완료한 후, 3초 이내에 다음 표적에 대한 사격을 실시해야 한다. 여러 표적에 대한 대응능력을 계발하는 데 도움이 된다. 다음은 외국의 대표적인 연속속사의 사격기법으로, 기본적인 사격훈련법이자 실제적인 사격기술이기도 한다.

• 더블탭

교관의 구령에 맞추어 두 발을 연달아 쏘는 것을 말한다. 표적을 조준에 맞추어 첫 발을 쏘고, 이어 반동으로 튀어 올랐다가 다시 조준선에 위치되면 두 번째 발을 쏘는 형식으로 반동을 최대한 부드럽게 타고 쏘는 느낌으로 최대한 빠른 시간 안에 연속적으로 쏘아야 하며, 보통 첫 발을 발사한 후 0.2초 정도의 간격으로 두 번째 탄을 발사한다.

▶ 연속속사 모습 1 ◀

• **컨트롤드 페어**

더블탭과 동일하게 두 발을 연달아 쏘는 것을 말하지만, 더블탭보다는 첫 발 이후에 조금 더 느린 속도로 신중하게 표적에 정확하게 쏘는 것을 말한다. 통상적으로 첫 발 이후 0.5초 정도의 간격으로 사격을 실시한다.

▶ 연속속사 모습 2 ◀

• **모잠비크 드릴**

1974년 아프리카 모잠비크 공화국에서 독립전쟁이 벌어졌을 때, 용병으로 참전한 로디지아 군인이 오직 권총으로만 무장한 상태에서 적에 가슴에 두 발을 쏴서 저지한 후 머리에 한 발을 쏘아 제압한 사실을 사격기법으로 따온 사격술이다. 우리나라에서는 통상적으로 '2+1드릴'로 많이 알려져 있다.

▶ 연속속사 모습 3 ◀

• **엘 프레지덴테**

남미의 대통령 경호팀을 훈련시키기 위해 만들어 낸 훈련으로, 실전적이고 빠른 대응능력을 기르는 데 적절한 사격훈련법이다. 15미터 정도의 거리에서 세 개의 표적을 등 뒤에 두고 있다가, 교관의 신호가 주어지면 뒤돌아서서 왼쪽부터 혹은 오른쪽부터 각각 표적에 2발씩(총 6발) 사격하며, 이후 탄창을 교환하여 처음 사격한 반대방향으로 각각 표적에 2발씩 쏘는 사격훈련법이다.

▶ 연속속사 모습 4 ◀

❸ 선별속사

연속속사에서 변형된 형태로, 사격구령에 따라 지정된 표적에만 사격하는 방식이다. 복잡한 환경에서 특정 표적을 선별하여 명중시킬 수 있는 능력을 배양할 수 있다.

▶ 지정된 표적에 사격하는 모습 ◀

다음은 빠른 대응사격 훈련을 하는 사진으로, 표적을 등에 지고 의자에 앉아 있다가 교관의 신호를 주면 뒤돌아 사격하는 훈련이다. 교관이 운영자의 어깨를 건드리면, 운영자는 오른쪽 혹은 왼쪽으로 각각 신호를 준 방향으로 돌아야 하며, 사격 표적지도 마찬가지로 교관의 지정한 표적에만 사격하는 방식이다.

또한 표적지와 의자 중간에 운영자가 모르게 드럼통이나 각종 장애물을 설치하여, 갑작스런 상황에서의 사격훈련 방법을 응용할 수도 있다. 선별속사는 연속속사와 더불어 경호원들이 갖추어야 할 매우 기본적이며 중요한 사격술이라 하겠다.

▶ 선별속사 설명 및 주의사항 ◀

❹ 회전속사

정지된 자세이나 표적을 마주하지 않은 상태에서 사격구령에 따라 표적에 사격하는 방식이다. 여러 방향에서 출현하는 표적들에 대한 대응능력을 갖추는 데 그 목적이 있다. 훈련생이 여러 명일 경우에는 특별히 총구의 방향과 이동에 주의해야 한다.

좌측으로 회전할 때에는 왼쪽발을 회전축으로 돌면서 권총을 잡는다. 이때 중요한 것은 시선은 도는 방향으로 두면서, 오른손은 발납을 준비하는 단계와 마찬가지로 옷을 젖히고 권총을 잡아야 한다는 것이다. 왼손, 즉 보조수는 오른손이 권총을 완벽하게 뽑아 표적을 향하도록 보좌하면서 완벽하게 권총을 홀스터에서 뽑아 주는데, 이때 이미 회전하여 자세는 표적을 향해 안정된 자세를 취하면서 권총을 표적을 향해 쭉 뻗어 가늠쇠를 집중하여 격발한다.

여기에서 주의하여야 할 점은 회전하면서 발납을 준비할 때와 권총을 홀스터에서 뽑을 때인데, 정확성과 순발력이 요구된다. 또한 무리하게 회전하거나 권총을 홀스터에서 완전히 뽑지 않은 상태가 되면, 중심을 잃거나 빠른 조준을 할 수 없기 때문에 반복적으로 충분히 연습하여 회전시 완벽한 자세를 이룰 수 있도록 하는 것이 중요하다.

▶ 회전속사 ◀

❺ 기동속사

일정한 방향으로 움직이는 상태에서 사격구령에 따라 표적에 사격하는 방식으로 속사 중 고난이도에 속한다. 기동속사가 고난이도라는 것은 대부분 사격연습 시 고정된 자세이다 보니, 처음에 이동할 때 조준점에 집중하기 힘들고 총열이 흔들릴 수 있어 격발 시 표적에 맞추기가 힘들기 때문이다. 또한 이동할 때의 걸음걸이도 고양이 발걸음처럼 걸어야 하는데, 바닥에 이물질이 없는지 발바닥으로 확인하면서 표적에 향해 격발을 해야 한다. 사격연습장이나 특히 야외사격장에는 탄피 및 모래 등 이물질이 많아, 자칫 발에 걸려 중심이 흐트러질 수 있기 때문에 고양이 발걸음으로 걸으면서 돌이나 탄피 등을 확인하면서 이동하여야 한다.

▶ 기동속사 ◀

❻ 방향전환기동속사

위의 기동속사가 개별적으로 숙달된고 나면, 여러 가지 방향 또는 응용속사가 가능하다. 그 예로 일정한 방향으로 움직이다가 사격구령에 따라 방향을 전환하며 사격 또는 사격하면서 동시에 탄창교환을 하여 사격하는 방법이 있다. 그림에서 보는 것과 같이 연속동작의 모습을 보인다. 경호사격을 연습하다 보면 이동하면서 방향 전환하는 사격이 대부분이며, 이는 경호대상자를 옆에 있다는 의식을 하면서 전 · 후 · 좌 · 우로 방향전환을 하면서 사격연습을 해야 한다. 이는 어디서 위협대상자가 나타날지 모르니 신속하게 방향전환을 해야 하며, 즉시 표적을 향해 격발하여야 하기 때문이다.

▶ 좌측방향전환 기동속사 연속동작 ◀

▶ 후방전환 기동속사 연속동작 ◀

속사는 일단 위의 6가지 방식이 개별적으로 숙달되고 나면, 다른 종류의 속사와 적절히 배합하여 실시할 수 있다(예: 연속선별속사, 연속선별회전속사 등).

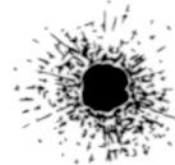

응용사격(Applicable Fire)

응용사격이란 사수에게 총기를 사용하는 과정에서 발생할 수 있는 여러 상황을 적용함으로써 다양한 사격자세를 체득시키고 총기에 대한 조작 및 운용능력을 극대화시키는 사격훈련이다. 응용사격 또한 단발로, 표적에 한 발의 사격을 실시한다.

1. 사격자세 체득: 자세변환 사격, 장애물 사격, 총기교환 사격, 한손사격
2. 조작능력 배양: 탄창교환 사격, 고장배제 사격
3. 운용능력 배양: 지향 사격, 격동 사격, 순발력 훈련

❶ 자세변환 사격

사격구령이 있을 때마다 자세를 변환하여 표적에 사격하는 방식이다. 기본적인 사격자세를 몸에 숙달시키고, 사격하는 데 필요한 체력(이하 '사격체력')과 유연성을 기를 수 있다. 사수 및 표적의 위치와 방향, 주변 환경 등에 따라 동일한 표적이라 할지라도 자세를 바꿔 사격을 실시해야 하는 경우가 있다. 또한 여러 장소에서 표적들이 등장하는 경우도 한가지 자세를 구사하는 것보다 여러 자세를 활용하는 것이 더 효과적이다.

여러 자세를 연결한 자세변환 사격은 무도의 품새에 해당한다고 보면 된다. 앞서 4장 1절에서 배운 기본 자세들로 순차적으로 자세를 변환하여 연습해 보면 좋을 듯하다. 예를 들어 교관의 구령에 무릅쏴 다음에 양쪽무릅쏴 등 순차적인 동작을 구령에 맞추어 쏘는 방식이다.

▶ 자세변환 사격 ◀

❷ 장애물 사격

장애물 사격은 자세변환 사격을 기본으로 각종 은폐 · 엄폐 · 의탁물을 활용하여 사격하는 방식을 말한다. 사방이 트인 개활지(開豁地, Open Area)가 아닌 이상, 사수와 표적 사이에는 반드시 어떠한 장애물이 존재할 것이다. 이러한 장애물은 사격 시 방해가 되기도 하지만, 이를 적절히 활용하면 자신은 효과적으로 보호하면서 표적은 쉽게 제압할 수 있다.

장애물 사격은 주위에 존재하는 여러 장애물의 형태나 배치 등에 따라 다양하게 자세를 변환하여 사격할 수 있는 능력을 기르는 데 그 목적이 있다. 사격구령이 떨어지면, 신속하게 자세를 변환하여 사격을 실시한다.

▶ 장애물사격 – 앞서 엄폐물사격과 동일함 ◀

차량을 이용하여 엄폐 및 차량좌석 안에서 문을 열고 사격하는 방식은 경호업무 중에 언제나 일어날 수 있는 상황이다. 아래 그림은 차량문을 열고 차량과 문 사이를 왼발로 고정시키고 문틈 사이로 사격을 하는 모습이며, 차량에서 사격하는 가장 기본적인 사격 모습이다.

▶ 차량을 이용한 사격 ◀

다음 그림은 사격표적지를 장애물 또는 경호대상자로 생각하여 사격하는 모습이다. 교관의 통제 구령에 따라 사격표적지를 돌아 사격을 하는 것인데, 집중력과 순발력이 요구된다. 실제로 4장에서 배워야 할 경호사격방법 중의 기초라고 할 수 있다.

▶ 표적지를 이용한 장애물 사격 ◀

❸ 총기교환 사격

고위험지역(高危險地域, High Risk Area)에서 활동하는 경우에는 두 정 이상의 총기를 휴대하는 것이 좋은데, 적절한 화력(火力, Fire Power)과 휴대의 용이성을 확보하기 위해 보통 소총과 권총을 한 정씩 휴대하는 것이 일반적이다. 물론 드물기는 하지만 소총급 이상의 총기를 두 정 이상 휴대하거나 세 종류 이상의 총기를 휴대하는 경우도 있다. 총기교환 사격은 최초의 사격구령을 통해 정밀사격을 실시하다가 다시 특별한 사격구령이 내려지면 재빨리 다른 총기로 바꾸어 사격을 실시하는 방식으로 이루어진다. 두 정 이상의 총기를 휴대하는 경우, 사용 중인 총기에 이상이 발생하였을 때 신속히 다른 총기를 사용하여 표적을 제압하는 능력을 배양시키는 데 도움이 된다.

본 책에서는 권총을 이용한 경호사격훈련으로, 총기교환사격은 다음 편에 소개하기로 하겠다.

▶ 총기교환 사격전 장비 착용장면 ◀

❹ 한손사격

경호대상자를 위급상황 시에 이동시킬 때 대응사격을 하려면, 한 손으로 경호대상자를 잡고 나머지 다른 한 손으로 위해기도자를 향해 사격을 해야 한다. 또한 교전 시 본인 또는 경호대상자가 총상을 입어 한 손으로 보호 및 사격을 해야 될 시에 대비하여 한 손으로 사격하는 연습을 통해 능력을 배양하여야 한다. 이 부분이 숙달되면, 한 손으로 탄창교환을 하는 연습까지 해야 하며 이에 대한 설명은 뒷부분에 첨부하겠다.

▶ 한 손을 이용한 사격 ◀

❺ 탄창교환 사격

최초 사격구령에 의해 정밀사격을 실시하다가 다시 내려진 특별한 사격구령에 따라 신속하게 탄창을 교체한 후, 재장전을 완료하고 다시 사격을 실시하는 방식이다. 실전이 벌어지면 생각보다 훨씬 많은 탄약을 소모하게 된다.

예를 들면, 경호업무의 특성상 교전이 발생하면 공격자를 제압하는 것이 우선이 아니라 경호대상자를 빨리 피신시키는 것이 가장 중요한 우선순위이다. 이때 공격자의 행동을 묶어 두기 위해 다량의 탄약을 소비하게 되는데, 이러한 경우 신속히 탄창을 교환하지 못하면 그 사이에 공격자로 하여금 다시 경호대상자를 위험에 노출시킬 가능성이 커진다. 비단 경호대상자를 보호하기 위해서뿐만이 아니라 사수인 경호원이나 군인의 입장에서도 탄창을 교환하는 순간은 완전히 무방비상태로 위험에 노출되는 때이므로 신속한 탄창교환 능력은 매우 필수적인 요소이다.

▶ 탄창교환 사격 ◀

❻ 고장배제 사격

관리를 확실히 하는 경우라 할지라도 총기의 기능고장(Malfunction)은 일어나게 되는 법이다. 필요한 순간에 탄약이 발사되지 않으면 사수는 위험에 처하게 된다. 총기에 발생되는 기능고장은 대부분의 경우 사수가 현장에서 즉시 처리할 수 있는 수준이므로 이러한 능력을 배양하기 위한 훈련은 반드시 필요하다.

고장배제 사격은 사격구령에 따라 정밀사격을 실시하다가 총기가 작동되지 않으면, 정해진 절차대로 신속히 기능고장을 처리한 다음에 사격을 재개하는 방식이다. 이를 위해서는 탄창에 삽입된 실탄의 사이에 불규칙적으로 가짜 탄약(Dummy Bullet)을 삽입해 놓아야 한다. 물론 가짜 탄약의 삽입은 사수 본인이 아닌 사람, 즉 훈련관이나 다른 사수가 실시해야 한다. 기능고장과 그 처치법에 대해서는 앞서 3장에서 충분히 익혔을 것이다.

▶ 탄피추출 불량 모습 ◀

❼ 지향 사격

지향 사격은 사격구령 후에 가늠자와 가늠쇠를 이용한 조준(이 절에서 '조준')을 하지 않고, 총구의 방향을 느낌으로 추측하거나 권총용 레이저포인터(이 절에서 '레이저')로 조준한 다음 사격을 실시하는 방식이다. 실전에서는 공간이나 시간의 부족으로 조준을 할 수 없거나 레이저를 사용할 때 주로 구사한다. 특히 표적이 매우 근거리에 있는 경우, 조준을 하는 것보다 더 짧은 시간 안에 표적을 제압할 수 있다는 장점이 있다.

▶ 지향 사격 ◀

아래 그림은 지향사격을 응용한 사격으로, 연속동작으로 보겠다. 매우 근접한 거리에서 위해기도자가 어떠한 물리적인 요소로 위협할 시, 왼손으로 왼쪽 귀 주위를 밀착시켜 얼굴을 보호하면서 동시에 오른손은 발총을 준비하기 위해 잡는 모습을 볼 수 있다. 중요한 것은 위해기도자가 다음 물리적인 행동을 하기 전에 격발이 이루어져야 하므로 오른손은 권총을 뽑을 완벽한 준비가 되어 있어야 한다는 점이다.

▶ 지향 사격 응용동작 1 ◀

발총을 하면서 첫 사격 시 표적지에 머리 부분을 두 발 쏘고 좌우의 표적지에 가슴 부분을 한 발씩 교대로 쏜다. 여기에서 주의하여야 할 점은 좌우의 표적지에 쏠 때 권총을 좌우로 이동하여야 하는데, 아래위로 흔들리지 않게 이동해야 한다는 점이다. 대부분 이동하고 표적에 쏠 때 오차범위가 크다. 이는 권총을 이동할 때 대부분 첫 발보다는 위로 향하게 되는데, 권총을 이동시킨 후에 조준사격을 할 때 가늠쇠를 보지 않기 때문이다. 다시 말해, 연속적으로 표적을 쏠 때에는 가늠쇠를 이동하고 나서 다시 한 번 조준점을 확인 격발하여야 한다.

▶ 지향 사격 응용동작 2 ◀

이후 교관의 통제에 따라 후방으로 이동하면서 좌우 경계를 하는데, 이때 뒤로 이동 시 발바닥은 앞꿈치부터 지면에 닿은 후 뒷꿈치가 닿는 순으로 이동한다. 그 이유는 정면과 좌우를 응시한 채 뒤로 이동할 때 바닥에 혹시 모를 걸림돌이 있을지 모르기 때문이다. 따라서 발바닥으로 바닥을 체크하면서 가는 것이 중요하다. 또한 교관의 격발지시가 있을 때까지 방아쇠에 손가락을 넣어서는 안 되며, 권총을 몸쪽으로 이동하여 언제든 격발 자세를 갖추어야 한다.

▶ 지향 사격 응용동작 3 ◀

이어 교관의 통제나 구령에 따라 7~15야드 정도에서 마지막 사격을 실시한다. 이때 재장전 혹은 기능고장 시에는 앞서 배운 대로 빠른 재장전 및 기능고장처리를 하고 격발하면 된다. 필자는 이 사격연습이 근접대응사격 및 원거리 사격과 정확성과 신속하게 사격하는 데 효과적인 훈련방법이라고 생각한다.

▶ 지향 사격 응용동작 4 ◀

❽ 격동 사격

육체적으로 매우 힘든 상태에서 사격을 실시하는 방식을 '격동 사격'이라고 한다. 실전에서는 사격경기와 같이 심신이 매우 안정된 상태에서 사격을 실시할 가능성은 희박하다. 대부분 무거운 방탄복을 착용하고, 다량의 탄약을 소지한 채로 급격히 움직이는 중에 사격을 실시하게 된다.

이때에는 우리가 평소에 잘 사용하지 않는 근육을 사용하며 과도한 긴장감까지 더해져 사격훈련을 통해 쌓아 온 실력을 제대로 발휘하지 못하는 경우가 허다하다. 격동 사격은 이러한 육체적 · 정신적 한계를 극복하기 위해 필요한 사격체력을 키우는 데 효과적이며, 체력적으로 최악인 상황 하에서도 정확한 사격을 실시할 수 있는 정신력을 기르는 데 큰 도움을 준다. 이를 위해 사격구령 시 일정 거리를 전력으로 질주한 뒤 사격을 실시하거나 팔굽혀펴기, 턱걸이 혹은 윗몸일으키기 등을 하다가 사격구령에 따라 사격을 실시한다.

❾ 순발력훈련

반사신경과 정확도, 빠른 발납이 필요한 훈련이다. 사진으로 보는 것과 같이 2인 1조로 훈련하며, 서로의 실력을 대결하기도 한다. 교관의 구령에 따라 양팔을 어깨선까지 뻗어 주다가 어느 한 사람이 팔을 먼저 내려 사격하는 훈련이다. 이때 먼저 팔을 내린 사람은 머리에 1발, 나머지 한 사람은 가슴에 2발을 맞추면 되는 훈련이다.

▶ 순발력을 이용한 사격 ◀

"경찰 · 군대 · 해상 · 항공 등 분야별 사격훈련코스"

"한! 일반적인 생각으로 뛰거나 걸어가며 총을 쏠 수는 있어도 이 상태에서 효과적으로 표적을 맞출 수 있을까? 군대에서든 경찰에서든 기존의 사격훈련은 뛰거나 걸어 원하는 지점으로 이동한 후, 정지한 상태에서 신중한 조준과 격발과정을 통해 이루어지는 것이라고 믿어 왔어, 그리고 십수 년 전까지는 세상에서 가장 전투기술이 발전된 군대라고 할 수 있는 미군조차도 이동 간 사격술을 가르치지 않았지. 그러나 실전에서는 이런 고정관념과는 달리, 많은 상황에서 병사들이 이동 중에 적을 사격할 필요를 경험했어. 게다가 여기에 더하여, 내가 이동하는 것과 동시에 적도 움직이는 상황에서 효과적인 사격으로 표적을 제압해야 살아남을 수 있는 것이 바로 실전이지. 이렇기 때문에 여러 가지 다양한 사격훈련방식을 도입하고 있어." 라고 조지 교관(가명)은 이야기를 이어 갔다.

"각 상황에 따른 사격훈련 및 사격술의 방법도 다르기 때문에, 즉 경찰관이 훈련받는 사격술과 군대에서 쓰는 사격술이 다르듯 각 분야별로, 그리고 더 나아가 각 임무별 세분화시킨 사격훈련도 개발하고있지. 미국의 일반적인 경호회사 및 씨큐리티 분야에 종사하는 인원들도 기본적인 업무에 필요한 총기교육을 받고 있으며, 특히 고위험도에 종사하는 무장경호원의 사격훈련은 강도 높은 훈련을 받고 있다고 해. 또한 민간사격훈련업체에서도 경찰 · 군대 · 해상 · 항공 등 각 분야별 사격훈련코스를 운영하고 있으며, 미국의 경호회사들도 업무에 맞는 사격훈련들을 연구하고 활용하고 있지." 라고 이야기하였다.

1인 경호사격 (Attack)

실제 경호대상자와 동행하면서 위험대상자가 나타나면, 정확한 상황판단으로 신속하게 움직여야 한다. 통상적으로 경호임무는 팀단위로 움직이는 것이 기본이다. 그러나 3절에서는 앞서 배운 방향전환사격 등 기본적인 사격술을 바탕으로 권총을 이용한 1인 대응사격을 연습해 보겠다.

경호대상자와 이동 중에는 대상자가 불편함이 없도록 대상자를 중심으로 360도의 공간을 확보하는 것이 중요하며, 통상적으로 대상자의 팔 한 뼘 정도의 거리 이내에서 움직이도록 한다.

일반적인 근접경호와는 달리 총기가 사용되는 경호현장이라면, 위험도는 당연 최상이라고 할 수 있다. 따라서 이에 맞게 경호대상자의 최근접에서 업무를 수행하여야 한다. 이동 중 대상자와 경호원의 속도도 중요하며, 경호대상자와 이동 전 안전수칙 및 대응 시 행동요령을 숙지하고 인지를 시키는 것이 중요하다. 또한 비상시 및 응급상황 시 행동요령 등 안전 매뉴얼을 경호대상자에게 알려야 하는 것이 중요하며, 다소 대상자가 불편함이 있더라도 안전메뉴얼 및 위해기도자 발생 시 행동요령을 연습하는 것도 하나의 방법이다.

경호사격에서 위해기도자를 제압하는 것도 중요하지만, 경호대상자를 안전하게 대피시켜 대상자의 안전을 확보하는 것이 가장 중요한다. 실제적으로 경호원이 위해기도자를 본 순간 총을 뽑아 대응사격을 하더라도, 위해기도자보다 항상 늦게 마련이다. 즉, 위해기도자가 조준사격을 하는 데 소요되는 시간과 경호원이 이를 조준사격으로 제압하는 데 소요되는 시간, 그리고 *경호원이 자신의 신체로 경호대상자를 보호하는 데 소요되는 시간들을 이론적으로 보면 다음과 같다.

* 출처: 〈경호학원론〉(유송근 저, 1998, 도서출판 홍경) 73p~76p 내용 및 그림 인용

❶ 위해기도자가 조준사격하는 데 소요되는 시간

먼저 위해 기도자가 총을 뽑아서 격발하여 실탄이 발사될 때까지의 시간을 생각해 보자. 이렇게 사격을 하는 데 소요되는 시간은 조준을 하지 않고 사격을 할 때 평균 0.4초 정도 소요되고, 목표물에 총을 조준해서 사격을 할 때에는 2.2초 정도가 소요된다고 한다.

한편 실탄이 7m 정도를 날아가서 목표물에 꽂히는 시간은 평균 0.025초 정도이다. 이 7m는 위해기도자가 경호원들의 감시가 심한 틈을 타서 갑자기 경호대상자에게 접근하여, 경호원들의 제지를 받지 않고 총기 조준 사격으로 위해를 기도할 수 있는 평균적인 최단거리이다. 만약 이 거리보다 가깝다면 대체로 위해기도자가 총기가 아닌 방법으로 위해를 기도하는 경우가 많으며, 7m보다 멀다면 조준사격하는 데 훨씬 더 많은 시간이 걸리고, 위해기도자와 경호대상자 사이에 다른 사람들이 위치하고 있을 확률이 매우 높다. 이상과 같이 생각했을 때, 범인이 총으로 위해를 성공시키는 데 소요되는 시간은 2.2+0.025=2.225초가 된다.

❷ 경호원이 위해기도자를 조준사격으로 제압하는 데 소요되는 시간

스포츠 과학 연구원 자료에 의하면, 인간이 외부의 자극에 대하여 위협을 인지하고 뇌의 판단과 명령을 통하여 신체적 반응을 개시할 때까지의 시간을 "신체 감응 시간"이라고 한다. 일반 성인의 평균 신체 감응 시간에는 개인별로 차이가 있지만, 대략 0.3초가 소요된다고 한다. 경호원이 범인의 위해기도 행위를 가장 신속하게 발견해서 대처한다고 하더라도 최초 반응에는 0.3초가 소요되는 것이다.

경호원의 경우에도 위해기도자와 똑같이 조준 사격을 하는 데 평균 2.2초가 소요된다고 보아야 하며, 경호원이 경호대상자와 같은 위치에 서 있거나 혹은 3인이 정삼각형의 구도를 이루고 있다고 볼 경우에 경호대상자와 위해기도자의 거리와 위해기도자와 경호원의 거리가 같다고 볼 수 있으므로 경호원의 총알도 7m를 날아간다고생각할 수 있다. 그리고 그 시간은 평균 0.025초라고 앞에서 언급하였다. 따라서 경호원이 범인을 사격으로 제압하고자 할 경우에는 2.225+0.3=2.525초가 소요된다. 즉 0.3초가 항상 늦게 되는 것이다.

❸ 경호원이 자신의 신체로 경호대상자를 보호하는 데 소요되는 시간

경호원이 경호대상자를 몸으로 가려 보호하는 데 소요되는 시간은 얼마인가? 최초에 경호원이 범인의 행위를 인지하고 반응하는 시간은 0.3초로 동일하다고 생각할 수 있다. 대신에 경호원이 몸으로 경호대상자를 보호할 경우에는 경호원이 경호대상자에게 접근하는 데 걸리는 시간이 문제가 된다.

이때 경호원은 최대의 속도로 달려가서 경호대상자를 몸으로 가리고자 할 것이다. 그런데 일반 성인 남자가 100m를 주행하는 데 소요되는 시간은 평균 14.02초로 알려져 있다. 따라서 성인 남자가 1m를 주행하는 데 소요되는 시간은 14.02/100=0.1402초이며, 7m를 주행하는 데 소요되는 시간은 0.1402*7=0.9814초이다. 그렇다면 7m 밖의 경호원이 경호대상자를 몸으로 가려 보호하는 데 소요되는 시간은 1.2814초이다.

❹ 위의 세 가지 소요시간 비교

이상의 내용을 모두 비교하면,

- 범인이 행동을 개시한 후 조준 사격을 성공하는 데 소요되는 시간: 2.225초
- 경호원이 범인의 행동을 인지하고 조준 사격으로 제압하는 시간: 2.525초
- 경호원이 범인의 행동을 인지하고 몸으로 피경호인을 보호하는 시간: 0.9814초

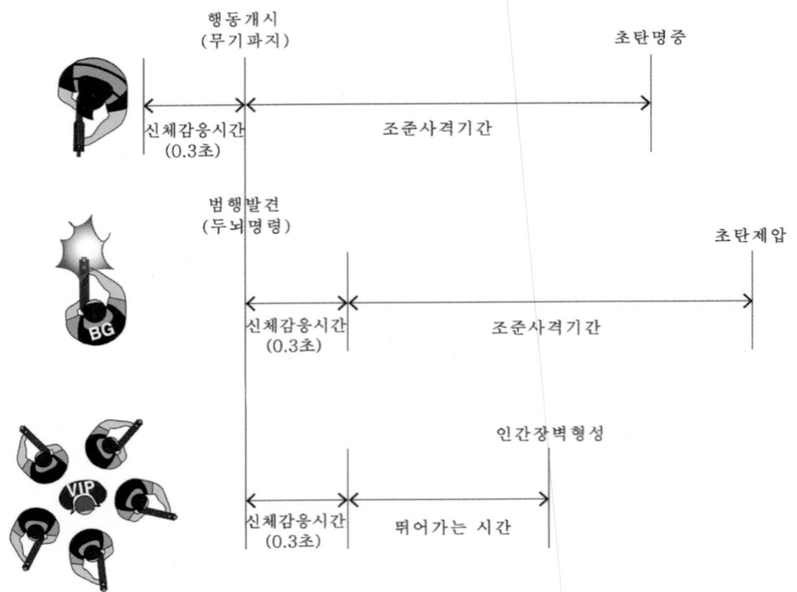

▶ (출처: 유송근 저 〈경호학원론〉 "범인의 범행 단계 소요 시간과 경호원의 대응 단계 소요 시간") ◀

이렇게 비교해 보았을 때, 경호원이 위해기도자의 위해 의도를 인지했을 경우에 가장 성공적으로 경호대상자를 보호할 수 있는 방안은 위해기도자를 조준사격으로 명중하는 것이 아니라, 자신의 신체로 인간장벽을 형성하는 것이다.

특히, 이와 같은 비교는 경호원이 가장 최상의 조건에서 신속하게 범인을 발견하고 초탄을 명중시키는 경우를 산정한 것이다. 실제로는 이보다 조건이 훨씬 더 열악해진다. 범행의 시기는 위해기도자가 먼저 선택하며, 위해기도자의 초탄 발사후 경호원은 행동으로 옮기기 때문에 범인의 사격 소요 시간이 2.5초보다 더 적은 시간 내에 사격을 하여 범인을 제압하는 것은 실제로는 힘들다고 볼 수 있다. 국가적 주요 인물에 대한 경호가 아니라 사설 경호 활동의 경우에 있어서도 경호대상자가 중요한 사람일수록 그에 대한 위해기도는 조직적이고 치명적인 수단을 통해서 이루어진다.

이와 같이 경호원은 일반적인 사격술을 익힐뿐더러 경호대상자의 안전을 최우선시해야 하므로 다각적인 훈련과 육탄방어의 원리도 적용해야만 한다.

그럼 다음과 같이 정면, 후방, 우측, 좌측, 차량을 이용한 대응사격을 연습해 보겠다.

정면사격(Frontal Attack)

정면에 위해기도자가 위해기도 시 경호대상자의 대피는 항상 위해방향의 반대방향으로 움직여야 하며, 경호원은 위해기도자 발견 시 경호대상자의 한 발 빠른 걸음으로 경호대상자의 앞으로 위치를 확보하는 동시에 경호대상자의 등을 맞대어 왼손은 대상자의 허리띠를 잡아 리드하고 보호하여야 한다.

경호대상자는 위해기도자의 반대방향으로, 그림에서 보는 것과 같이 양손을 머리나 귀에 붙이고 고개를 숙이고 있어야 하는데, 이때 위해기도자 및 경호원과 일직선상으로 되어야 한다.

다음 그림과 같이 동작을 구분하여 보면, 위해기도자 발생 시 발이 나가면서 발납할 준비를 하여야 하며, 발납 시작과 동시에 한 손은 경호대상자를 감싸 보호하여야 하며 한

손으로는 권총을 잡아 사격을 실시하여야 한다.

경호대상자를 보호하기 위하여 왼손으로 허리띠를 잡기 전에 이미 위해기도자를 조준선에 두고 있어야 하며, 대상자 및 경호원은 최대한 자세를 낮추되 위해기도자에게 대응 사격을 하면서 낮추도록 한다. 위험이 발생할 경우를 대비하여 항상 미리 주위의 환경 및 엄패물이나 기타 구조물을 파악하고, 사격과 동시에 대피 동선을 파악 및 확보해 두어야 한다. 정면대응을 하다 보면 이후 우측, 좌측, 후방의 대응 사격 방식 또한 동일함을 느낄 수 있다.

중요한 것은 위해기도자가 있는 방향으로 회전하면서 경호대상자를 안전하게 보호하면서 위해기도자에 격발하는 것이며, 격발과 동시에 정해진 퇴로 및 이동동선으로 경호대상자를 리드하는 것이다.

또한 1인경호사격은 팀경호사격을 이해하기 전에 기초적인 훈련법으로 개인경호의 기초이며, 앞서 배운 많은 기본적인 훈련법이 들어가 있으므로 반복적인 연습이 필요하다.

▶ 정면대응사격 연속동작 ◀

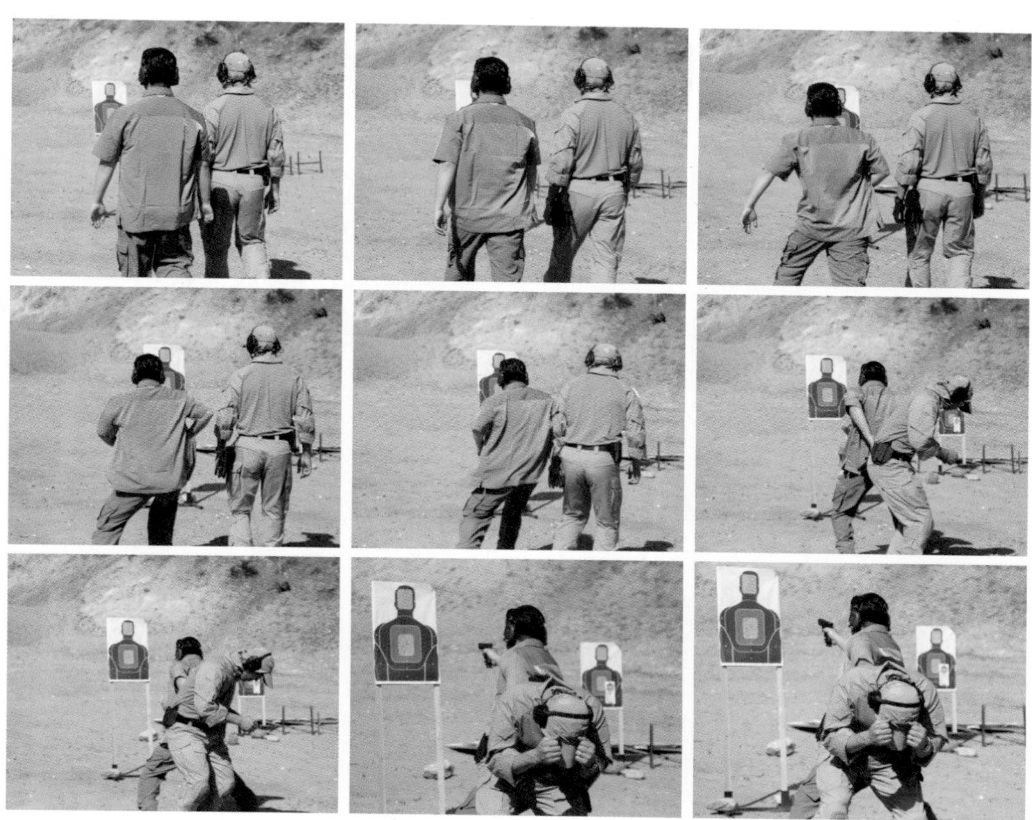

▶ 정면대응사격 연속동작 ◀

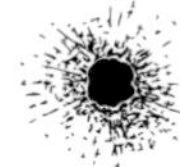

후방사격(Rear Attack)

경호대상자와 전방으로 이동할 때 후방에 위해기도자 발견 시 그림에서 보이는 것과 같이 경호원은 총기가 있는 쪽으로 회전축을 이용하여 회전하면서 후방으로 회전한다. 이때 왼손은 경호대상자의 허리띠나 옷가지를 잡고 동시에 권총을 잡아야 한다. 회전축을 이용해서 45도 정도 돌았을 때 이미 발납을 진행한 상태가 되어야 하고, 대상자는 제자리에서 양손을 얼굴 혹은 귀에 감싸고 자세를 낮추며 이동준비를 하여야 한다. 완전히 후방으로 돌았을 때에는 이미 격발을 시작하여야 하며, 동시에 대상자를 안전한 대피동선으로 이동할 준비를 하여야 한다. 전방대응사격보다는 회전축이 넓고 반대로 돌아야 된다는 점이 불리하나, 다각도의 경호사격술을 연습하는 데 기초가 되는 중요한 부분이므로 이 사격훈련을 통해 선별사격을 응용하여 연습하기 바란다.

▶ 후방대응사격 연속동작 ◀

▶ 후방대응사격 연속동작 ◀

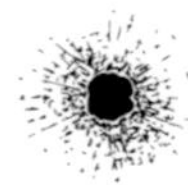

우측사격(Attack on Right Side)

경호대상자와 전방으로 이동할 때 우측에 위해기도자 발견 시 전방대응 방법으로 한발 빠르게 경호대상자 옆쪽으로 신속하게 들어가며, 우측발을 회적축으로 이용하여 45도 회전하면서 왼손은 경호대상자의 허리띠를 잡고 동시에 오른손은 권총을 잡고 신속하게 발납을 한다. 마찬가지로 경호대상자는 우측 반대방향인 좌측으로 몸을 돌리면서, 양손으로 얼굴을 감싸고 자세를 낮추어 이동할 준비를 하여야 한다.

▶ 우측대응사격 연속동작 ◀

▶ 우측대응사격 연속동작 ◀

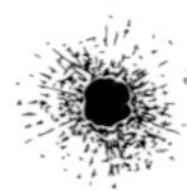

좌측사격(Attack on Left Side)

좌측대응사격에서 중요시 여길 점에 대해 이야기하기 위해 다음 그림에서 연속동작을 보면, 경호대상자의 왼쪽에 있는 것을 볼 수 있다. 이때에는 우측대응사격과 동일한 방법으로 진행하면 되나, 경호대상자의 우측에 있을 때는 좌측에, 위해기도자에 빠른 대응을 할 때에는 우선 경호대상자의 허리띠를 잡는 동시에 대상자를 좌측으로 돌리면서 대상자의 좌측으로 회전하면서 발납을 시작하여야 한다. 다시 말해서, 왼손으로 경호대상자의 몸을 잡아 왼쪽으로 원형을 그리면서 돌면서 발납을 준비격발 하여야 한다. 유의하여야 할 점은 경호대상자 우측에서 발납 시 정확한 발납동작을 요구하며, 경호대상자의 몸에 걸리지 않게 주의하여야 한다는 점이다.

▶ 우측대응사격 연속동작 ◀

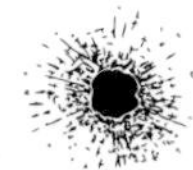

차량을 이용한 사격(Car use Attack)

차량에서 경호대상자를 하차 시 먼저 주변을 확인 및 경계를 하며 문을 연다. 이때 혹시 모를 위협에 대비하여, 문이 열리는 동안 밖에서 차량 안이 보이지 않도록 경호원이 자신의 몸으로 가린다. 경호대상자가 차량에서 내리는 순간부터 전 · 후 · 좌 · 우의 대응에 연습한 대로 경계를 하면서 경호대상자를 보호하는 것이다. 전방에 위험발생 시 전방대응의 순서대로 대응하면서 퇴로를 확보하여 차량이 있는 곳의 경호대상자를 인도한다. 이때 경호대상자를 인도할 때에는 그림에서 보는 것과 같이 대상자의 팔을 잡아 인도하거나 허리띠를 잡아 리드한다. 차량을 이용하여 앞서 연습한 경호사격술을 다각도로 연습하기를 바란다.

▶ VIP차량에서 나오기 전 주변경계 ◀

▶ 차량을 이용한 대응사격 연속동작 ◀

"팀경호사격"

마크 교관과 동료이며 절친한 사이인 잭(가명) 교관을 만났다. 그는 현직경관이며, 미대통령경호실에서 경호교육을 받았으며, 오바마 대통령이 LA에 올 때 실질적인 경호임무에 투입되는 교관이었다. 잭 교관은 나에게 이것저것 궁금한것을 물어보더니, 장시간의 안전교육과 교육 중 지켜야 할 사항들을 이야기해 준 후 장비들을 착용하라 했다. 이어 6개의 여분의 탄창에 탄을 다 넣을 때쯤 나에게 말했다.
"한! 너의 실력이 어느 정도인지 확인하고 본 교육을 진행할게."
난 그전에 마크 교관의 강행군으로 칼날이 날카롭게 선지라 자신 있게 그가 원하는 사격에 대해 행동으로 응답을 해 주었다. 여러 교관들에게 배우다 보면, 교관마다 특히 강조하는 부분과 자기만의 스타일을 내세운다. 잭 교관은 본격적인 경호사격훈련에 앞서 기본적인 이동사격 및 방향전환사격 등을 다시 실시하면서, 신속재장전과 기능고장 처치를 한다. 잭 교관은 나의 신속재장전을 보면서,

"와우! 내 동료들도 그리 빨리는 못하는데!" 하고 말했다.

기본사격술로 몸을 푼 후, 잭 교관은 본격적인 경호사격에 대해 설명하였다. 그는 경호사격 훈련에 대해 먼저 문서로 된 훈련내용들을 보면서 이론을 자세히 설명해 주었다. 본인이 훈련받았던 내용들이며, 실제 개인경호사격 및 팀경호사격의 훈련내용들이 잘 정리되어 있는 문서였다.

이론교육을 마치고 곧바로 실전사격훈련이 이어졌다. 장시간에 걸쳐 다양한 경호사격훈련을 실시하면서, VIP와 5~6명 정도가 팀을 이루어 팀경호사격훈련을 하였는데, 잭 교관은 나에게 이렇게 강조했다.

"팀을 이루어 경호사격을 할 때에는 항상 실전적인 마음가짐의 중요성을 잊지 말아야 하며, VIP의 안전을 최우선으로 여겨야 한다."

장시간 경호사격의 교육이 끝나고 장비 및 주변정리를 하면서, 잭교관은 나에게 엄지손가락을 들어 보여 주었다.

"사실 그는 교육을 많이 하면서 느꼈던 것은, 사람들은 다양하고 실전적인 사격교육을 원하면서 정작 기초적인 사격교육의 안전에 대해 잘 인식하지 못한다는 점이다. 초보자는 긴장을 너무 많이 해서 실수를 하고, 경력자는 너무 자만감에 실수를 하게 되지. 다른 동료들이나 자기 다리에 총이 격발되는 모습을 보면서, 사격교육의 안전실수는 심각한 상황을 초래하기 때문에 상당히 신경이 쓰이는 부분이다. 그러나 '한'의 교육에서 나는 안전에 전혀 신경을 쓰지 않아도 충분했다."

그만큼 안전수칙을 잘 지키고 교육에 임했다는 증거이기도 했다.

CHAPTER

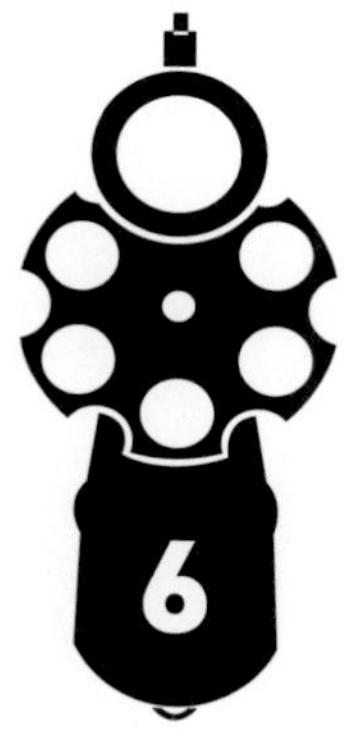

경호사격 심화

(팀경호사격)

Deepening of Security Shooting (Security Team Shooting)

원칙과 지침

(Principle and guideline)

팀경호사격의 중점은 경호대상자를 중심으로 일반적인 방호대형을 형성하여 위해기도자로부터 효과적으로 대처하면서 경호대상자의 안전을 확보하는 것이다. 앞장에서 배운 기본적인 권총 조작 능력과 이동사격의 훈련 등 여러 종류의 경호사격훈련은 팀경호사격의 훈련을 하기 위함이라 해도 과언이 아니다.

팀경호사격은 대응사격과 동시에 신속하게 위해 장소를 이탈하지 않고는 차 안이나 경호대형 안에서는 경호대상자가 살아남을 수 없기 때문에 신속하고 빠른 대응사격이 필요하다. 이러한 연습을 하기 위해서는 정확성과 신속성, 모든 경호원들 간의 일체성이 필요하다.

본편에서의 경호대형은 『〈경호현장운용론〉 이상철, 2008. 진영사』를 참고하여 국내의 경호기법중 가장 많이 사용되는 근접도보대형으로 서술하였으며, 이번 편은 권총을 이용한 기본적인 팀경호사격을 중점적으로 다루었다. 차량에서의 대응사격 및 변형대형 등 고위험도에서의 더욱 세밀한 대형에 대한 대응사격은 다음 편에 소개하기로 하겠다.

▶ 팀경호사격의 포지션별 사격 모습 ◀

팀경호사격은 경호원 각 개인간의 실력과 팀워크를 중심으로 서로 간의 신뢰를 그 무엇보다도 우선으로 여긴다. 실제 작전 시 팀원 간의 각 역할을 완벽하게 수행하여야 한다. 이는 신속한 위해기도자의 제압도 중요하지만 경호사격의 중심이자 최우선순위는 경호대상자를 안전하게 보호 및 대피시키는 것이기 때문이다. 따라서 아래와 같이 팀경호사격의 몇 가지 원칙과 지침을 두어 연습해 보기로 한다.

팀경호사격은 앞 서배운 사격술이 포함되어 있으며, 대응사격과 동시에 신속하게 위해 장소를 이탈하지 않고는 차 안이나 경호대형 안에서는 경호대상자가 살아남을 수 없기 때문에 신속하고 빠른 대응사격이 필요하다. 이러한 연습을 하기 위해서는 정확성과 신속성, 모든 경호원들 간의 일체성이 필요하다.

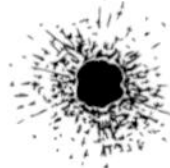

안전수칙(Safety)

팀경호사격을 할 때 또는 훈련할 시에는 무엇보다도 안전에 유의하여야 하며, 교관의 사격지시가 있을 때까지 손가락이 방아쇠에 들어가면 안 되며, 교관의 지시에 따라 안전수칙을 지키면서 훈련해야 한다. 또한 반복적인 훈련 및 숙달할 때까지는 모형총으로 훈련하기를 권장한다.

공격조와 대피조(Attack and Evacuation)

사방에서 공격이 있을 시에는 최초 발견한 경호원이 육성으로 팀원들에게 경고하며, 최초발견한 경호원을 중심으로 공격조와 대피조로 편성하여 훈련하는 것을 권장한다. 경호사격의 훈련이지만, 주목적은 경호대상자를 안전하게 이동시키는 것이므로 모든 포지션을 돌아가면서 각 포지션의 역할을 숙지하여야 한다. 아래 그림에서 보는 것과 같이 경호대상자(VIP) 중심으로 우발상황 시 함몰형태로 움직이는데, 절대로 무릎을 굽히거나 몸을 움츠리거나 은폐시켜서는 안 된다. 자신의 체위를 최대한 확장하여 경호대상자(VIP)에 대한 인적방벽 효과를 극대화하여, 공격방향으로 대응해야 하는 것이다. 또한 부단한 반복훈련을 통해 자신도 모르게 조건반사적이고 무의식적으로 행동이 나올 수 있도록 한다.

▶ 상황발생 시 함몰대형 1 ◀

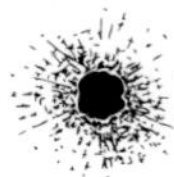

기본대형 시 사격대형(Shooting Formations)

많은 근접경호 대형이 있지만, 팀경호사격훈련을 할 때에는 일반적인 대형으로 이동한다. 그리고 이동 코스 및 위협요소의 방향을 예상하여, 변형된 대형으로 경호사격을 실시한다. 아래 그림은 기본적인 상황에서 경호대상자를 중심으로 함몰하는 대형방식으로 한다.

우선 앞에서 보았듯이 인간이 어떤 자극에 대하여 반응하는 시간은 0.3초이다. 한편 인간은 인간이 1m를 달려가는 데 소요되는 시간은 0.1402초이다. 따라서 0.3초 동안에는 인간이 2m 이상을 달려나갈 수 있다는 결론이 나온다. 그렇다면 위해기도자가 위해를 위해서 공격적인 행동을 시작할 때 경호원은 0.3초 동안 반응하지 못하므로, 위해기도자는 2m 이상을 경호대상자에게 접근할 수 있게 된다. 그런데 경호원이 반응을 시작한 후 어떤 행동을 취할 시간적 여유없이 범행이 결정되어 버리면, 경호는 실패로 돌아가게 된다. 즉, 적절하고 안정적인 경호대형은 위해기도자의 범행을 발견하고 반응할 수 있는 최소한의 시간을 가질 수 있게 한다.

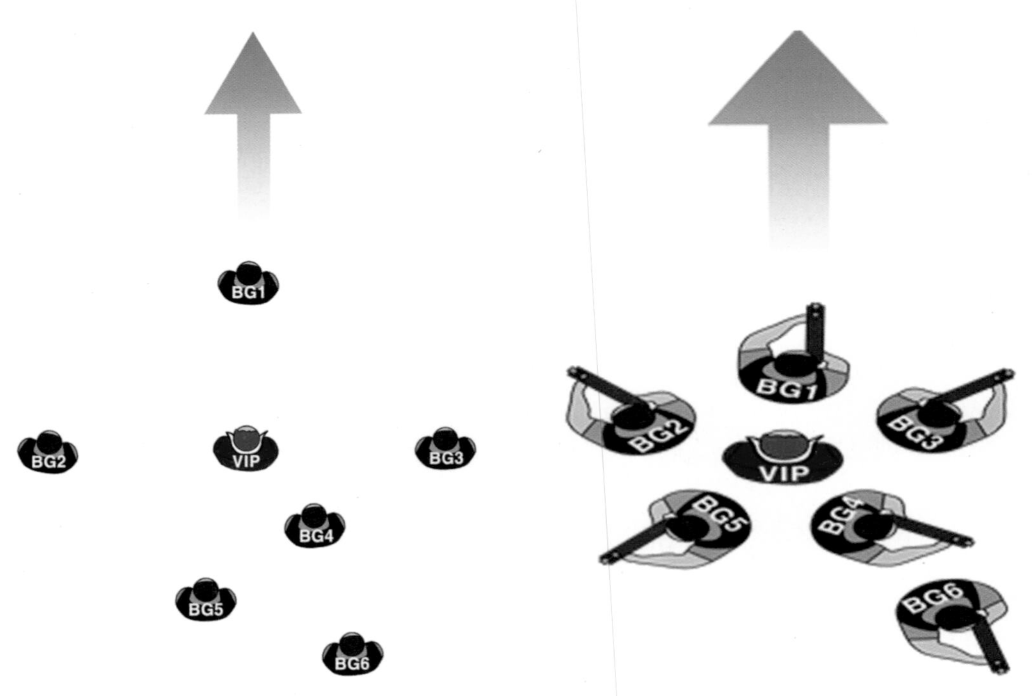

▶ 상황발생 시 함몰대형 2 ◀

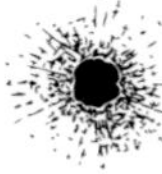 반복적인 유형 연습(Repetitive Exercise)

경호사격을 연습하는 이유는 사격술을 연마하는 이유도 있지만, 위해기도자에게 적절한 대응을 하면서 안전하게 경호대상자를 이동시키는 것이 주목적이다. 어느 쪽에서 공격이 있을지 미리 예상을 못하므로 이에 따라 발생 즉시 즉각적인 대응이 필요하다. 따라서 각 유형별 또는 다음 장에 나오는 기본포지션 및 각 해당되는 모든 포지션을 반복적으로 연습하는 것을 권장한다. 또한 경호대상자와 사전 대응방법, 선발대 운영을 통한 안전구역 점검 및 엄폐물 확보 등도 사전에 확인하는 훈련을 거쳐야 한다.

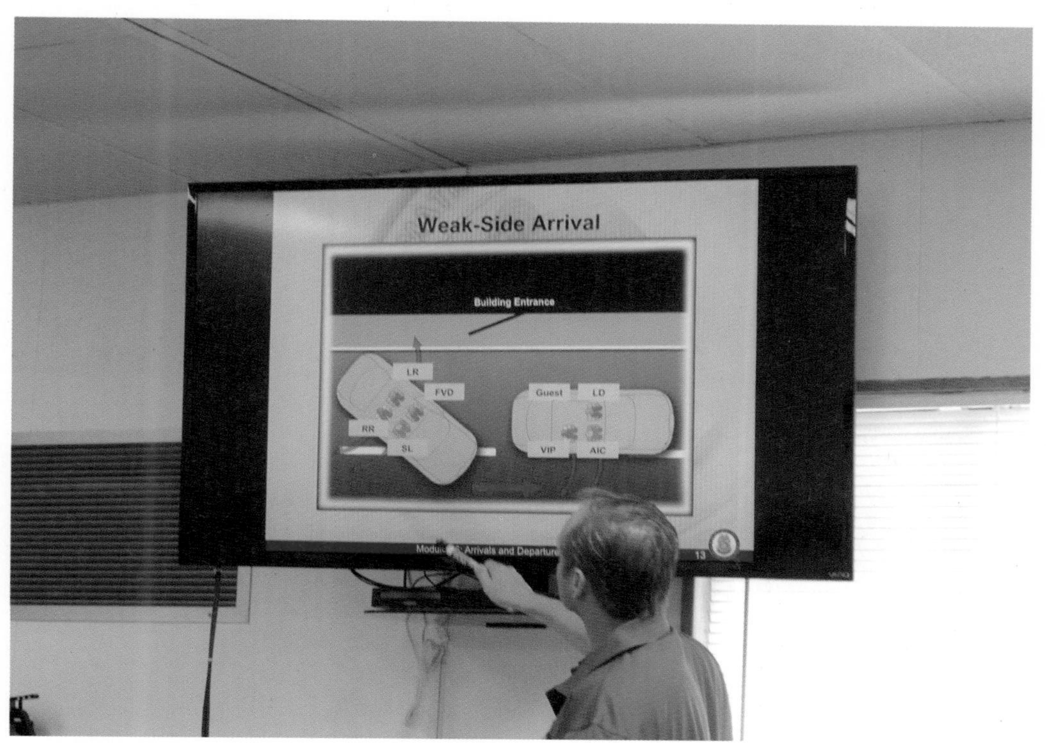

▶ 차량에서의 대응방법 교육 ◀

 비인가 안전구역(건물) 수색방법(Building Search)

상황이 발생하여 공격을 받았을 때 안전구역으로의 대피가 실패하였을 경우, 팀은 다른 안전한 구역이나 건물로 들어갈 상황이 발생할 수도 있다. 따라서 확인되지 않은 건물 내부로 경호대상자와 들어갈 때의 기본적인 수색방법을 연습하여야 한다. 여기에는 여러 수색 방법과 전문적인 기술들이 있는데, 본편에서는 아래와 같이 기본적인 세 가지 종류의 실내수색방법을 간단히 소개하고자 한다.

▶ 건물수색 방법 ◀

❶ 크로스 오버/크리스 크로스(Cross Over)

가장 기본이 되는 실내 수색법으로, 2인 1조로 수색하는기본적인 수색방법이다.

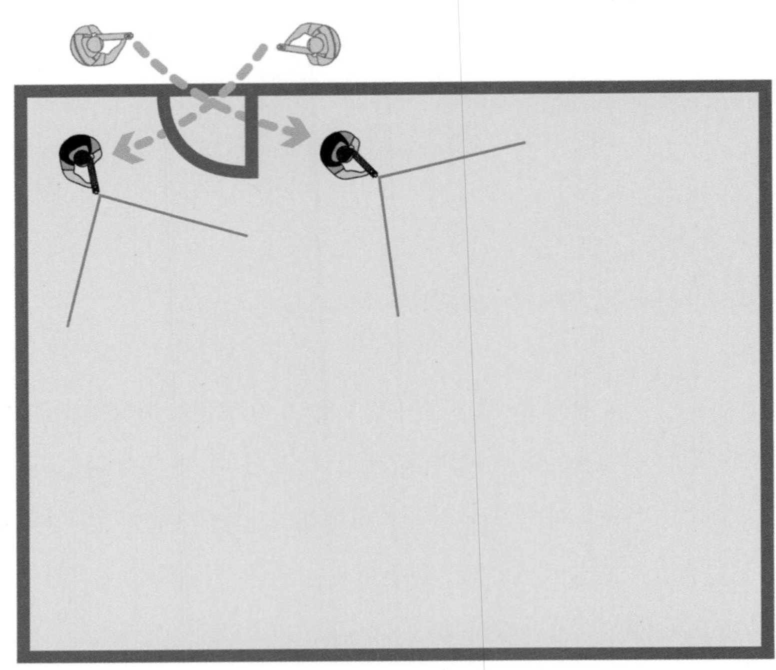

❷ 모디파이드(Modfied)

한국처럼 코너문이 많은 경우에 사용하는 실내수색방법이며, 크리스 크로스를 변형한 방식이다.

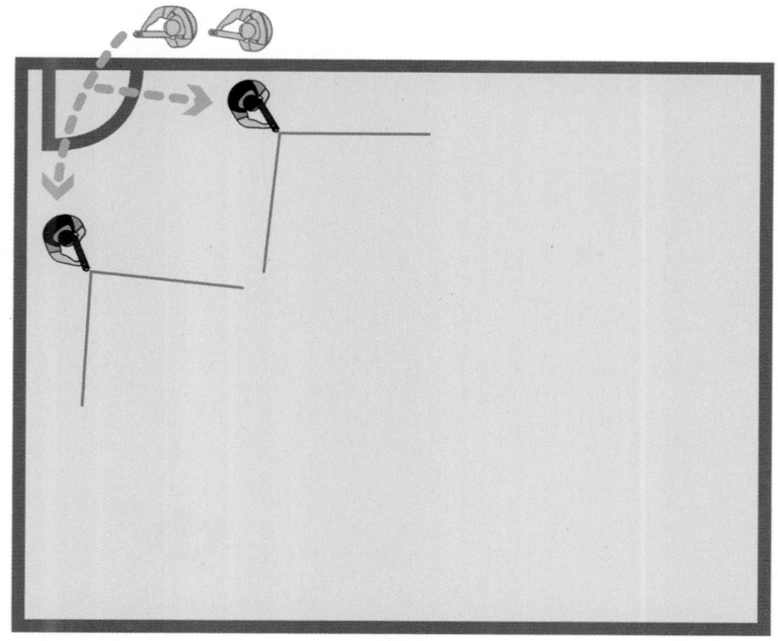

❸ 버튼 훅(Botton Hook)

T자 복도 수색 및 넓은 강당에 들어갈 때의 수색방법을 말한다.

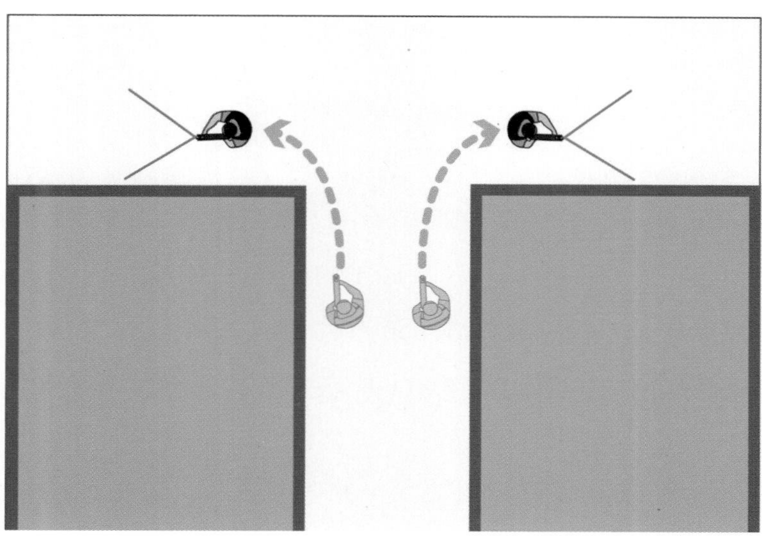

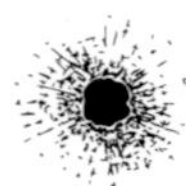

기본대형 대응사격연습(Attack Exercise)

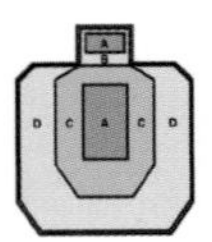

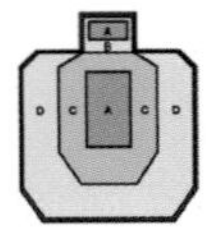

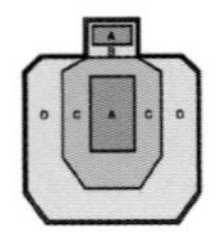

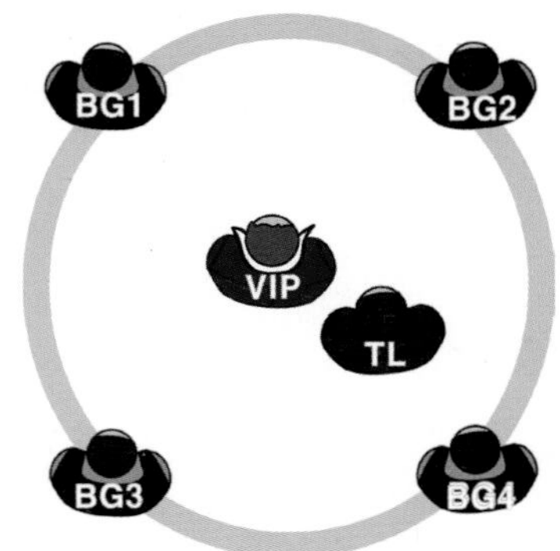

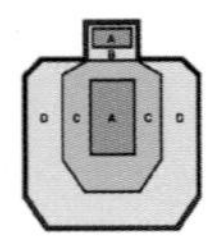

▶ [그림 1] 경호대형이동 ◀

경호대형에서의 하나의 경호사격 연습방식이다. 이 방법은 팀경호사격에 가장 기초적인 사격연습 방법이며, 아울러 효과적인 연습방법이기도 하다. [그림 1]처럼 먼저 사다리형 대형으로 전방으로 도보이동을 하다가 교관의 지시에 따라 'GUN!'이나 '좌측에 공격!' 등 사격지시가 떨어지면, [그림 2]의 경호원 (BG1)은 좌측으로 돌아 표적지에 사격을 실시한다.

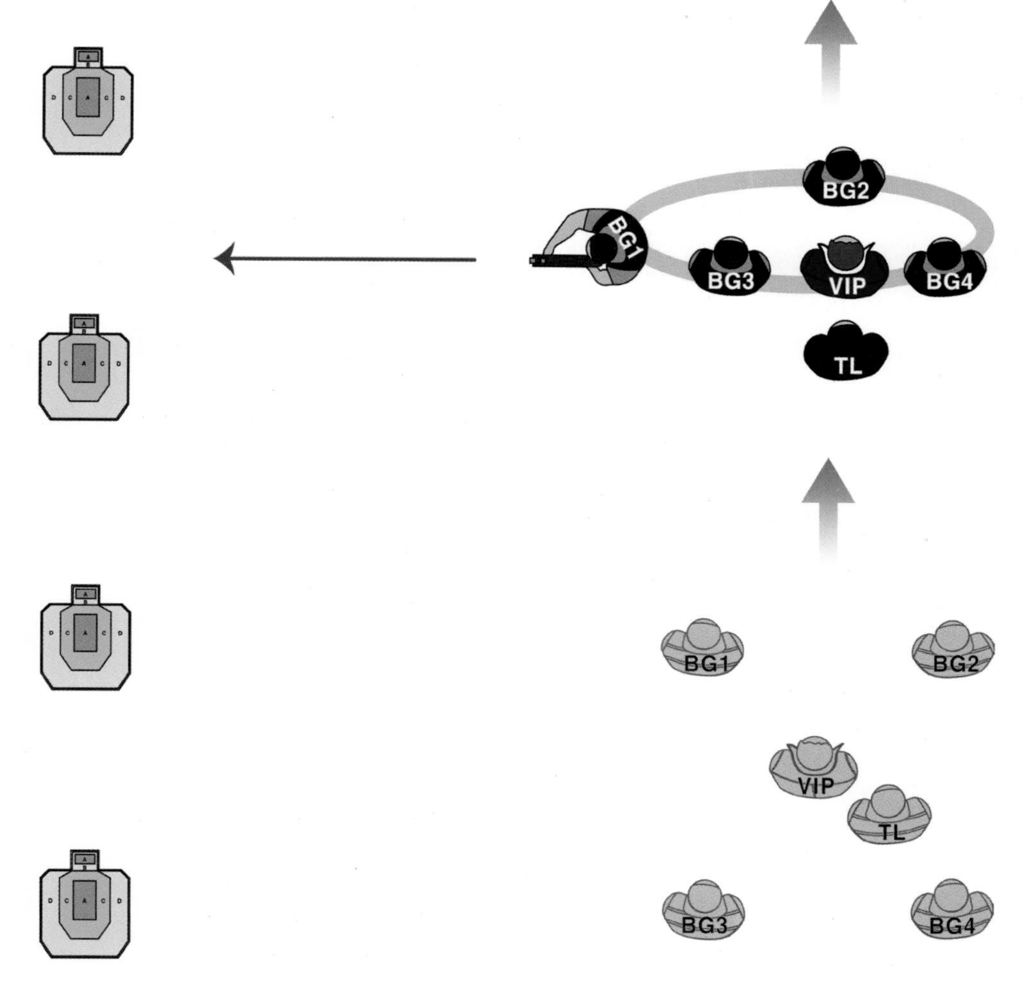

▶ [그림 2] 경호원(BG1) 좌측사격 ◀

경호원(BG3)을 포함한 다른 경호원들은 VIP 대상자 중심의 함몰, 즉 인적방호벽을 형성하면서 사격을 실시하고 있는 경호원(BG1)을 지나, 다음의 [그림 3]처럼 다음 표적지까지 이동한다. 이때 모든 경호원들은 권총을 홀스터에서 뽑고 있어야 하며 총구방향은 지면을 향하게 아래 방향으로 하며 손가락은 방아쇠에 넣지 않는다. 그러나 언제든 사격을 할 수 있다는 생각을 하면서, 인적방호벽을 형성하며 이동한다. 그리고 표적에 이동하는 즉시 "GUM! GUM! GUM!"을 외치며 경호원(BG3)은 사격을 실시한다.

마찬가지로 경호원(BG1)은 다른 경호원들과 VIP 대상자를 중심으로 한 함몰대형으로,

표적지에 사격하고 있는 경호원(BG3)을 지나며 다른 경호원들의 행동은 앞서 말한 것과 동일하다.

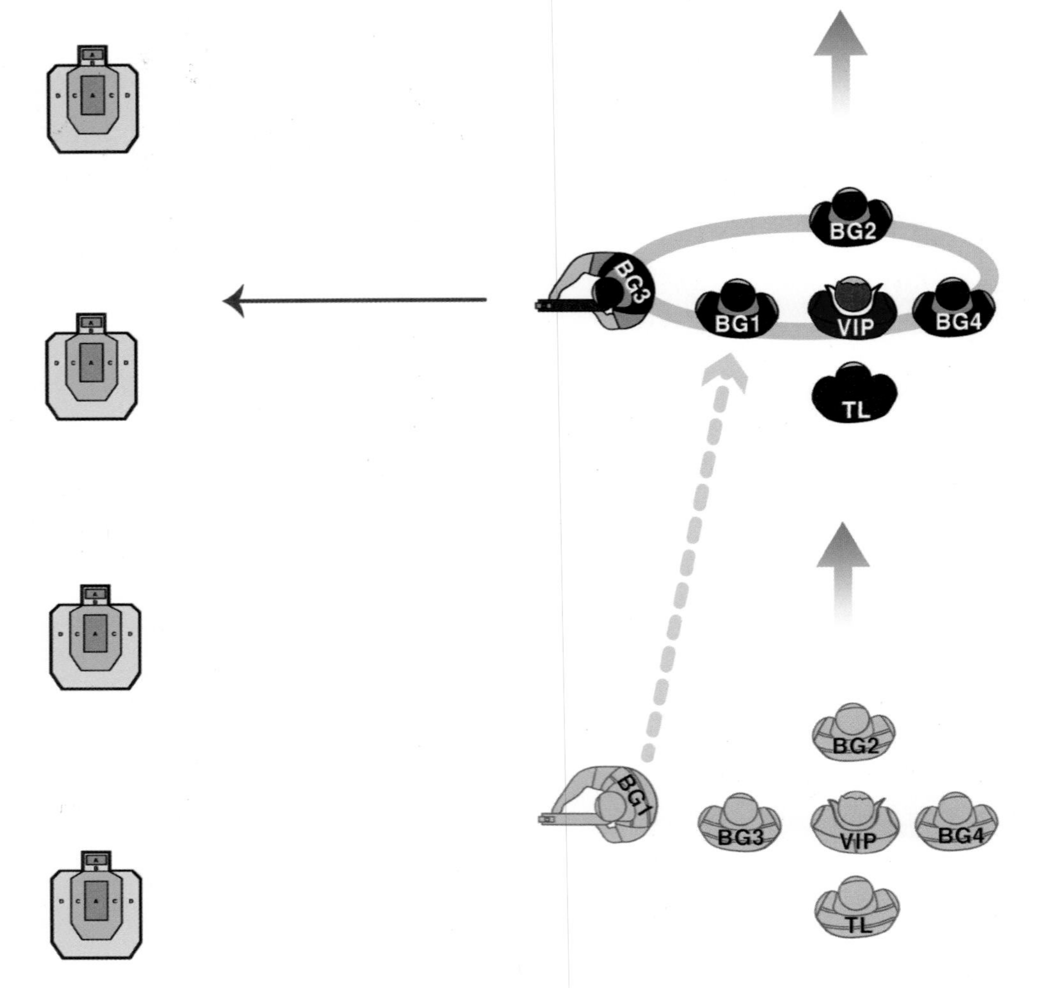

▶ [그림 3] 경호원(BG3)의 좌측 사격 ◀

다음 표적지까지 이동하면, [그림4]처럼 경호원1은 좌측에 있는 표적지에다 "GUN! GUN! GUN!"을 외치며 위해기도자가 나타났다는 신호를 다른 경호원들에게 전파하면서 사격을 실시한다. 경호원(BG3)이 표적지에 사격을 실시할 때, 이미 경호원1은 사격을 마친 상태로 VIP를 중심으로 함몰대형으로 복귀하며 경호원(BG3)의 사격을 실시하는 동안 다음 표적지로 이동한다. 표적지를 지날 때마다 반복적으로 경호원(BG1,3)은 경호사격을 연습할 수 있었다. 항상 주의하여야 할 점은 이동 시에 총구는 지면을 향하여야 된다 점을 명심하여야 한다.

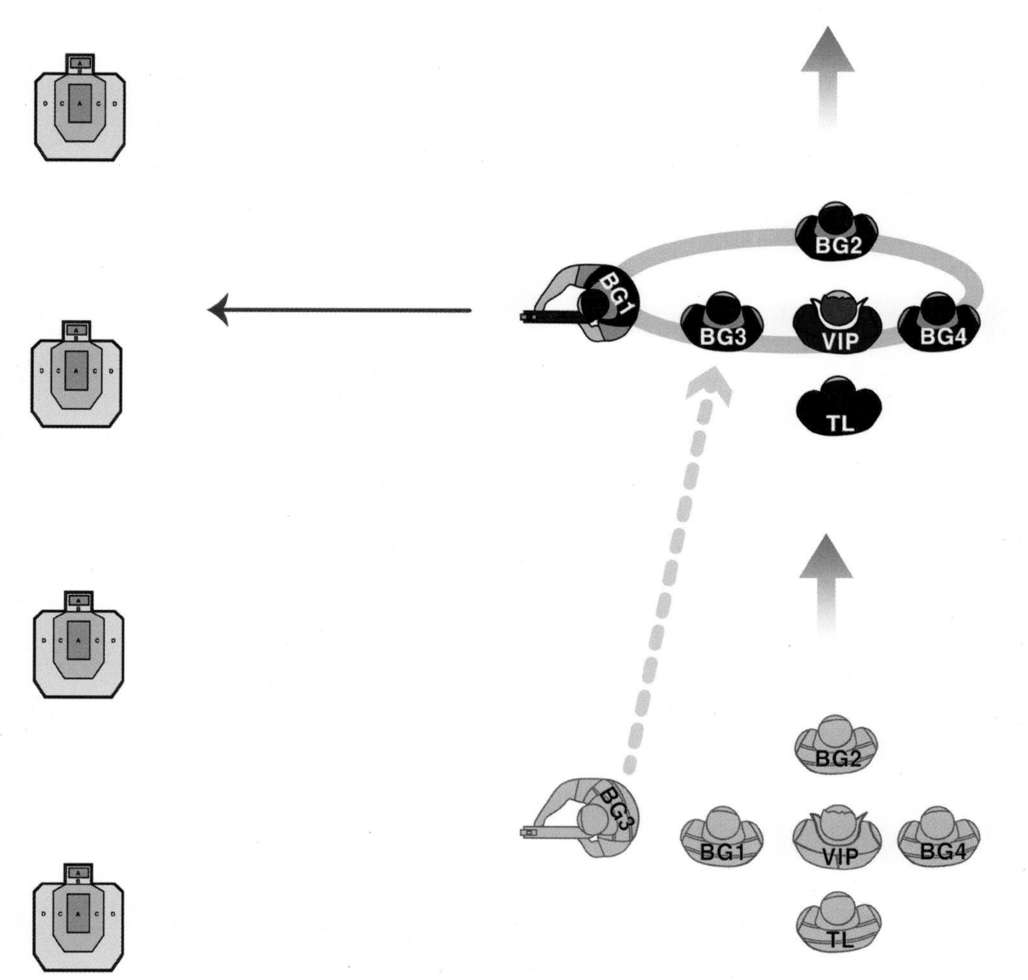

▶ [그림 4] 경호원(BG1) 좌측사격 ◀

대형 및 대응사격 (Formations and Attack)

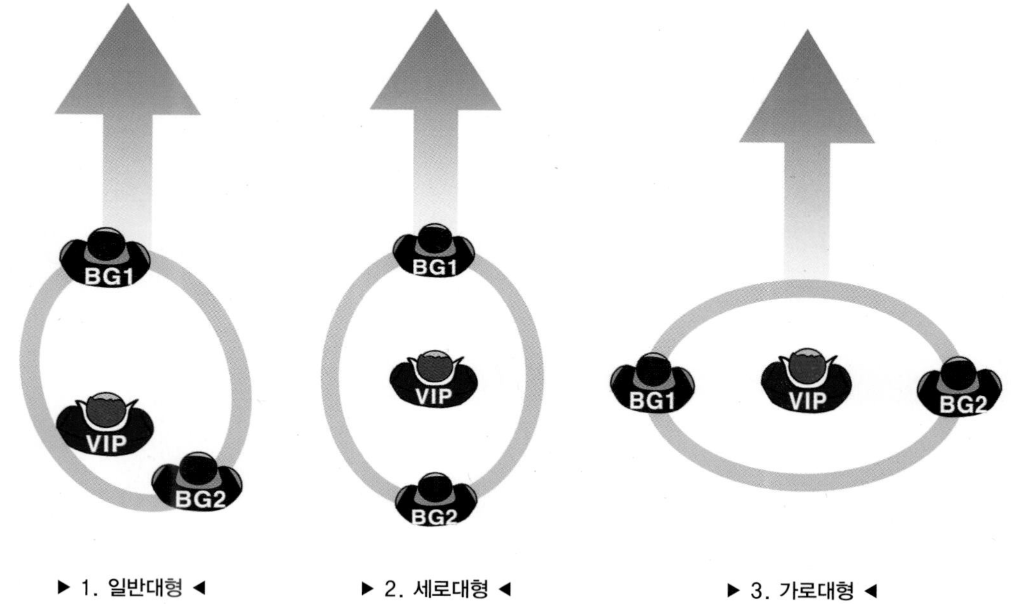

▶ 1. 일반대형 ◀ ▶ 2. 세로대형 ◀ ▶ 3. 가로대형 ◀

2인 대형 및 대응사격(Two-Man Formations and Attack)

1. 일반대형

• 경호원(BG1)은 경호대상자의 '직선' 방향으로 전방에 평형하게 위치하여 도보 중 사주 경계를 실시한다.

• 경호원(BG2)는 경호대상자의 '대각선' 방향으로 우측 또는 후방에 위치하여 사주 경계를 실시한다.

• 우발상황 발생 시 경호원(BG1)은 상황의 신속한 전파와 동시에 위해기도자를 제압하며, 경호원(BG2)는 경호대상자를 신속하게 대피시킨다.

2. 세로대형

• 경호원(BG1)은 경호대상자의 '직선' 방향으로 전방에 평형하게 위치하여 도보 중 사주 경계를 실시한다.

• 경호원(BG2)는 경호대상자의 '대각선' 방향 우측 혹은 후방에 위치하여 사주 경계를

실시하며, 세로대형의 특성상 경호원(BG2)의 후방 등 사각지역이 많으므로 사주경계의 주의를 요한다.

- 세로대형의 특성상 우측과 좌측이 노출되어 있으므로 총기를 이용한 위해 가능성을 주의하며 사주경계를 실시한다.
- 세로대형은 전방과 후방에 대한 경계 및 위해기도자에 대한 대응을 빠르게 할 수 있는 대형이다.

3. 가로대형

- 경호원(BG1)은 경호대상자의 우측에 위치하며, 경호원(BG2)는 경호대상자의 좌측에 평형하게 위치하여 도보 중 사주경계를 실시한다.
- 도보 이동 간 상황에 따라 의전의 역할을 수행 시 경호원(BG1)은 경호대상자의 '대각' 방향으로 이동이 가능하며, 상황에 따른 유기적인 대형 유지가 필요하다.
- 가로대형의 특성상 전면과 후방이 노출되어 있으므로 총기를 이용한 위해가능성을 주의하며 사주경계를 실시한다.

❶ 가로대형 시 좌 · 우측 위해기도자 대응사격

• 좌측대응사격

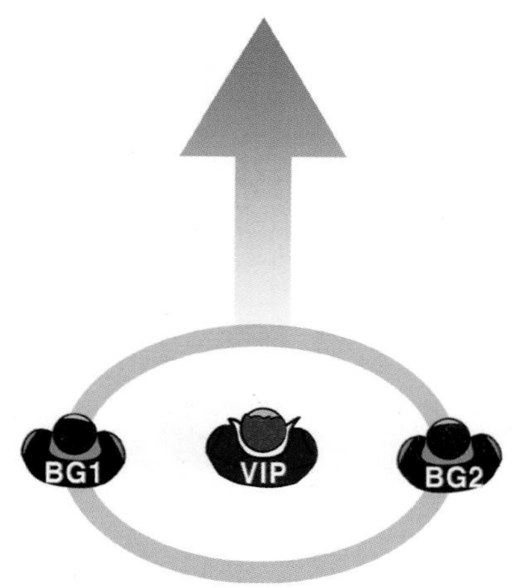

경호대형으로 이동 중 좌측에서 위해기도자 발견 시 경호원(BG1)은 즉시 위해기도자를 향해 대응 사격을 하여야 하며, 경호원(BG2)는 경호대상자를 대리고 공격발생지역으로부터 신속하게 대피하여야 한다. 이때 항상 위해기도 지역으로부터 신속히 이격시키거나 혹은 주위에 경호대상자를 안전하게 보호할 수 있는 엄폐물이 있을 경우에는 엄폐물을 이용하여 경호대상자의 안전을 확보한 후 대응사격을 하여야 한다.

경호원(BG2)는 경호대상자와 대피 시에도 권총을 홀스터에서 뽑아 언제든 사격을 할 수 있도록 준비하여야 하며, 이동 시에는 총구를 지면을 향하게 하여야 한다. 경호원(BG1)은 대응사격 시 왼발을 회전축으로 사용하여 돌며, 이때 발납은 이미 진행하여 위해기도자를 향해 조준이 준비되어야 한다. 또한 위해기도자를 향해 대응사격 및 이동간 사격으로 완벽하게 제압하여야 하며, 경호원(BG2)은 발생 즉시 대상자의 안전을 확보하여 대피시키야 하는데, 2차적인 공격에 대비하여야 한다.

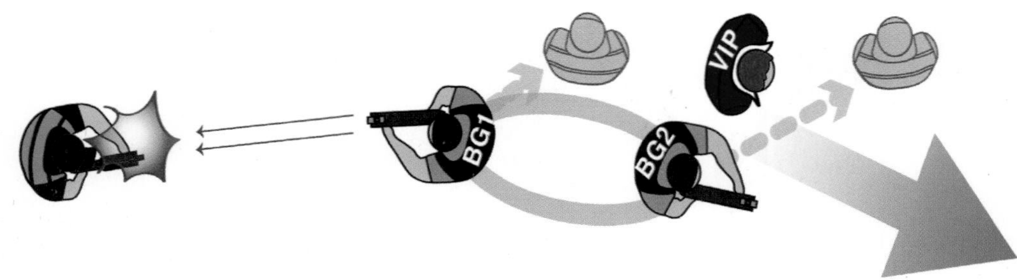

• 우측대응사격

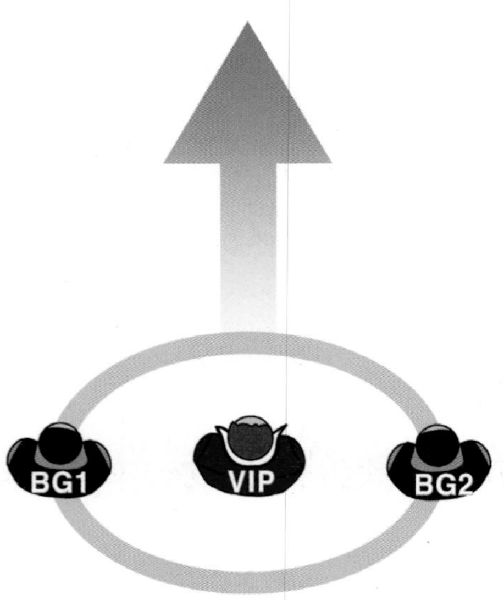

우측 대응사격의 기본 원리는 좌측 대응사격시와 동일하며, 경호원(BG1)이 발생 즉시 경호대상자를 대피시켜야 한다. 이때 경호대상자를 좌측에 두고 위해기도자와 경호원(BG2) 과의 일직선상의 반대방향으로 대피시켜야 하며, 언제든 대응사격이나 2차적인 공격에 대비하여야 한다. 경호원(BG2)은 오른쪽 다리를 회전축으로 사용하여 돌며, 마찬가지로 이미 발납은 진행하여 표적을 향해 조준이 준비되어야 한다. 위해기도자를 향해 대응사격 및 이동간 사격을 하면서도 재장전이 필요할 때에는 위해기도자에게 이동하면서 신속재장전을 하여야 한다. 경호원(BG1)은 경호대상자를 대피시키다가 2차적인 위해기도자를 발견했을 경우에는 한손사격으로 대응사격을 하면서 이동하여야 하며, 주위에 엄폐물을 발견 시에는 엄폐물을 이용하여 경호대상자의 안전을 확보한 후에 대응사격을 실시하여야 한다.

❷ 일반대형 및 세로대형 시 전 · 후방 위해기도자 대응사격

• 전방대응사격

전방에서 위해기도자를 발견할 경우, 즉시 경호원(BG1)은 경호대상자의 정면을 커버(보호)하면서 위해기도자에게 대응사격을 실시하며, 구두로 팀원들에게 전방의 상황을 전달한다. 또한 좌우측 대응보다는 넓은 시야를 확보하고 정확한 판단을 내릴 수 있으므로 경호대상자를 안전하게 보호하면서 대응사격을 할 수있다. 경호원(BG2) 역시 경호대상자를 위해기도자와 경호원(BG1)과 일진선상의 반대방향, 즉 역방향으로 대피시킨다. 경호원(BG1)은 발납과 동시에 전방에 위해기도자 방향으로 이동사격을 실시하여야 하며, 경호원(BG2)은 경호대상자의 앞으로 이동하여 대상자 우측에 위치하면서 오른손으로는 권총을 지면으로 향하게 하면서 경호대상자를 대피시킨다.

• **후방대응사격**

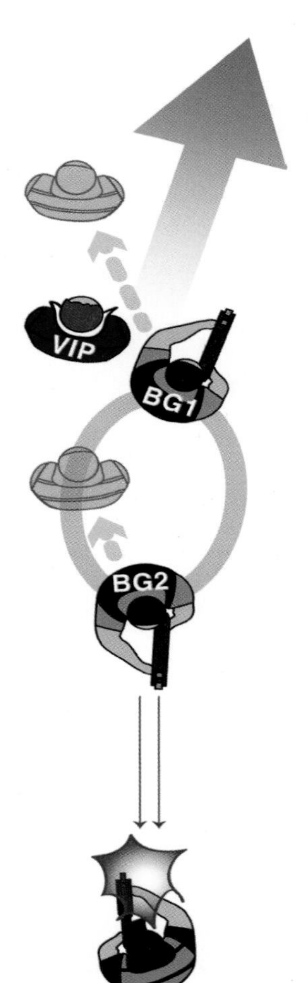

후방에서 위해기도자를 발견했을 경우, 경호원(BG2)은 즉시 후방으로 방향전환으로 하여 대응사격을 하여야 한다. 이때 중요한 것은 후방으로 방향전환 시 우측 및 좌측으로 돌아도 되나, 가급적 고개가 돌아가는 방향으로 회전을 해야 한다는 점이다.

고개를 회전하여 위해기도자를 발견 시 이미 오른손은 발납을 진행하고 있어야 하며, 언제라도 격발을 할 수 있게 준비되어야 한다. 경호원(BG1) 역시 후방으로 회전하여 경호대상자를 커버(보호)하여야 하며, 경호원(BG2)과 같이 대응사격을 실시하면서 경호대상자를 대피시킨다.

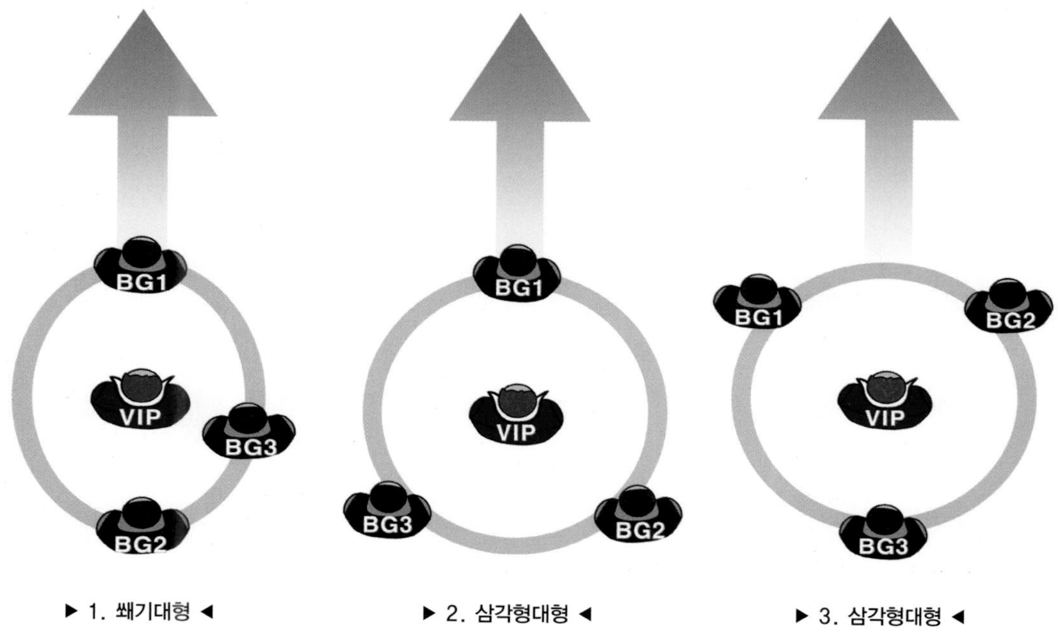

▶ 1. 쐐기대형 ◀ ▶ 2. 삼각형대형 ◀ ▶ 3. 삼각형대형 ◀

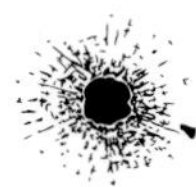

3인 대형 및 대응사격(Three – Man Formations and Attack)

1. 쐐기 대형

- 3명으로 구성되어 경호원(BG1)은 경호대상자의 '직선' 방향으로 전방에 평형하게 위치하며, 경호원(BG2)는 경호대상자의 직선방향 후방에 평형하게 위치한다. 경호원(BG3)은 경호대상자의 '대각선'상의 우측후방 또는 좌측후방에서 경호팀장의 역할을 수행한다.
- 경호원(BG3)의 위치는 자연적 · 인위적 방벽의 위치 혹은 예상되는 위험요소의 방향을 고려하여 신속한 판단을 통한 위치선정이 필요하다.
- 쐐기 대형의 특성상 이동 방향의 후방이 취약하므로 경호원(BG3)은 후방 사주경계에 주의를 요한다.

2. 삼각형 대형

- 3명으로 구성되어 경호원(BG1)(BG2)(BG3)의 위치가 삼각형 모양으로 유지하는 대형이다.
- 군중 밀집지역을 통과시 용이하면 경호원(BG1)이 의전 및 동선을 개척하며, 경호원(BG2)(BG3)가 경호대상자의 후방 우측과 좌측에 위치하여 도보 대형 시 취약지점인 후방경계에 대해 보완이 가능하다.
- 상황에 따라 우측 또는 좌측 후방의 경호원(BG2)(BG3)가 경호대상자 가까이 이동하여 신속히 쐐기대형으로 변환이 가능하며 유기적인 상황대처가 가능하다.

3. 역삼격형 대형

- 3명으로 구성되어 경호원(BG1)(BG2)(BG3)의 위치가 역삼각형 모양을 유지하는 대형이다.
- 군중 밀집지역을 통과중 삼각대형을 통한 동선개척에 어려움이 있을 시 변형대형을 통하여 2명의 경호원(BG)이 동선 개척 및 전방 사주경계를 실시한다.
- 전방의 위협요소가 줄어든 반면에 후방 경계가 취약해지므로 경호원(BG3)은 후방경계에 주의를 요한다.

❶ 삼각형 대형 시 좌 · 우측 위해기도자 대응사격

• **좌측대응사격**

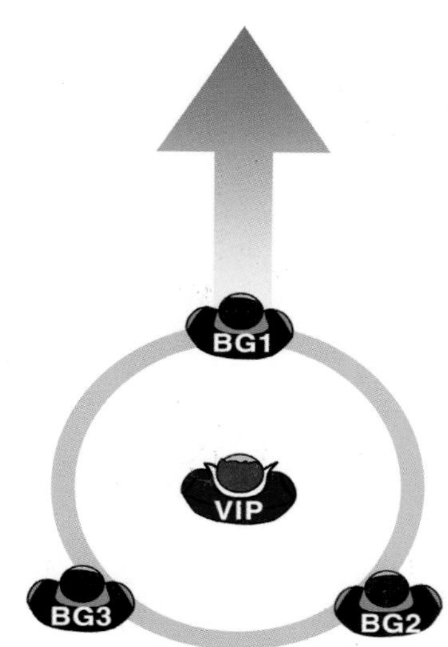

경호대형으로 이동하다가 좌측에 위해기도자가 발견되는 즉시, 경호원(BG1,3)은 경호대상자가 안전하게 대피할 수 있도록 경호대상자를 보호하여야 하는데. 이때 명심해야 할 점은 좌측공격 즉시 상황을 판단 인식하고 대응하여야 하며 대응사격을 하면서 경호대상자쪽으로 체위확장을 하면서 좌측쪽으로 위협적 대응사격을 하여야 한다. 이는 경호대상자가 안전하게 이동할 수 있을 때까지의 시간적 여유를 벌어 주는 것이며, 위해기도자가 경호대상자보다 경호원(BG1,3)에게 시선을 돌릴 수 있도록 하는 데 그 목적이 있다. 경호원(BG2)은 경호대상자를 데리고 즉시 이동하여야 하며, 2차적인 공격에 대비하여 언제든 대응사격을 할 수 있게 준비하여야 한다.

• 우측대응사격

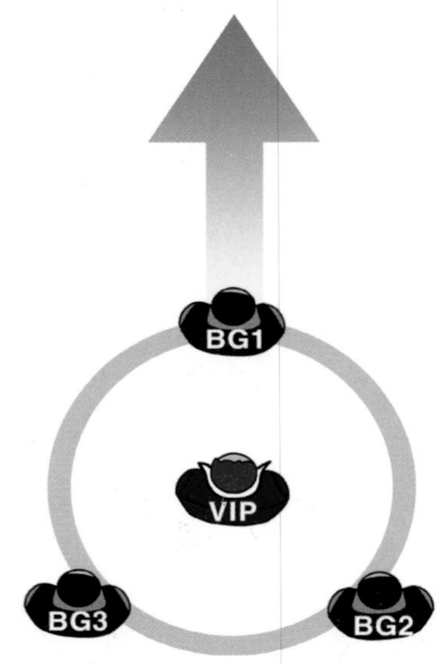

우측 대응사격의 기본 원리는 좌측 대응사격시와 동일하며, 경호원(BG1,2)은 우측에서 위해기도자를 발견할 경우, 즉시 경호대상자 쪽으로 체위확장을 하면서 대응사격을 하며 보호한다. 그리고 경호대상자가 안전하게 이동할 수 있을 때까지의 시간을 벌어 준다. 마찬가지로 경호원(BG3)은 경호대상자를 데리고 즉시 대피하되 경호대상자를 안전하게 리드하는 것이 중요하며, 퇴로의 2차적인 위협요소를 확인하여 공격에 대비하며, 우측에 지원사격을 하면서 경호대상자의 후미를 경계한다.

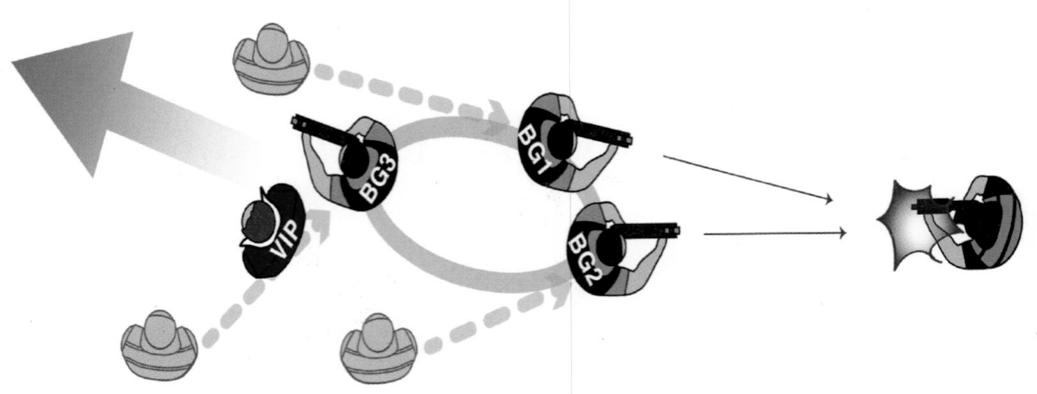

❷ 역삼각형 및 세로 대형 시 전 · 후방 위해기도자 대응사격

• 전방대응사격

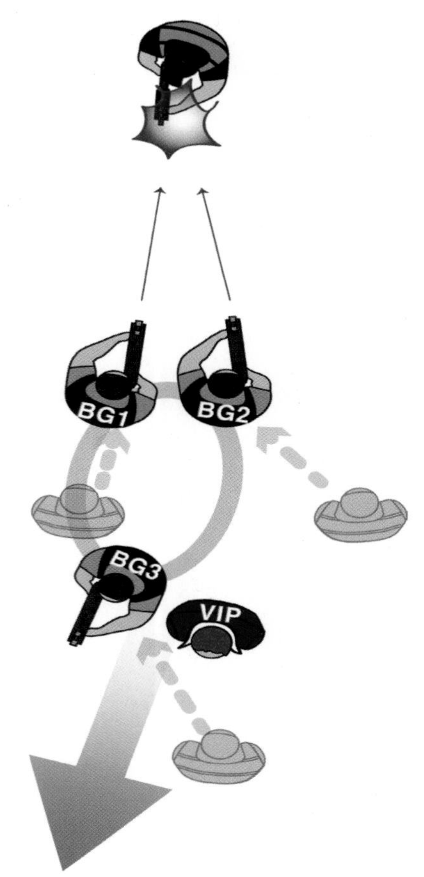

전방에 위해기도자 발견 시 즉시 경호원(BG1, 2)는 경호대상자의 정면을 커버(보호)하며서 대응사격을 실시하며, 팀원들에게는 이러한 전방의 상황을 구두로 전달한다. 또한 좌우측 대응보다는 시야가 넓어 판단을 정확하게 내릴 수 있으므로 경호대상자를 안전하게 보호하면서 대응사격을 할 수 있다.

경호원(BG3) 역시 경호대상자를 역방향으로 대피시키는데, 이때 경호대상자가 넘어지거나 다치지 않게 두손으로 허리 및 바클을 잡아 이동시키기도 한다. 또한 경호대상자를 대피시키면서 2차적인 위협요소를 확인 및 공격에 대비하여 언제든지 대응사격을 할 수 있도록 준비한다.

• 후방대응사격

후방에 위해기도자 발견 시 경호원(BG3)은 경호대상자의 후방을 커버(보호)하면서, 마찬가지로 대응사격을 실시하며 구두로 팀원들에게 후방의 상황을 전달한다. 또한 후방의 공격은 미리 예측하기 힘들기 때문에 위해기도자의 제압보다는 경호대상자의 안전에 중심을 두는 경호원들의 역할이 중요하다. 대부분 후방의 공격은 팀대형 이동 후 공격하므로, 후미의 경호원은 수시로 주위 사주경계를 강화할 필요가 있다. 경호원(BG1, 2)은 선두와 후미로 경호대상자의 퇴로 및 후미를 경계하면서, 2차적인 공격에 대한 대응사격을 준비하여야 한다.

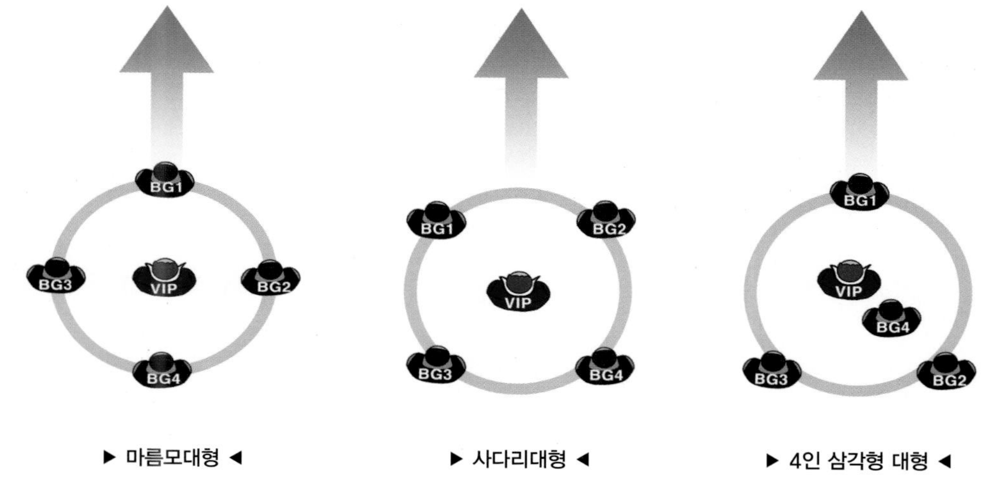

▶ 마름모대형 ◀ ▶ 사다리대형 ◀ ▶ 4인 삼각형 대형 ◀

4인 대형 및 대응사격(Four – Man Formations and Attack)

1. 마름모 대형

- 마름모대형은 4인으로 구성되어 경호대상자의 진행방향과 평형하게 전방과 후방에 위치하며, 경호대상자의 좌측과 우측 또한 평형하게 위치하여 전방과 후방 및 좌우측의 사주 경계가 용이하다.
- 사주 경계 시 위치에 따른 주요 사주경계구역을 설정하며, 사주경계구역 설정 시 경호원 간 중첩된 사주경계가 필요하다.
- 우발상황 발생 시 위해기도자 출연 지역과 가장 가까이 위치한 경호원(BG)이 경고 및 체위 확장을 실시하며 위해 기도자 제압을 하며 경호대상자와 가장 가까운 경호원(BG)이 신속히 경호대상자를 대피 시킨다.

2. 사다리형 대형

- 사다리대형은 4인으로 구성되어 경호대상자를 중심으로 전면 '대각선'상의 좌측과 우측 후면 '대각선상'의 좌측과 우측에 위치하는 사다리꼴 모양의 대형이다.
- 군중 밀집지역 통과시 자연방벽이 없을 경우에 효과적인 대형으로, 경호대상자를 중심으로 4명의 경호원이 사다리 형태를 유지하여 이동하는 대형이다.

• 사다리대형 운영 시 후방의 경호원(BG3)(BG4)의 폭보다 전방경호원(BG1)(BG2)의 폭을 넓게 운영하여 후방의 경호원(BG3)(BG4)의 시야 확보와 동시에 전방 경호원(BG1)(BG2)의 폭을 개방적으로 운영하므로 사주경계의 범위가 넓어지는 효과를 볼 수 있다.

3. 4인 삼각형 대형

• 4인 삼각대형은 경호대상자를 중심으로 전방에 평형하게 위치하며 후방 '대각선'상 좌우측에 위치하는 3인 삼각대형과 동일한 형태를 취하며 경호대상자의 근접한 '대각선'상에 추가로 위하여 경호대상자와 가장 근접한 경호원(BG)가 경호팀장 역할을 수행한다.

• 4인 삼각 대형에서의 경호팀장 역할은 경호대상자의 의전 및 안내와 우발상황 발생시 경호대상자를 신속히 대피시키며 상황유지 등의 역할을 수행한다.

❶ 사다리 대형 시 좌 · 우측 위해기도자 대응사격

• 좌측대응사격

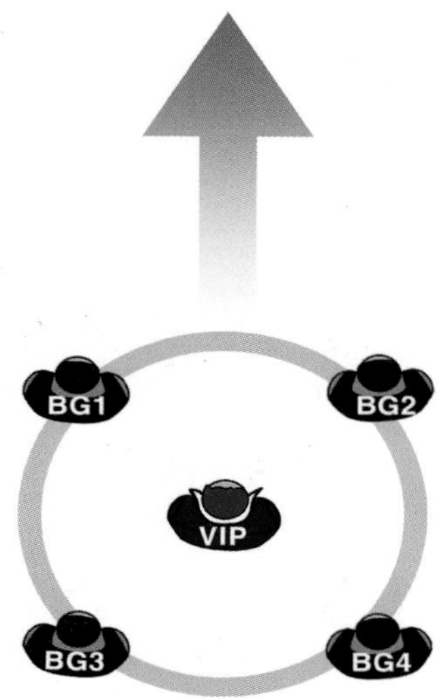

경호대형으로 이동하다가 좌측에서 위해기도자를 발견한 즉시, 경호원(BG1,3)은 경호대상자가 안전하게 대피할수 있도록 보호하면서 대응 사격을 한다. 3인 대형보다는 더욱 안정적이고 빠른 대응이 가능하며, 사주경계의 강화가 가능하여 신속하게 위해기도자 공격예측 및 우발상황에 대한 신속한 대응이 가능하다. 마찬가지로 경호원(BG1,3)은 경호대상자 쪽으로 체위확장을 하면서 좌측쪽으로 위협적 대응사격을 하여야 한다. 이는 경호대상자가 안전하게 이동할 수 있을 때까지의 시간적인 여유를 확보하며 위해기도자가 경호대상자보다 공격조에 시선을 돌릴 수 있도록 하는 데 그 목적이 있다. 경호원(BG2,4)은 경호대상자를 즉시 대피시켜야 한다.

• 우측대응사격

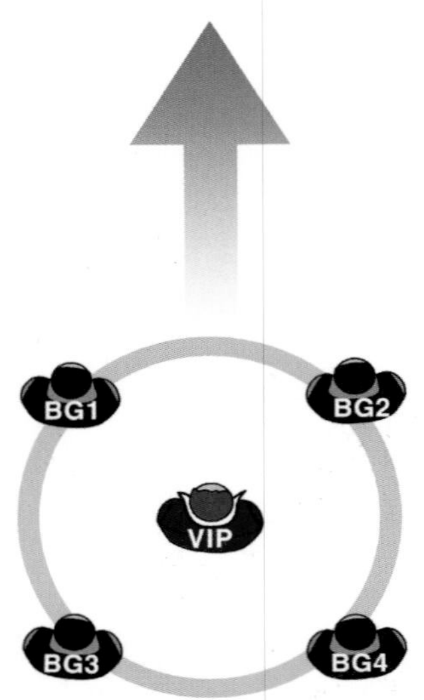

우측 대응사격의 기본 원리는 좌측 대응사격시와 동일하며, 경호원(BG2,4)은 우측에서 위해기도자를 발견한 즉시 경호대상자를 커버(보호)하면서 우측 위해기도자에게 대응사격을 하면서 경호대상자가 안전하게 대피할 시간과 공간을 벌어 준다. 마찬가지로 경호원(BG1,3)은 경호대상자를 대리고 대피하되, 2차적인 공격에 대비하여야 한다. 또한 주변의 엄폐물을 이용하여 경호대상자의 안전을 확보할 수도 있지만, 4인 대형에서는 엄폐보다는 빠른 대피가 효율적이라고 할 수 있겠다.

❷ 마름모대형 및 4인삼각형 대형 시 전 · 후방 위해기도자 대응사격

• 전방대응사격

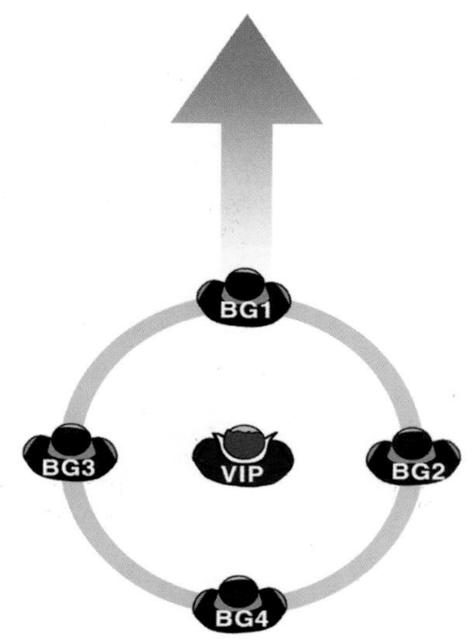

전방에서 위해기도자를 발견한 즉시 경호원(BG1,3)은 경호대상자의 정면을 커버(보호)하며서 대응사격을 실시하며, 구두로 팀원들에게 전방의 상황을 전달한다. 위해기도자의 시야를 가릴 수 있게 일직선상으로 대응사격을 하며 경호원(BG2,4)은 경호대상자를 안전하게 보호하면서 위해기도자 역방향으로 대피시킨다.

경호원(BG2)은 경호대상자의 오른쪽에 위치하여 오른손에 권총을 잡으며, 총구의 방향은 지면을 향하게 한다. 경호원(BG4)은 이동사격자세를 취하면서 이동한다. 또한 경호대상자의 2차적인 공격을 대비하여 사격준비를 한다.

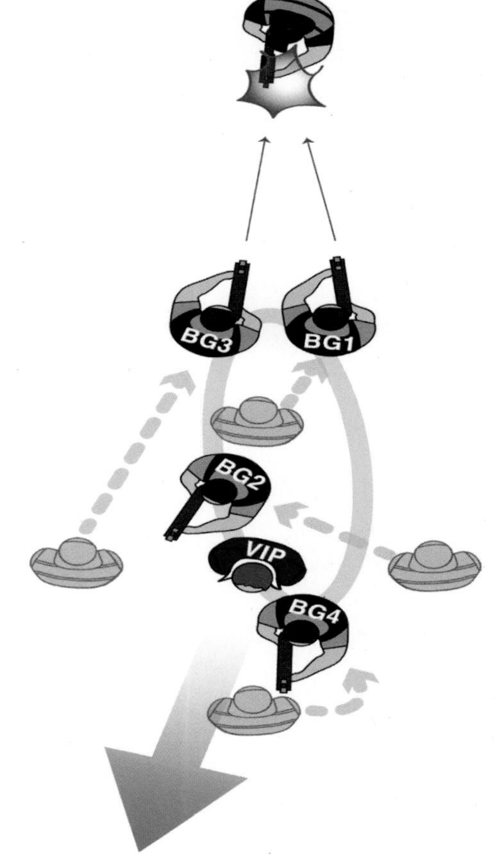

• **후방대응사격**

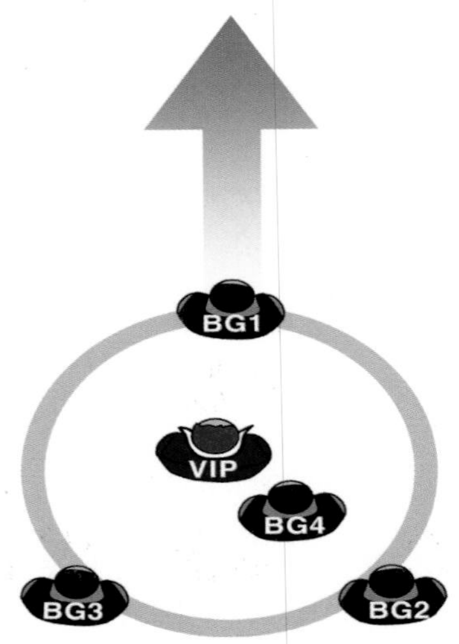

후방에서 위해기도자 발견 시 경호원(BG2,3)은 경호대상자의 후방을 커버(보호)하면서 대응사격을 실시하며, 구두로 팀원들에게 후방의 상황을 전달한다. 경호원(BG1)은 경호대상자를 신속하게 전방으로 이동시키며, 경호원(BG4)은 후방에 2차적인 위협에 대비한다. 이때 경호원(BG4)은 이동사격 시의 자세를 취하면서 이동하며, 경호원(BG1)은 총구의 방향을 지면으로 향하게 하여 경호대상자를 안전하게 이동시킨다.

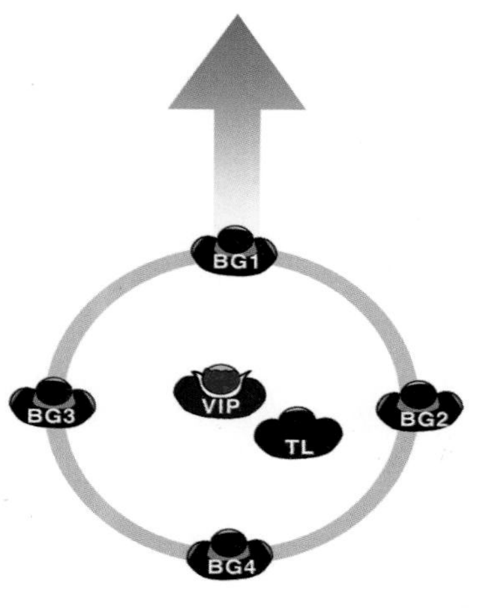

▶ 5인 마름모 대형 ◀

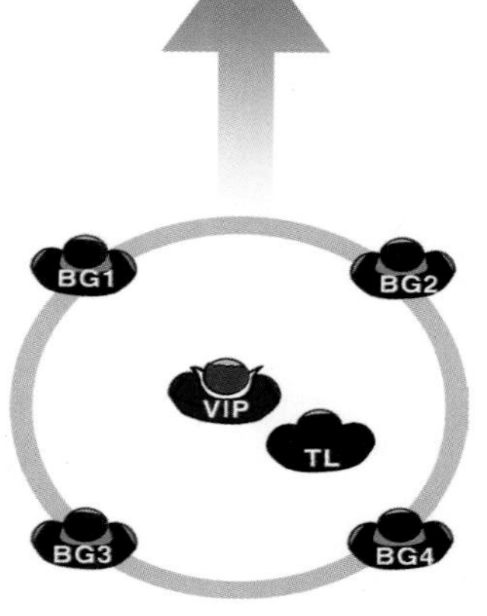

▶ 5인 사다리 대형 ◀

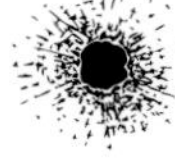

5인 대형 및 대응사격(Five- Man Formations and Attack)

1. 5인 마름모 대형

- 경호대상자를 중심으로 평형하게 전방과 후방, 좌우측에 위치하는 4인 마름모 대형에서 경호대상자의우측 혹은 좌측의 '대각선'상 후방에 근접하게 위치하여 경호팀장 역할을 수행하기 때문에 4인 마름모 대형보다 우발 상황 시 체위확장을 통한 경계와 경호대상자의 대피유도에 용이하다.
- 5인 마름모 대형은 경호대상자를 중심으로 사방이 경계가 가능하며, 이동 시 유기적인 변형대형을 통한 운영이 가능하다.

2. 5인 사다리 대형

- 5인 사다리 대형은 경호대상자를 중심으로 전방 '대각선'상 좌우측과 후방 '대각선'상의 좌우측으로 구성된 4인 사다리 대형의 경호팀장이 경호대상자의 좌측 혹은 우측에 위치하는 대형으로, 경호대상자의 의전과 우발 상황 시 대처에 용이한 대형이다.
- 5인 사다리 대형은 전방의 경호원(BG1)(BG2)의 폭이 후방의 경호원(BG3)(BG4)보다 넓으므로 후방의 경호원(BG3)(BG4)가 사주경계 시 전방에 대한 시야확보가 용이하다. 또한 경호대상자와 가장 근접한 경호팀장의 역할의 대처가 가능한 효율적인 대형이다.

❶ 5인 사다리대형 시 좌 · 우측 위해기도자 대응사격

• **좌측대응사격**

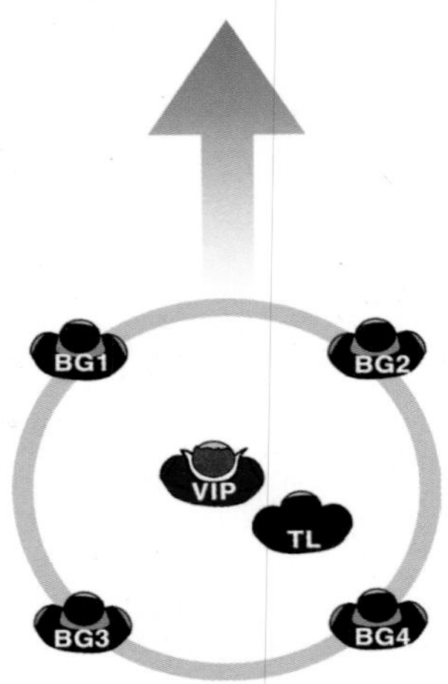

경호대형으로 이동하다가 좌측에서 위해기도자를 발견한 즉시, 경호원(BG1,3)은 경호대상자가 안전하게 대피할 수 있도록 보호하면서 대응 사격을 한다. 이때 명심해야 할 점은 좌측공격 즉시 상황을 판단 인식하고 대응하여야 하며, 대응사격을 하면서 경호대상자 쪽으로 체위확장과 동시에 좌측을 향해 지속적인 대응사격을 하여야 한다. 이는 경호대상자가 안전하게 이동할 수 있을 때까지의 시간적인 여유를 확보하며, 위해기도자가 경호대상자보다 공격조에 시선을 돌릴 수 있도록 하는 데 그 목적이 있다. 경호원(BG2,4)은 즉시 경호대상자를 대리고 대피하여야 하며, 왼손은 경호대상자의 뒷부분의 바클이나 몸을 감싸면서 이동한다. 경호원(BG2)은 경호대상자의 후면을 경계하며, 2차적인 공격에 대비하며 대응사격을 할 수 있도록 준비하여야 한다. 경호원(BG4)은 선두의 위협요소를 확인하면서 경호대상자를 대피시킨다.

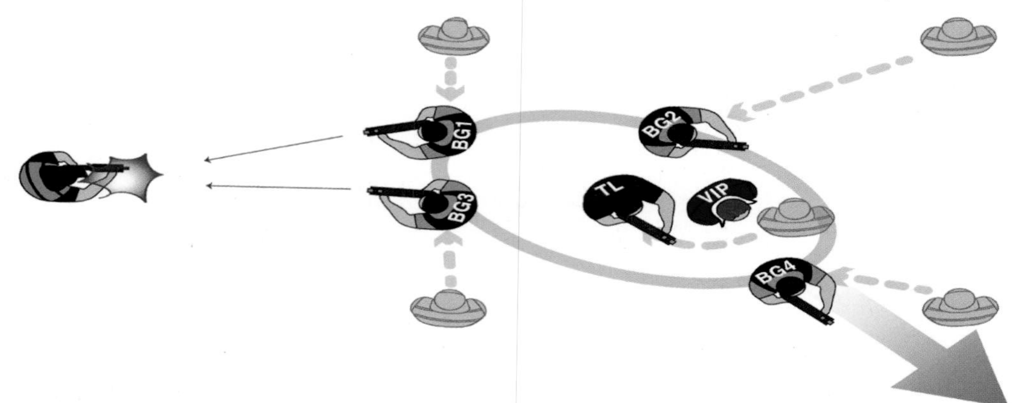

• 우측대응사격

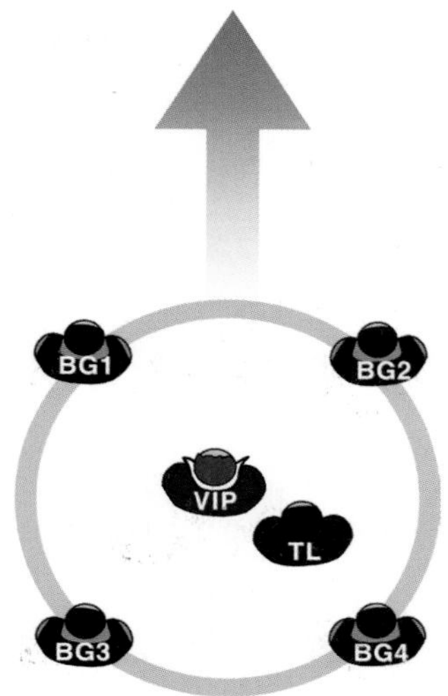

우측 대응사격의 기본 원리는 좌측 대응사격시와 동일하며, 경호원(BG2,4)는 우측에서 위해기도자를 발견한 즉시, 경호대상자를 커버(보호)하며 대응사격을하면서 경호대상자가 안전하게 대피할 수 있도록 시간을 벌어 준다. 마찬가지로 경호원(BG1,3)은 경호대상자를 데리고 이동하되 안전하게 리드하는 것이 중요하며, 경호원(BG3)은 후미의 경계 및 2차적인 공격에 대비하며 우측에 지원사격을 하면서 경호대상자의 후미를 경계한다.

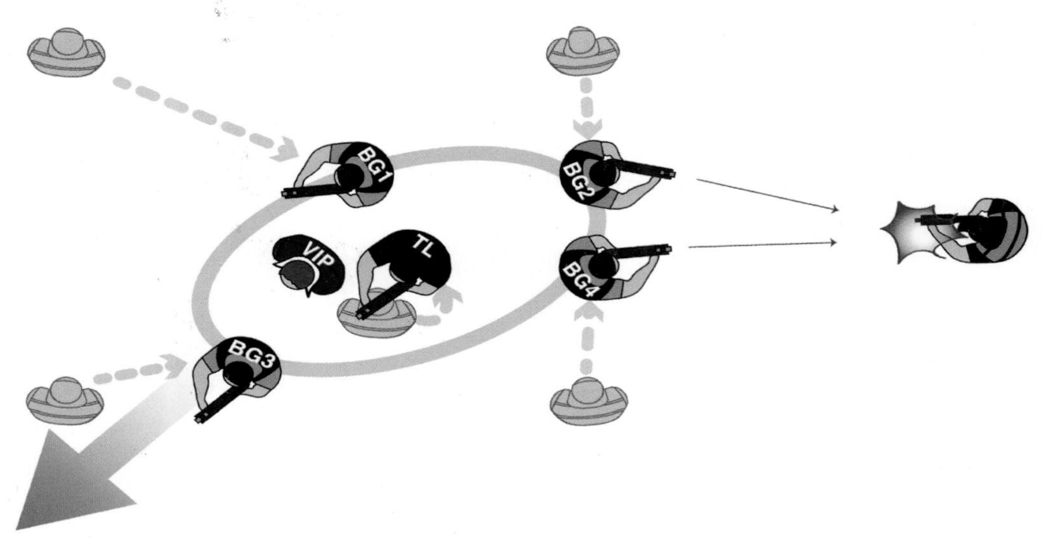

❷ 5인 사다리대형 시 전 · 후방 위해기도자 대응사격

• 전방대응사격

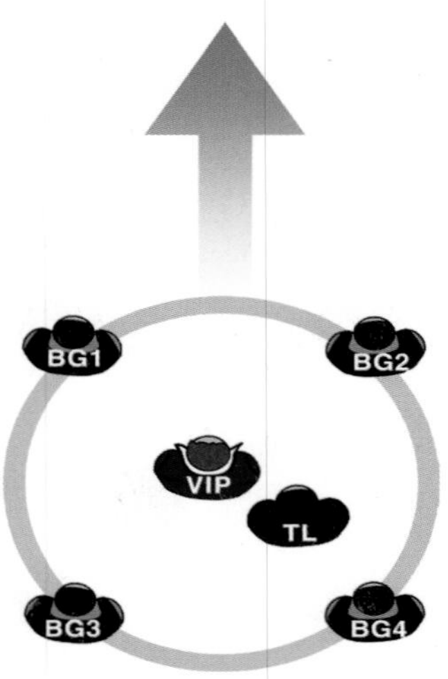

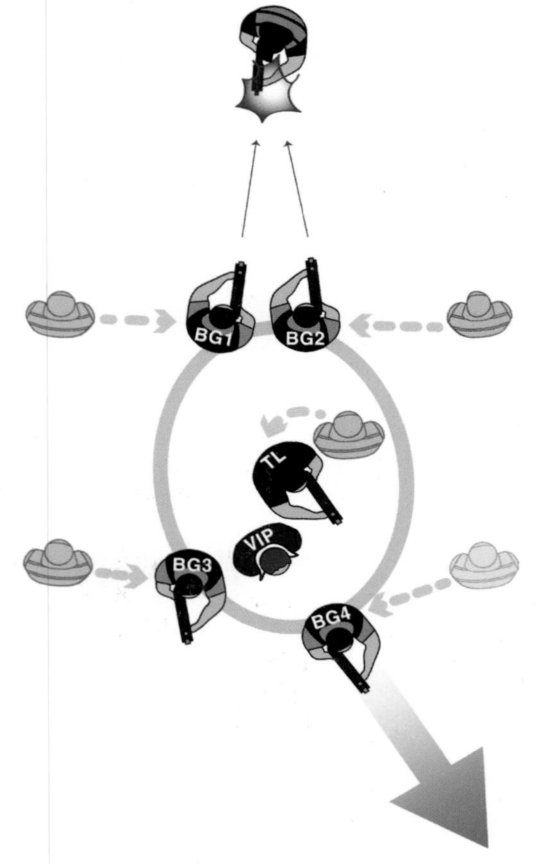

전방에 위해기도자 발견 즉시, 경호원(BG1,2)은 경호대상자의 정면을 커버(보호)하며서 대응사격을 실시하며, 구두로 팀원들에게 전방의 상황을 전달한다. 또한 좌우측 대응보다는 넓은 시야를 확보하고 정확한 판단을 내릴 수 있으므로 경호대상자를 안전하게 보호하면서 대응사격을 할 수 있다.

경호원(BG3,4) 역시 경호대상자를 역방향으로 대피시키는데, 이때 경호대상자가 넘어지거나 다치지 않게 두손으로 허리 및 바클을 잡아 이동시키기도 한다. 이것은 앞서 말한 내용과 동일하나 경호책임자(TL)와 경호원 3,4는 경호대상자의 후방 및 대피로의 위협요소를 확인하며 언제든지 대응사격할 수 있는 사격자세를 갖춘다.

• **후방대응사격**

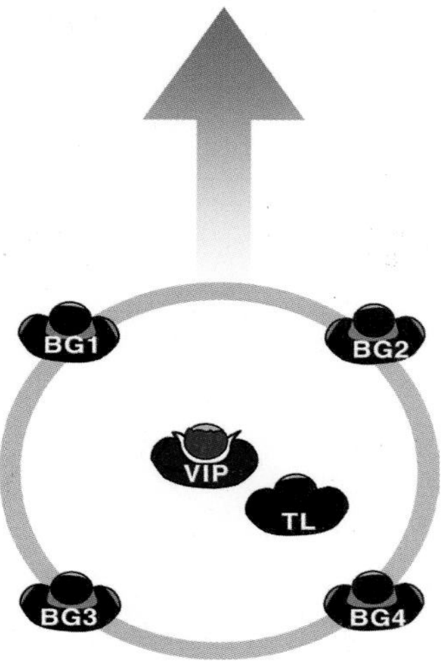

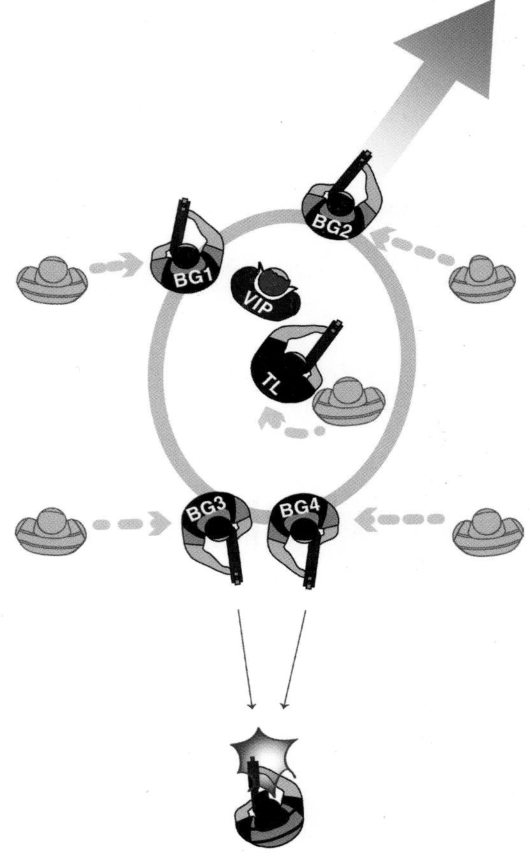

후방에서 위해기도자를 발견한 즉시, 경호원(BG3,4)는 경호대상자의 후방을 커버(보호)하면서 대응사격을 실시하며, 구두로 팀원들에게 후방의 상황을 전달한다. 또한 후방의 공격은 미리 예측하기 힘드므로 위해기도자의 제압보다는 경호대상자의 안전에 중점을 두어야 하므로 경호책임자(TL)의 역할이 중요하다. 대부분 후방의 공격은 팀대형 이동 후 공격하므로 후미의 경호원은 수시로 주위와 사주경계의 역할을 강화할 필요가있다. 이는 앞서 말한 내용과 동일하며, 마찬가지로 경호책임자(TL)와 경호원(BG1,2)은 경호대상자의 대피로 및 후미를 확인하며 2차적인 공격에 대비하면서 대응사격의 준비를 한다.

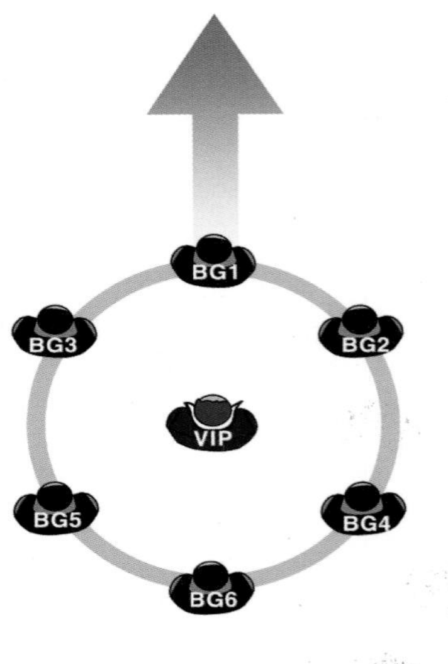

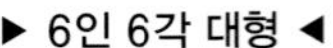

▶ 6인 6각 대형 ◀

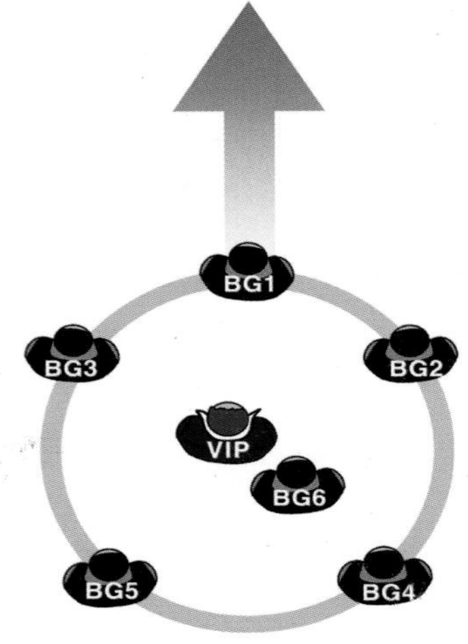

▶ 6인 5각 대형 ◀

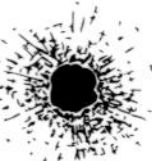 6인~7인 대형 및 대응사격(Six-Seven Man Formations and Attack)

❶ 6인 6각 대형

- 경호 대상자를 중심으로 전방 '대각선'상의 좌우측과 후방 '대각선'상의 좌우측에 위치함으로 경호대상자와 평형하게 전방과 후방에 위치하여 사주경계를 실시한다.
- 군중 밀집지역을 통과할 때 효율적인 대형으로, 후방의 경호원이 경호대상자의 후방 '대각선'상으로 근접하게 위치하며, 6인 5각 대형으로 변형하여 운영할 수 있다.
- 상대적으로 다수의 인원이 투입된 대형으로 사주경계 및 우발상황 대처에 효과적으로 대처가 가능하나 충분한 훈련과 원만한 의사소통이 수반되어야만 효과적인 운영이 가능하다.

❷ 6인 5각 대형

- 앞에서 언급한 6인 6각 대형은 경호책임자가 붙는 대형이며, 6인 5각 대형은 후방에 경호원이 붙는 대형으로 변형된 것으로 효율적인 운영이 가능하다.
- 다른 대형과 비교하여 상대적으로 많은 인원이 투입되는 대형이며, 군중이 밀집 지역

을 통과할 때 유용하다. 또한 각 위치별 경호원들은 중첩된 사주경계를 통하여 효율적인 사주경계가 가능하다.

- 우발 상황 발생 시 체위확장을 통하여 방호벽의 형성이 용이하며, 대피로의 진로개척 및 2차적인 위해기도에 대한 대비를 효과적으로 할 수 있다.

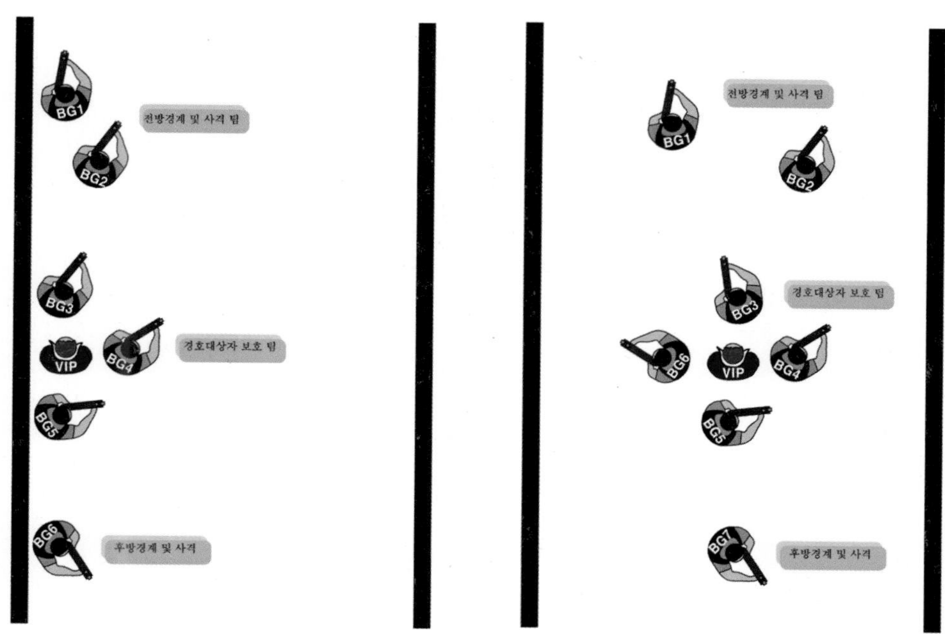

▶ 6인 상황발생후 벽을이용한 이동시 대응사격대형 ◀ ▶ 7인 상황발생후 이동시 대응사격 대형 ◀

❸ 6인 사격대응 포지션

기본대형은 6각대형과 5각대형으로 위해기도자 발생시 기본대응사격은 5인의 기본원리와 같기 때문에 이번에는 위에 그림에서 보는 것과 같이 상황이 발생 후 경호대상자와 이동시에 사격대형을 보기로 하겠다. 경호원(BG1,2)는 전방의 사주경계와 위해기도자 발견시 즉시 대응사격자세를 취하면서 이동하며 좌측과 우측또는 빈공간을 통과시 선발대의 역할을 하면서 안전상태를 확인하면서 이동한다. 경호원(BG3,4,5) 번중에는 항상 경호책임자가 경호대상자를 보호하고 있어야하며 나머지 경호원들은 전방, 후방및 우측의 대응사격의 준비를 하면서 경호대상자와 함께 이동한다. 경호원(BG6)은 후방의 경계 및 2차적인 공격에 대비하며 넓은 시야를 가져야 한다. 보통 벽이나 나무 등 한쪽을 자연방호물을 지고 이동하는 사격대형이며 건물등이 많은 도심지역에서의 효율적인 대형이다.

❹ 7인사격대응 포지션

우측의 그림에서 보는거와 같이 상황발생후 7인사격대응 포지션은 많은 군중 속이나 혼잡지역을 통과할 때의 대응사격자세이며 6인 사격대응 포지션과의 마찬가지로 경호원(BG1,2)는 전방의 사주경계 및 최우선으로 이동동선의 안전을 확보하여야 하는 위치이며 6인의 전방 역할보다는 좀 더 넓은 좌측과 우측의 경계와 안전을 확보해야 한다는 점이다르며 경호대상자를 중심으로 마름모대형으로 밀착하여 위해기도자의 공격으로부터 안전하게 보호하면서 이동하는 대형이다. 경호원(BG6)은 마찬가지로 후방의 경계 및 2차적인 공격에 대비하여 넓은 시야를 가져야 한다. 주로 군작전이나 고 위험도의 지역에서 많이 쓰는 사격대형이기도 하다.

"고위험지역의 무장경호원"

네이비씰 출신 교관인 제이크 교관(가명)은 네이비씰 중에서도 6팀에 있었던 베테랑 대원 출신이다. 그는 경호일반대형부터 대응사격대형 및 차량대형 등 일반적으로 쓰는 경호사격대형에서부터 고위험도에서 쓰는 무장경호원 사격대형에 대해 이론 및 실습으로 이어지는 교육을 진행하였다.

그의 교육은 일반적인 교육이 아니라 실제 작전 시 브리핑에 가까울만큼 자세하면서도 세밀하게 설명해 주었고, 실습 시 주의사항 등에 대해서도 설명해 주었다.

교관은 먼저 경호대형으로 일반도보대형, 인원수에 따른 변형대형 등에 대해 설명하였고, 두 번째로 분야별 대형으로 차량이동대형 및 건물과 다중군중에서의 대형을 설명하였다. 그리고 세 번째로 분야별 무장착용과 무전기교신방법, 목적지까지의 이동동선에 체크할 모든 사항과, 마지막으로 앞서 말한 대형들의 특징들과 장 · 단점을 이야기해 주었으며, 각 상황별 교전 시 대응사격대형에 대해서 설명을 해 주었다. 이내 교관은 나에게 다가와 질문을 했다.

"한! 한국의 경호업무는 어떠한가?"

사실 국내에 있는 민간경호업무 종사자들이나 경호학을 전공하고 있는 학생들도 이미 경호대형은 알고 있을 것이다. 그러나 여기서 교관이 설명해 준 경호업무 시 내용들은 국내 민간경호원들의 총기 사용이 안 되는 한국과는 사뭇 달랐다.

총기를 사용하는 해외 여러 나라의 무장경호원의 대형은 대형 하나에도 수백 가지의 상황(총격전)을 생각하며 팀원들과 논의한다. 물론 한국의 경호원들도 사전에 모든 사항들을 체크하지만, 그 중점이 다르다. 예를 들어, 위험지역의 분류에 따른 즉 위험 분류의 상 · 중 · 하에 따르는 경호대형도 다르고, 그에 따르는 착용무장의 수위, 방탄차량 등을 이용할 것인가, 이동경로의 저격수 위치, 차량에서의 공격 등에 대해서 논의를 한다.

이날 교육에는 현직 사단장을 경호하는 미해병대 하사와 미국에서 경호원으로 활동 중인 러시아 출신인 교육생과 함께 교육을 받았는데, 그들은 제이크교관의 교육이 끝나기도 전에 질문을 했다. 사실 나도 궁금했던 점이 많았으나 나의 차례는 오지 않을 정도로 그들은 내내 질문과 자신들의 경험을 이야기하였고, 그들의 이야기는 교육이 끝난 이후에도 끊임없이 이어졌다.

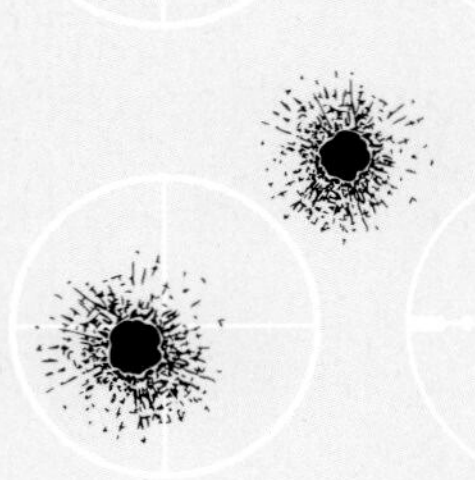

부록

[소형화기 용어 해설집]

(Firearms Lexicon)

A

Ability to recognize targets in low light and darkness
저광량 상황에서 표적 식별법

ACP
Automatic Colt Pistol의 약자로서, Colt 회사가 사용하는 소유권 표시약자 (예: .45 ACP)

Action
발사장치. 통상 리시버(Receiver) 안에 위치하며, 소형화기의 발사를 위한 장전(Loading), 잠금(Locking), 발사(Firing), 풀림(Unlocking) 추출(Extracting) 및 방출(Ejecting)등 탄환발사의 핵심 기계장치(Mechanism)를 말한다.

Accessories, Equipment & Gear Placement
총기 액세서리, 장비, 장착법

Action shooting
시나리오 대응 사격

Action open
약실이 비어 있는 상태를 말한다.

Action shooting
사격의 정확도와 걸린 시간을 근거로 점수를 매기는 표적사격을 말한다. 즉, 여러개의 표적을 일정한 순서로, 일정한 시간 내에 모두 사격하는 것으로, 명중하면 자동으로 떨어지는 Reactive targets를 사용한다. 최종 점수는 획득한 점수를 걸린 시간으로 나누어 계산한다.

Adverse angles
좌우수 변환사격

Advanced Application of Fundamentals

기초과정 심화

Advanced Weapons Manipulations
무기 작동법 심화과정

Advanced Shooting Standards
사격술 심화

Adversaries with NVG capabilities
야간투시경을 활용한 교전

Aim
조준. 가늠쇠를 통해 총과 목표물을 일직선상에 놓는 행동.

Aiming mark
조준점. 가늠쇠와 목표물을 일직선상에 놓기 위해 이용되는 목표물의 특정부분. 통상적으로 (항상 그렇지만은 않지만) 목표물의 맨 중앙의 까만 점이다.

Aiming picture
가늠쇠와 목표물이 정확하게 일직선상에 정렬되었을 때 가늠쇠와 목표물이 둘 다 보이는 상태를 말한다 (Sighting Picture 참조).

Aiming with front sight
가늠쇠로 조준

Aiming with open sight
개방식 가늠자로 조준

Air resistance
공기와의 마찰 때문에 생기는, 비행하는 발사체의 감속 효과.

Alternate Shooting Positions

다양한 사격자세

Ammunition
탄약 또는 병기에서 발사되는 발사물 및 그 추진용재료의 총칭. 즉, 화약, 총알, 뇌관 등등을 말한다. 넓은 의미로는 미사일, 폭탄, 화학물질, 로켓 등도 모두 포함된다.

Ammunition selection and management
적절한 탄환 종류 선택과 관리

AP
1. Armor Piercing(총탄이 방어물을 관통 하도록 만들어진)
2. Automatic Pistol(자동 권총)

Application of Combat Medicine
전투 응급처리 과정

Aperture sights
조준사격용 라이플에 사용되는 표준형 가늠쇠로 눈의 중심을 잡을 수 있도록 앞쪽, 뒤쪽 가늠쇠에는 각각 작은 구멍(Circular Opening)이 있다(Ghost ring 과 Peep sight 참조).

Applying Advanced Techniques to the Fundamentals
기초과정 심화

AR
1. Auto Rim
2. Automatic Rifle

AR-15
Commercial semi-automatic version of the selective fire Colt M-16 US service rifle.
Armory or Arsenal
소형화기를 저장하거나 제조하는 장소 또는 건물을 말한다.

Armourer
(사격장에서) 총기 담당자

ARMS
무기(Weapon)를 의미하는 일반용어

Assault rifle
'Assault'는 군사용어로 적이 장악하고 있는 목표물을 탈취하기 위하여 50~100meters 가까이까지 접근하는것을 의미한다. 'Assault rifle'은 이러한 목적으로 사용되는 소총으로, 자동 또는 반자동형이 있으며, 생산단가가 상대적으로 낮고, 무게가 가벼우며, 최소의 훈련으로 사용 가능하다.

Assault weapon
외견상으로는 Assault rifle과 비슷하게 보이는 반자동무기를 칭하지만, 종종 피스톨과 산탄총도 동일 범주에 포함시킨다.

Assessment
평가

Asymmetric Stance & Shooting
비대칭 사격자세

Auto loading
자동장전 총. 총의 각 발사 때마다 생기는 탄환의 폭발력을 이용해, 발사장치의 잠금풀림, 탄피의 추출 · 방출, 탄창에서 탄환을 빼서 약실로 옮기는 것으로, 방아쇠는 발사 때마다 매번 당겨야 한다(Semi-Automatic 참조).

Automatic
자동소총. 첫 번째 발사 때 생기는 폭발력을 이용해, 발사장치의 잠금풀림, 탄피의 추출 · 방출, 재장전, 잠금, 발사가 계속적으로 이루어지는 것으로, 방아쇠를 당기고 있는 한, 그리고 탄환이 있는 한, 계속적으로 발사되는(연사) 소형 화기이다. 장탄수가 20발 내외인 자동 소총을 말하며, M4, M14, M16, K2, AK46, L85A1 등이 포함된다.

Automatic pistol
오토매틱 피스톨. 폭발하는 화약 가스를 이용하여 방아쇠를 자동적으로 작동시키는 권총.

Automatic Revolver
자동권총. 자동 권총은 Double Action(DA)도 가능하지만. Single Action(SA)으로도 가능하다. Revolver는 싱글액션으로 쏘려면 공이치기를 엄지손가락으로 젖혀 주는 과정이 필요하지만, 자동권총에서는 슬라이드가 후진하면서 자동으로 공이치기를 젖혀서 콕킹시켜 주고 이 상태에서 방아쇠를 당기면 싱글액션으로 작동된다. 그래서 SA/DA 방식이라고도 한다.

Axis and mechanics of recoil
반동에 대한 이해와 사격 반동 컨트롤.

B

Backstop
탄환막이. 표적판 바로 뒤에 위치하며, 흙둔덕, 언덕, 방벽등의 형태로 되어 있으며, 표적을 뚫고 나간 총알이 튀어 나가지 않도록 총알을 받아 주는 역할을 하는 것.

Backstrap
권총을 손에 꽉 쥐었을 때, 손바닥의 아래쪽(손목에 가까운)이 닿는 권총의 손잡이 부분을 일컫는다.

Balance speed, efficiency, and accuracy
사격의 속도, 효율성, 정확성 균형

Basic fundamentals of shooting
사격에 대한 기초이해

Barrel
총열 · 총신. 총의 발사 시 총알이 지나가는 내강을 포함하고 있는 금속튜브.
총신 또는 포신. 총이 발사된 후 총 안에서 총알이 이동하는 부분.

Barrel assembly
총열뭉치

Barrel length
총구로부터 (약실 자체를 포함해서) 약실까지의 길이를 말한다.

Barricade shooting
엄폐물 사격

Barricade and obstacle shooting
장애물, 엄폐물 활용 사격

Basic Ballistics
기초 탄도학

Bench shooting
권총을 Bench나 Table 위에 올려놓았다가, 사격통제관의 감독하에 동일한 시간 동안에 고정표적에 대해 사격하는 것을 말한다.

Bill drill
Bill Willson이 개발한 표준사격훈련방식으로, 2초 동안에 6발을 쏴야 한다.

Binocular vision
두 눈을 뜨고 가늠자 조절을 하는 것.

Blank ammunition
공포탄

Blowback
총 발사 시 생기는 가스의 팽창하는 힘이 후방으로 작용하여 노리쇠(Face of the bolt)를 밀어내고, 여기에서 생기는 에너지로 화기의 기능순환이 다시 시작되는 무기작동 형식을 말한다.

Bolt
볼트. 후장식 소총의 경우 노리쇠뭉치와 기계적으로 연결되어 움직이는 노리쇠를 볼트라고 하며, 개머리를 닫을 때 약실에 탄약포를 밀어 넣는 기능을 가지고 있는 활주막대. 일반적으로 볼트는 탄피 추출기와 공이를 포함하고 있으며, 탄약포 케이스의 기저를 지지해 준다. 문의 빗장과 같은 기능과 모양새를 가지고 있어서 붙인 이름이며, 사수가 손으로 작동시킬 때 앞뒤로 움직인다. 또한 자동, 반자동, 연발총의 경우에는, 탄창으로부터 탄약포를 끌어내어 장전시키고, 발사 후 탄피를 방출시키는 역할도 한다.

Bolt Action
주로 라이플과 산탄총에서와 같이, 수동으로 작동하는 Bolt에 의해 개머리가 개폐되는 기계장치.

Bolt carrier
노리쇠 뭉치. 보통 가스 작동식 라이플총에서 노리쇠와 기계적으로 연결되어 움직이는 부품을 말한다.

Bore
1. 총포의 내강. 소형화기의 경우 탄두가 지나가는 총구와 약실 사이의 총신 내부.
2. Land to Land를 기준으로 한 총신내강의 지름.

Bore sighting
보어 사이팅. 총신내의 총강을 보고서 행하는 조준기의 초기 조정. 총을 모래주머니 등에 놓고 안정시켜, 총강을 들여다보면서 표적을 중심에 맞춘다. 다음에 총을 움직이지 않도록 하여 조준기를 정확히 조준위치에 맞춘다. 이 다음 실탄으로 시사를 해서 제로 인을 하면 초기 조정으로 탄착 불명으로 인한 낭비를 제거할 수 있다.

Bottle Necked
총알의 직경이 탄피 케이스의 직경보다 적은 탄약포.

Bottleneck case
탄약포 몸체의 직경보다 작은 직경의 목을 가지고 있는 탄피를 밀하며, 외형상 포도주병과 비슷해서 붙인 이름이다.

Brass

1. 황동(아연 30%+구리 70%의 합금).

2. 탄피. 총알이 발사된 후 방출되는 탄약포의 빈 케이스. 과거에는 다른 재료를 사용하기도 했지만, 현재는 Cartridge Case를 Brass 재료로만 만드는데, 이는 Brass가 가지고 있는 유연성과 탄력성 때문에 고압 탄약의 재충전에 용이하기 때문이다. 그러한 이유 때문에 탄피를 'Brass'라고 부르기도 한다.

Breath control

총의 발사과정에서 조준상태가 흔들리는 것을 최소화하도록 호흡을 조절하는것.

Breech

약실을 포함하고 있는 (사수쪽에 가징 가까운) 총신의 후미부분.

Breech block

노리쇠. 총의 격발 시 약실의 뒷부분을 폐쇄하는 부품으로, 라이플의 경우는 놀이쇠 뭉치(Bolt carrier)와 기계적으로 연결되어 동작하는 Bolt를 말한다. 권총의 경우에는 Slide에 노리쇠(Breech block)가 완전히 고정되어 같이 움직이지만, 예외적으로 Slide와 기계적으로 연결되어 움직이는 노리쇠를 가지고 있는 경우도 있다.

Buffer

총 발사 시 생기는 충격이나 반동을 흡수하는 부분

Bullet

총알 · 탄환. 일반적으로 선조총신(Rifled barrel)으로부터 발사된 소형화기의 발사체를 말하며, 속은 납으로 되어 있고 겉은 황동으로 둘러싸여 있다. 총이 발사된 후, 탄약포 내에서 폭발한 가스압력으로 탄약포에서 분리되어 총신의 내강을 따라 총구 밖으로 나간다.

Bullet base

탄두의 맨 뒷부분

Bull's eye

과녁의 중심 흑점

Bullet-mark
탄흔

Bullet wound
총상

Butt Plate
개머리판. 총을 발사할 때 후진반동으로부터 사수의 어깨에 가해지는 압력을 완화시켜 주기 위한 판으로, 주로 고무나 플라스틱 합성물로 만들며, 총개머리 끝에 붙인다.

Butt
1. (총의) 개머리
2. (권총의) 손잡이

C

Calibre
구경. 라이플, 피스톨의 총신의 내경의 표시이지만, 이로 인해서 탄약의 종류까지 표시되는 경우가 많다. 총신의 내강의 직경으로, 인치 또는 밀리미터로 표시되며 Land to Land, 또는 Groove to Groove의 길이로 나타낸다. 예를 들면, 대부분의 .30-Caliber 라이플의 경우, Land to Land로 잰 총신내강의 직경은 .300인치이나, Groove to Groove로 잰 직경은 .308인치이다.

Cant
사수가 가늠쇠를 통해 표적을 조준할 때, 총신이 수직선에 대해서 좌측 또는 우측으로 기울어진 각도를 말한다. 즉, 총신이 왼쪽으로 기울면 탄두는 조준점의 오른쪽을 맞히게 되며, 반대로 총신이 오른쪽으로 기울면 조준점의 왼쪽을 맞히게 된다.

Cap
격발뇌관. 주 발사점화를 시작하기 위해 격발식 흙색화약총의 점화전 위에 고정시킨 폭발장치.

Care & Maintenance
정비 관리

Carbine Operator Assessment(COA)
전투요원(소총) 자격평가

Cartridge
탄약포. 현대적인 의미에서는, 탄약케이스(탄피), 뇌관, 화약 및 발사체(총알)로 구성되어 있는 탄약포 일체를 일컫는다.

Cartridge belt
탄띠

Cartridge Case
약협 통상 Brass로 만든 원통형 Case로, 뇌관, 화약 및 탄두로 구성되어 있다. 빈 약협(Spent cartridge case)을 '탄피'라고 한다.

Cease Fire/Cease firing
사격중지구령. 사격제한시간이 끝나면 모든 사수는 사격을 중지해야 한다. "Cease firing"이란 구령이 떨어진 즉시, Alibis(사격용어 참조) 대상 총들을 제외한 모든 총은 탄약포를 제거하고, 탄창을 빼고, Action을 열어 놓는 것을 의미한다. 그러나 Rapid Fire Alibis 대상 총들은 탄약포를 제거하지 않고, Action을 열어 놓고 사격통제관이 와서 Alibis 관련 문제를 해결할 때까지 기다린다.

Chamber
약실.
1. 탄약포를 붙잡고 있는 총신의 후미 격실. 2. Revolver의 경우, 실린다 안에 있는 격실(Compartments). 3. "약실안으로 탄환을 장전하다"의 동사.
원래 Chamber는 화약을 삽입시키는 총신의 일부였다. 그러나 현대에 와서는 발사전 탄약포(Cartridge)를 붙잡고 있는 대기공간이다.

Choosing the proper position for the task

다양한 상황에서의 적절한 사격자세 선택

Chief range officer
수석 통제관. 사장장. 경기가 실시되는 사격장의 통활자로서 사격의 개시, 중지 등 모두 사장장의 지휘에 따라 행하여진다.

Chronograph
총으로부터 발사된 발사물의 속도를 측정하는 장치로서, 사격장에서 반드시 필요한 기기이다. 대부분의 chronograph는 최고, 최저 및 평균속도를 측정하여 결과를 스크린에 나타낸다.

Clear(ing)
화기로부터 모든 탄환을 제거하는 행동

Cleaning and Maintenance
총기 청소와 유지 관리

Clearing Malfunction
작동불량 처리

Close chamber
노리쇠 전진(노리쇠를 앞으로 밀다)

Close Quarters Shooting Techniques
근접전투 기술

Cock & Lock
반자동 피스톨(자동 장전식 피스톨)의 경우, 탄환이 약실에 장전되어 있고, 공이치기가 콕킹되어 있고, 안전장치가 걸려 있는 상태로, 사격개시 직전의 준비상태를 말한다. 일명 "Condition One"이라고도 한다.

Cock(ing)
공이치기 잠김. 방아쇠에 압력을 가하거나 또는 손으로 공이치기(Hammer)를 뒤로 당겨 돌기축걸쇠(Sear)에 걸리게 하는 상태를 말하며, 이어서 사격준비자세(Ready position)로 들어가게 된다.

자동권총의 경우, 슬라이드를 뒤로 후진시키면 공이치기는 자연스럽게 젖혀저 고정되어 콕킹(Cocking)상태가 되고, 발사자세로 들어간다. 이 상태에서 방아쇠를 당기면 발사되고, 이어서 슬라이드가 다시 후진하면서 다시 콕킹(Cocking)되기를 반복하게된다. 소총의 기능순환 8단계(송탄, 장전, 잠김, 발사, 풀림, 추출, 방출, 공이치기 잠김작용) 중 8단계에 해당된다(Half Cock 과 Full Cock 참조).

Color Code

색을 사용하여 나타내는 시각 기호 체계. Jeff Cooper에 의해서 보급되었고, 전투에 대비하는 정신상태를 이해하는 데 중요한 Color Code는 치명적인 위협에 적절하게 대응하도록 해준다. Color Code 는 다음과 같이 4가지 색으로 구분한다;

1. White(백색): Relaxed, Unaware. 긴장도 풀고, 부주의하다.
2. Yellow(황색): Relaxed, Alert. 긴장은 풀지만, 경계를 게을리 하지 않는다.
3. Orange(오렌지): Specific Alert. 특별한 경계태세를 취한다.
4. Red(적색): Mental Trigger (사격용어참조)

Combat Sight Picture

전투적 조준선정렬

Combat and Tactical Reloads

전투, 전술 재장전

Combat marksmanship

전투 사격술 과정

Combat Triad

총격전의 성패를 결정하는 3대요소로, 정신자세(Mental Conditioning), 사격술(Marksmanship), 총기조작(Weapon Manipulation)을 말한다. 이 3대요소는 하나하나가 똑같은 중요성을 가진다.

Compensator

발사 시 총의 반동과 총구가 위쪽으로 튀는 것을 줄이기 위해, 총신 위에 설치해 사용하는 장치.

Commence Fire
사격개시(구령)

Control Tower
사격통제탑

Concealed Draw Techniques
은닉된 권총 드로우 기술

Cook off
총신이 과도하게 뜨거워서, 예기치 않게 탄약포가 발사되는 것을 의미한다.

Core Skills Assessment Ready Positions
능력평가, 사격 준비자세

Covering fire
엄호사격

Creep
방아쇠가 공이치기를 작동시킬 때(즉, 걸쇠가 풀리기 전)까지의 방아쇠의 운동범위

Cylinder
1. 실린더. 회전식 자동 권총에 장착된 회전식 탄환 홀더를 말한다. Cylinder축을 중심으로 주위에 똑같은 크기의 cartridge chamber가 5~6개(가) 있고, 이 Cylinder는 공이치기가 후진할 때마다 회전하면서 약실과 총신 및 격침이 일직선상에 정렬되어 탄환의 발사가 이루어진다.
2. 실린더. 소음기

D

De-cocking

디콕킹. 안정장치(Safety)를 채우고 콕킹되어져 있던 공이치기를 원상태로 돌리는 것.

Decocking Lever
더블액션 피스톨의 프레임 또는 슬라이드 위에 장착되어 있는 장치로 공이치기를 기계적으로 풀어 주기 위해 고안된 것이다. 일부 피스톨의 경우에서는 이 장치를 눌러야 공이치기가 풀리고, 그다음 다시 잡아 당겨야 발사준비 단계로 들어가기 때문에, 이 장치가 안전장치로도 사용된다.

Decreasing Split Times and Recoil Management
연사속도 향상, 반동 조절

Demi Presidente(Demi Pres)
El Presidente 사격훈련의 단축된 방식이다. 서로 1야드씩 떨어져 있는 3개의 표적을 10야드 떨어진 거리에서 사격을 하되, 사수는 양손을 양옆에 붙이고, 총은 케이스에 넣은 상태에서, 얼굴은 표적 반대방향으로 돌린 상태에서 사격을 시작한다. 구령과 동시에 사수는 얼굴을 돌리고 각 표적의 몸통을 향해서 2발씩 쏘고, 다시 탄환을 장전한 뒤, 각 표적의 머리를 향해 1발씩을 더 발사한다. 채점방식은 표준사격시간 10초에 45점이다.

Deploying your weapons from vehicles
차량 내에서 개인화기 배치

Different shooting positions
다양한 사격자세

Dioptre
디옵트리. 렌스의 굴절력을 나타내는 단위. 실제로는 렌스의 초점거리를 미터단위로 나타낸 수의 역수(약자: D)로 나타낸다. 예를 들어, 1미터의 초점거리를 가진 렌스의 경우. 1디옵트리의 굴절력을 가지고 있으며, 20cm 의 초점거리를 가진 렌스의 경우는 +5 디옵트리의 굴절력을 가지고 있다고 표시한다.

Disconnector
반자동 소총의 기계장치로서, 방아쇠를 한 번 당길 때 한 발 이상 발사되지 않도록 설계된 반자동 소총의 안전장치. 즉, Breech가 완전히 폐쇄될 때까지 발사되는 것을 예방하고 반자동총이 완전자동총과 같이 연속발사 되는 것을 예방하는 안전장치이다.

Diversionary devices
작전용 장비들

Double Action(DA)
복동식 · 더블액션. Revolver나 피스톨 의 방아쇠를 뒤로 당기면, Hammer가 후진되며, 이 후진과정에서 탄약 점화를 위한 충분한 에너지가 축적되며, 그 에너지로 Hammer가 자동으로 풀리게 된다. 즉, 방아쇠를 당기면 Hammer가 후진되고, (Revolver의 경우) 실린더가 회전하며 장전되며, 다시 Hammer가 풀리면서 탄환이 발사되는 구조다. 이와 같이, 방아쇠를 한 번 당기는것 만으로 두 개의 별도기능 (Cocking 과 Firing)이 연속적으로 일어나는 복동식 구조를 일컫는다.

Double Action Only (DAO)
더블액션과 싱글액션 둘 다 가능한 방식에서, 싱글액션기능 추가가 구조만 더 복잡하게 만든다고 해서, Single Action 기능을 제거하고 더블액션 기능만 가능하게 만든 Revolver 발사형식을 말한다.

Double feed
탄피가 약실에서 추출되지 못하고 그대로 있고, 탄창에서 올라온 탄환이 약실 속에 그대로 있는 탄피의 머리(Case Head)쪽에 박힘으로 인해 발사가 되지 않는(Stoppage) 상태를 말한다.

Double-stage trigger
2단 방아쇠

Dozier Drill
이태리에서 발생했던 테러리스트들의 미육군 Dozier 장군납치사건을 연상케 하는 훈련으로, 7야드 떨어져 있는 5개의 Pepper Popper(사격용어참조)를 사격하는 훈련이다. 두손을 양옆에 붙이고 시작하는데, 사수는 피스톨을 꺼내 Pepper Popper가 모두 맞을 때까지 사격한다. 특등사수의 경우 5발을 쏘는데 3초를 넘지 않는다. 이훈련은 돌아서면서 사격할 수도 있고, 착상 뒤에 앉은 자세로도 사격할 수 있다.

Drawing from the Holster
권총 뽑는 법

Drawing from a holster in a tactical and rapid manner
전술적이며 급박한 권총 드로우

Diagnostic Assessments
진단평가

Dry Firing
실탄을 사용하지 않는 연습사격. 사격기술을 연마하기 위해 탄환을 장전하지 않은 상태로 발사하는 것. 그러나 이러한 발사는 격침(firing pin)에 대한 충격을 흡수하기 위해 Dummy Cartridge 또는 Snap Cap을 장착하지 않으면 총의 기능에 나쁜 영향을 줄 수도 있다.

Dum-Dum
덤덤탄. 명중하면 몸속에서 터져 작은 납 알갱이가 퍼져 치명적인 상처를 주는 탄환으로, 인도의 소도시 dum-dum에서 처음 제조되어서 붙여진 속어 이름.

Dummy Cartridge
모의탄. 일명 '훈련탄(drill rounds)'이라고도 불리는 이 탄약포는 화약이나 뇌관이 없이 조립된 것으로 오발사고 없이 총과 탄창의 기능을 테스트 하기 위해 만들어졌다. 이러한 특수 탄환은 지워지지 않는 방식으로 확실한 표시를 해서 정상적인 탄약포와 혼동을 방지해야 한다.

E

Ear plug(Ear muffs)
사격장에서 착용하는 청각 보호장치. 귀마개, 귀 덮개.

Ears on
사격장에서 청각보호물을 착용하라는, 사격을 시작하기 전에, 교관이 내리는 구령 (명령).

Effective range
유효사거리. 발사체가 정확성을 가지고 비행할 수 있는 최대거리.

Effective shooting stance
효과적인 사격자세

El Presidente(El Pres)
과테말라 대통령경호팀 훈련을 위해 Jeff Cooper가 고안해 낸 표준사격훈련 방식. 이 방식은 사격능력 테스트 방법으로서는 유익하나, 전술적문제 해결에는 미흡하다.
서로 1야드씩 떨어져 있는 3개의 표적을 10야드 떨어진 거리에서 사격을 하되, 사수는 양손을 양옆에 붙이고, 총은 케이스에 넣은 상태에서, 얼굴은 표적 반대방향으로 돌린 상태에서 사격을 시작한다. 구령과 동시에 사수는 얼굴을 돌리고 각 표적에 대해서 2발씩 쏘고, 다시 탄환을 장전하고 각 표적에 대해 2발씩을 더 발사한다. 채점방식은 피스톨의 경우 채점기준은 표준시간이 10초이고 60점이며, Revolver의 경우 표준시간이 12초이다. 표준시간인 10초에서 1초가 넘든가 줄면, 5점씩 빼던가 추가된다(Tactical Presidente 참고).

Enhancing the Draw
권총 뽑는 법 심화과정

Enhancing the Reload
재장전 심화과정

Engaging Multiple Targets
다중표적 대응

Engaging targets at extended ranges
장거리 표적 사격

Engaging targets at conversational distances
다양한 거리의 표적에 대한 대응능력

Entry and simulations

건물 돌입 훈련

Engaging multiple targets at conversational distances and beyond
다양한 거리에서의 다중표적 대응사격

Estimate distance and the effects of windage
거리 추정과 측풍 효과

Extracting & Ejecting
추출 작용; 노리쇠에 부착되어 있는 추출기(Extractor)가, 탄두(총알)가 발사된 직후, 총신으로부터 분리되어 후진 하면서 약실에 남겨진 탄피를, 노리쇠뭉치 앞부분에 있는 갈퀴가 약실 내에서 끌어내는 기능을 말하며, 방출 작용(Ejecting)은 탄피를 총의 몸통 밖으로 밀어내는 기능을 말한다. 소총의 기능순환 8단계(송탄, 장전, 잠김, 발사, 풀림, 추출, 방출, 공이치기 잠김작용)중 6&7단계에 해당한다.

Extractor tension
탄피배출기 확인

Extended Range engagements
장거리 사격능력 배양

External Ballistics and PDA Ballistic Software Systems
탄도학과 PDA 프로그램을 사용한 탄도계산

F

Failure to feed
장전불능

Failure to Stop Drill
적이 내가 쏜 총에 맞았으나 아직 위협적인 자세를 취하고 있는 경우, 내가 즉각 취해야 할 행동에 대한 훈련을 말한다. 일반적으로 Hammer 사격과 같이 흉부를 향해 2발의 빠른 사격 직후 주저함 없이 머리를 향해 1발을 발사한다(Mozambique Drill 과 Hammer(2) 를 참조).

Feeding

송탄 · 급탄작용. 장전 손잡이를 이용하여 노리쇠 뭉치를 후진시켰을 때 탄창 스프링의 복원력에 의하여 탄약 1발이 Bolt나 Slide의 전진로 위로 보내지는 것. 소형화기의 기능순환 8단계(송탄, 장전, 잠김, 발사, 풀림, 추출, 방출, 공이치기 잠김작용)중 1단계에 해당한다.

Felt recoil

총을 발사했을 때, 사수가 실제로 느끼는 반동(또는 "Kick")

Fg, FFg, FFFg, FFFFg

흑색화약 입자의 굵기등급을 가장 굵은 입자에서부터 가장 가는 입자까지의 순으로 표시한 것으로, 여기에서 'F' 는 Fine 을 말하며, 'g'는 grain 을 말한다.

Field Range

야외 사격장

Firearm

1. 화약이나 추진제의 연소를 이용하여 발사물을 발사하는 총. 2. 소형화기(라이플, 권총 따위). 일반적으로 한사람이 가지고 다닐수 있으며, 사용할 수 있는 총. 3. 그러나 Firearm 의 정확한 정의는 여러 가지가 있으며 일관성이 없다.

A rifle, shotgun or handgun using gunpowder as a propellant.

Firearm control

총기관리

Fire Command

사격구령

Fire discipline

사격군기

Fire Direction Center(FDC)
사격 지휘소

Final Evaluation and Assessment
최종평가

Fire order
사격명령

Firers, assume the prone position!
사수 엎드려 쏴!

Firers, move down range
사수 표적 앞으로!

Firing
발사 작용. 방아쇠를 당겼을 때 공이치기(Hammer)에 의해 노리쇠 내부의 공이(Firing pin)가 탄약 후미의 뇌관(Primer)을 치면, 뇌관의 폭발로 탄피내부의 추진체(Propellant)를 연소시키게 되고, 이때 발생된 가스압력에 의해 총알(Bullet)이 분리되어 총열(Barrel)의 내강(Bore)을 따라 총구(Muzzle) 밖으로 나와 날라가는 것. 소총의 기능순환 8단계(송탄, 장전, 잠김, 발사, 풀림, 추출, 방출, 공이치기 잠김작용) 중 4단계에 해당.

Firing pin
공이 또는 격침. 총의 발사를 위해 뇌관을 가격하는 장치다. 즉, Hammer가 firing pin을 먼저 타격하면, firing pin이 뇌관(primer)을 차례로 타격하게 되며, 뇌관이 폭팔하면서 탄약포 속의 장약이 발화되며, 그때 생기는 가스의 압력이 탄두(총알)와 탄피를 분리시키며, 탄두는 총신의 내강을 따라 총구 밖으로 나오게 된다.

First pressure
방아쇠의 최초압력. taking up first pressure(방아쇠의 최초압력을 가함).

Flash sight picture

사격자세와 총이 잘 정렬되었는지 확인하기 위해, 표적물 중앙에 앞 가늠자를 잠시 동안 맞추어 보는 것.

Flashlight techniques for shooting
전술라이트 사용법과 사격술

Flinching
플린칭. 방아쇠를 당김으로 생기는 반동, 총성 등의 충격 때문에 몸이 긴장되어 총이 움직이는 현상. 결과적으로 탄착을 크게 빗나가게 하는 수가 많다. 이것은 총의 발사에 대한 사수의 무의식적인 신체적 반응으로서, 이러한 동작은 사격의 정확성을 떨어뜨릴 뿐만 아니라, 고치기 어려운 문제가 될 수 있다.

FMJ(Full Metal Jacketed)
구리나 Gilding metal로 만든 Hard metal jacket 속에 완전히 감싸여 있는(간혹 기저에는 예외도 있지만) 형태의 탄환.

Follow-through shoot
폴로우 드로우 슛.
1. 표적을 좇아, 앞질러 쏘는 사격법에서 명명되었다. 표적을 총구로 뒤쫓아 추월하자마자 방아쇠를 당기는 것이 실제의 사격법이며, 표적을 뒤쫓은 양이 겨눔량이 된다. 이 사격법은 표적의 비행 코스가 정해져 있지 않은 경우에 적합하므로, Trap shooting에 적합하다. 'Swing shoot'이라고도 한다.
2. 방아쇠를 당긴 후에도 같은 자세를 계속 유지하는 것.
3. 이동 표적에 대한 사격 시 계속 움직이는 것.

Fouling
총의 발사 후 총신 안에 남아 있는 퇴적물로서, 성분은 무해한 탄소 잔유물 또는 납이나 구리 잔유물로서, 사격의 정확도에 해로운 영향을 줄 수 있다.

Fouling Shot
정확한 사격을 시작하기 전에 한 발을 발사하는 것으로, 이는 총신 안에 있는 기름기를 제거하고, 총신 내강을 화약잔유물로 입히기 위한 것이다. 이러한 과정은 특히 총구장전식

총의 경우, 일관성 있는 정확도를 유지하기 위해 매우 중요하다.

Frame
Action을 포함하고있는 총기부분으로, 총신과 개머리를 연결해 주는 틀 · 뼈대 역할을 한다.

Front sight
프런트 사이트. 전부 조준기. 경기용 라이플의 그것은 외부 광선의 영향을 잘 받지 않도록 원통형 속에 넣은 덮개를 씌우게 되어 있는 것이 많다.

Front sight aperture
앞쪽 가늠쇠 구멍

Front strap
권총 손잡이의 앞쪽 부분(방아쇠 쪽)을 말한다.

Force on force
쌍방교전 훈련

Fundamentals Brief
기초내용 소개

Fundamentals using optics
광학장비 사용의 기초

Fundamentals of Precision Rifle Marksmanship
저격술 기초

Full-Cock
공이치기를 끝까지 당겨서, 사격 준비 태세로 들어가는 동작

G

Gas automatic

가스 오토매틱. 발사탄의 가스 압력을 이용해서 자동 연발의 기구를 작동시키는 시스템. 총신이 움직이지 않고 거침없는 연발이 된다

Gas cutting

고압력 탄약포를 사용하는 회전식 권총에서 나타나는 현상으로, 문자 그대로 Cylinder 앞쪽과 총신 뒤쪽 사이로 빠져 나오는 가스가 Frame의 윗판의 금속부분을 자르는 현상.

Gas Piston

총알이 발사된 후에는 가스통으로 유입된 추진가스의 일부가 가스 피스톤을 뒤로 밀게 되며, 이때 가스 피스톤은 노리쇠 뭉치를 후퇴시키게 된다.

Gas port

가스로 작동되는 무기의 경우, 자동 장전순환(Self loading cycle)을 위한 힘을 공급하기 위해 화약가스가 빠져나갈수 있도록 총신 안에 만든 소형구멍을 말한다.

Gauge

산탄총 총신의 구경을 나타내는 수치로, 이는 산탄총 내경과 같은 직경의 연구(Spherical lead projectile, 납으로 만든 공)의 중량으로 1파운드를 나눈 수와 같다.

일종의 중량 표시법으로 12gauge는 12분의1 파운드 무게의 연구(납으로 만든 공)가 들어갈 수 있는 내경을 가진 총신이라는것을 말한다. 따라서 Gauge에 붙는 숫자가 클수록 총신의 구경은 작아진다. 또한 Twelve gauge shotgun은 '12구경 산탄총'이라고 부른다.

Gear Placement

장비 착용법

Ghost ring

얇은 Ring 안에 큰 구멍이 있는 원형가늠자를 말하며, 가늠자 구멍을 통해서 앞쪽 가늠자를 보면 구멍이 사라지는 것 같이 보이기 때문에 붙여진 이름이다.

Gilding metal

소형화기 탄환을 피복하는 데 사용하는 Soft metal로서, 구리 95%와 아연 5%로 구성되어 있다.

Grain

폭약과 총알을 측정하는 데 사용하는 질량 단위. 1파운드가 7,000grain에 해당된다.

Grip

권총의 손잡이(Handle)를 말한다.

Gritty

일반적으로 "부드럽게" 느껴지는 방아쇠(Smooth trigger)와는 달리, 마치 금속 방아쇠가 거친 표면 위로 미끄러져 가는 것 같이 느껴지는 "껄끄러운" 방아쇠(Gritty trigger) 의 느낌을 표현하는 용어.

Groove

총신 내강의 나선형으로 파인 홈의 낮은 바닥 부분을 말하며, 이로 인해서 총알이 발사될 때 총알이 총신 안으로 들어가면서 스스로 회전한다.

Guard Position

모든 위협에 대응할 수 있도록 총구를 아래로 내린 피스톨 준비자세로서, 손가락은 방아쇠에서 떼고 똑바로 편다. 이 자세는 움직이며 수색하는 데 유익하며. 사람을 권총으로 위협하는 데 편리하다. 장총을 가지고 연습할 때는 "Low Ready"라고 부른다.

Gun

총. 기본적으로 총신, 리시버 및 노리쇠장치로 구성되어 있으며, 발사체를 발사하기 위해 통제된 폭약을 사용하는 기계장치로서, 압축된 공기 또는 탄산까스 에 의해서, 또는 화약의 연소에 의해서 생긴 가스의 팽창에 의해서, 총신이라는 튜브 속으로 발사물을 발사하는 무기를 말한다.

Gun Handling

총기 사용법

Gun fight simulation
총격전 모의상황설정 훈련

Gunpowder
탄환발사에 쓰이는 화약. 질산칼륨 75%, 유황 15% 및 숯 10%로 구성된 폭약. 폭파 및 광산용으로 사용될 뿐만 아니라, 총기의 발사체 발사에도 사용되며, 일명 '흑색화약(Black Powder)'이라고도 불린다.

H

Half-Cock
방아쇠를 당겨도 발사가 되지 않는 중간 위치까지 공이치기(Hammer)를 후진시키는 것을 말한다. 그 위치에서 안전하게 탄환을 장전할 수 있다.

Hammer
1. (총포의)격철 또는 공이치기. 총의 발사장 Action의 일부로서 후진했다가 다시 전진하면서 Firing pin(격침) 이나 Percussion cap(격발뇌관, Muzzle loader의 경우)을 타격하는 장치이다. 공이의 종류에는 노출된 공이치기(Exposed hammer)와 은폐된 공이치기(Concealed hammer)의 두 가지가 있다.
2. 한 번 조준하고 2발을 사격하는 것(사격훈련의 일종).

Hammer spur
공이치기의 뒤쪽 상부에 있는 경첩레버로서, 공이치기를 손으로 후진시키는 데 사용된다.

Hammerless
Revolver나 피스톨의 경우, 공이치기를 Frame 속에 넣어서 외관상 보이지 않게 한 디자인, 또는 공이치기의 경첩레버를 제거한 경우, 또는 사실상 Hammer가 없는 Striker-fired pistol를 말한다.

Handgun
한 손으로 쥐고 발사할 수 있는 총을 말한다. 피스톨과 동의어.

Handling of firearms
총기 취급. 총기 취급은 사수가 총을 발사하기 위해 준비하는 모든 행동을 말하며, 발사장치(Action), 어깨, 조준, 멜빵, 장전, 탄창 등을 정검하는 것이지만, 사격선 뒤쪽에서는 총기 취급이 금지되어 있다. 그러나 멜빵조정이나 가늠자조정 같이 조그마한 조정은 총기취급에 포함되지 않으며, ECI(Empty Chamber Indicator) 표시가 총에 꽂혀 있는 한, 허용된다.

Handgun Safety
권총사격 안전수칙

Hard ball
금속제 피갑탄환

Head
뇌관, Rim 및 Primer pocket이 위치하고 있는 탄약포케이스의 기저부분을 말한다.

Head stamp
금속 탄약포 케이스의 뇌관 끝에 새겨넣은 제조회사의 마크로서, 제조회사, 제조일자, 구경 등 제조에 관한 자세한 내용을 표시한다.

High and Low Percentage Targets
표적 판단과 조준법

Hit the bull's eye
과녁 한복판에 명중하다.

HMS
'Handgun Metallic Silhouette'의 약자. 권총 사격훈련을 위해서 만든 금속표적물로서, 철판을 닭, 돼지, 양 등 동물의 그림자 모양으로 잘라서 만든 표적물이다.

Hollow point bullet
총알이 목표물을 타격했을 때 넓게 퍼지도록 하기 위해, 총알의 앞부분이 움푹 들어가 공동형태를 한 총알(이러한 타입의 총알사용은 1899년 헤이그협약(Hague Convention)에 의해서 전쟁에서는 사용이 금지되어 있다).

Holster
1. (벨트, 어깨, 안장에 달아맨) 권총의 가죽 케이스.
2. 권총을 가죽케이스에 넣다.
(Unholster: 케이스에서 권총을 뽑다)

I

Immediate action
총(무기)이 갑자기 고장을 일으켰을 때, 총(무기)의 기능을 원상회복을 위해 사수가 수행해야 할 행동을 말한다.

Increase speed
사격 속도 향상

Increasing target distances
장거리 표적 대응

Individual Weapon Training Test(IWTT)
개인 사격술 측정 시험

Individual and team confidence enhancement shooting drills
개인과 팀 사격훈련

Individual + team shooting and cover techniques in active shooter situations
개인과 팀의 사격, 엄호 훈련과정

Initial Operator Qualification Test(IOQT)
전투요원 자격심사

Initial Marksmanship Training Standards(IMTS) – passing score
사격술 평가시험

Introduction to "Specialty Ammunition"
특수탄환 소개

Injury Drills both preferred and non-preferred hands
부상 시 전투속행 훈련(왼손 부상, 오른손 부상 가정)

IPSC
'International Practical Shooting Confederation'의 약자. 주로 'Handgun Sports Match'로 유명하다.

Isosceles stance
이등변삼각형 사격자세. 권총의 사격자세로서, 일반적으로 서서, 눈은 표적을 똑바로 바라보고, 두손은 권총을 꽉 쥐고 두팔은 쭉 펴고, 팔꿈치는 고정시킨다. 두팔과 가슴이 삼각형을 이루기 때문에 붙여진 이름이다.

ISSF
국제사격연맹(International Shooting Sport Federation)의 약자로, 국제적 사격경기를 총괄하며, IOC 회원으로서 국제식 사격경기에 관한 모든 법과 규칙을 정하고, 수시로 개정하여, 올림픽 전 1 월에 발표한다.

J

Jacket
탄두의 금속피복. 총알의 핵심(납)을 둘러싸고 있는 피복물로서, 주로 구리로 되어 있다.

Jam
잘못된 탄환장전 또는 탄피방출 등이 잘못되어 발사가 되지 않는 경우를 말한다. Malfunction은 사수가 진단을 내릴 수 있고 아주 짧은 시간 안에 수리가 가능하지만, Jam의 경우는 연장(Tools)이나 총의 분해(Disassembly)가 필요하고. 경우에 따라서는 총기 수리소에 가야 한다.

JHP
Jacketed Hollow Point의 약자. 부분적인 피복 탄두로 탄두 끝이 움푹 들어가고 납이 노출되어 있어, 탄착 시 탄두가 더 많이 팽창 확산되는 효과가 있다.

K

Kentucky Windage
총에 가늠자 조절장치가 없거나, 조절할 시간이 없는 경우에 사용하는 조준방법으로 앙각(Angle of Elevation, 관측기구와 대상물을 연결하는 선이 수평선과 이루는 각)이나, 바람의 영향으로 생기는 탄환의 편차도(Windage) 등을 추정하여 정하는 것을 말한다.

Keyhole hit
타원형 탄착. 총알의 비행 시 흔들림 때문에 과녁에 생긴 "열쇠구멍" 모양 같이 길게 늘어난 구멍을 말하며, 이것은 총신내강에 새겨진 홈이 불충분하게 파여 총알의 회전이 적절하게 이루어지지 않기 때문에, 또는 속도가 너무 느려서 생기는 현상이다.
연속적인 발사에 의해 생긴 과녁상의 구멍들이 서로 아주 가깝게 연결되어 "열쇠구멍" 같은 모양을 형성하는 것으로, 사격을 아주 잘한 경우에 생긴다.

Kick
소형화기의 발사시 생기는 반동을 묘사하는 말.

Kneeling position
슬사. 무릎쏴 자세. 한쪽 무릎을 땅에 대고, 다른쪽 발은 땅에 대고 사격하는 자세로서, 주로 라이플총 사격에 이용되는 자세이다. Prone shooting과 거의 비슷한 안정도를 보이지만, 좋은 결과를 얻기 위해서는 상당한 연습이 필요하다. 통상 무릎 밑에 무릎보호대를 사용하며, 라이플의 경우 멜빵(Sling)을 사용하기도 한다.

Kneeling roll

무릅쏴 할 때 사용하는 무릎 보호대

L

Lapping

총신 내강 속에 붙어 있는 얼룩점을 제거하기 위해 내강속을 청소 막대기로 반복해서 쑤시는 동작을 말한다.

Latch

안전장치, 걸쇠

Lead

리드. 1. 움직이는 표적의 앞쪽을 향해 조준하는 행동을 말한다. 표적이 이동하는 전방, 즉 표적의 미래의 위치를 사격하는 것이 클레이 사격의 원칙이며, 이러한 조준행위를 말한다. 표적의 속도, 사격 각도 등의 요소에 의해 리이드는 일정치 않고 또 개인차도 크다.
2. 이동하는 표적과, 총이 겨냥하는 조준점과의 사이의 거리를 말한다.

Leade

발음은 "리드". 약실 바로 앞에 위치하고 있으며, 총신내강 중 홈이 없는 짧은 부분으로, 총알이 내강 속으로 이동하는 첫 번째 통로로 이용된다.

Loaded firearm

장전된 총. 총의 약실이나 탄창 속에 탄약포가 장전되어 있는 총을 말하며, 장전된 총은 항상 안전한 방향으로 총구가 향하도록 해야 하며, 총구는 몸에서 가능한 한 멀리 떨어져 있어야 한다.

Loading

장전 작용. 압축되어 있던 복좌 스프링의 복원력으로 노리쇠뭉치가 전진하면서 노리쇠 전면에 올려진 탄약을 약실로 밀고 들어가는 기능을 말한다. 소총의 기능순환 8단계(송탄, 장전, 잠김, 발사, 풀림, 추출, 방출, 공이치기 잠김작용) 중 2단계에 해당한다.

Loading and unloading
장전과 장전해체

Locking
잠김 · 폐쇄 작용. 노리쇠가 탄약을 약실로 밀고 들어가 약실에 완전히 밀착시키는 기능이다. 노리쇠 선단의 톱니바퀴형 선단부분이 약간의 회전을 하며 약실의 톱니바퀴형 입구와 맞물리면서 탄약이 약실 안에 정확히 들어갈 수 있다는 것이다. 소총의 기능순환 8단계(송탄, 장전, 잠김, 발사, 풀림, 추출, 방출, 공이치기 잠김작용)중 3단계에 해당한다.

Lock and Load
발사를 시작하기 전에, 노리쇠를 잠그고 탄약포를 약실에 장전하라는, 사격장 구령

Long Range Marksmanship (to 500 Meters – Range Dependant)
500미터 장거리 사격

Low and high ready
낮은 또는 높은 사격준비 자세

Low light shooting
저광량 전술사격

Live fire entry and marking cartridge usage
실탄사격 건물 돌입, 훈련용 페인트 탄 사용

Live fire/flat range qualification courses
실사격, 실력심사 시험.

LR
Long Rifle의 약자.

M

Machine gun
방아쇠를 한번 당기고 있으면 여러 발의 탄환이 계속적으로, 고속으로 발사되는 소형화기로서, 방아쇠를 풀어주지 않거나 탄환이 다 고갈되지 않는한 탄환이 계속 발사된다. 기관총은 라이플용 탄환을 사용하는 반면, 자동권총(Machine pistol) 이나 소형(경)기관총(Submachine gun)은 권총용 탄환을 사용한다.

Machine pistol
자동권총. 전 자동으로 발사되며, 피스톨용 탄환을 사용하며, 짧은 총신을 가진 피스톨을 말한다.

Machine Rest
총의 정확도를 테스트하기 위해 일관성 있는 자세로 총을 안전하게 고정시키는 장치

Mag
Magazine (탄창)의 약자.

Magazine/clip
탄창. 권총 Frame에 고정되어 있거나 또는 분리될 수 있도록 되어 있으며, 스프링에 의해 약실로 튕겨들어갈 수 있도록 되어 있는 탄약포(통)를 붙들고 있는 용기.

Magazine
탄창. 약실에 들어갈 탄환을 붙잡고 있는 소형화기의 일부로써, 총으로부터 불리되는 것과 불리되지 않는것 두 종류가 있다. Clip과 다른 점이 있다면, 탄창은 스프링을 가지고 있다는 점이다.

Magazine loading
탄창에 탄환을 집어넣는 것.

Magnum
보통보다 큰 힘을 가지고 있는 무기나 탄약포를 칭하는 용어. 예를 들면, Smith & Wesson model 29.44 Magnum revolver와 같이 (같은 크기의 다른 탄약포보다) 더 고속 · 고압 장전

과, 더 무거운 발사체를 다룰 수 있는 현대식 탄약포(통)를 말하는, 일종의 마케팅 용어이다.

Make ready
사격준비 구령으로, 장전하고 눈과 귀 보호장비를 착용하라는 구령.

Malfunction
기능부전 · 고장. 총의 기능이 일부 작동하지 않는 경우를 말한다. 사격 시합에서 허용되는 Malfunction과 허용되지 않는 Malfunction이 있다. 허용되지 않는 경우는, 탄약장전을 잊어버렸거나, 탄창 삽입을 잊거나, 방아쇠를 충분히 당기지 않는 등 사수 자신의 잘못으로 인하여 생긴 경우이고, 허용되는 경우는 총의 결함, 탄약의 결함, 과녁의 결함등 사수가 통제할 수 없는 외부적 요인에 의한 경우이다. 이 경우에는 처음과 똑같은 조건하에서 재 발사가 허용된다(Jam 참조).

Marksman
명사수(참고, Sharpshooter, 1등 사수, Expert, 특등사수)

Marksmanship
사격술

Marksmanship Fundamentals
기초 사격술

Masked Target Drills
엄폐된 표적 대응

Maximum Point Blank Theory
장거리 초정밀 저격술

Methods of Reloading
재장전 방법

Mechanical breaching

돌입 작전의 원칙

Minute of angle(MOA)
분. 각도의 단위. 60분의 1도는 100야드당 1인치에 해당한다.

Misfire
불발. 방아쇠를 당겨도 발사되지 않는 것을 말한다. 원인은 탄약을 발화시키는 뇌관 불량이 많으나 총 자체에 기인하는 수도 있다.

Mindset of situational awareness and mental conditioning as applied to handgun use
권총 사용에 대한 실전적인 마음가짐

Miss
조준한 지점에 맞추지 못한 것

Mission planning
작전계획 수립

Modification / customization
총기 변형과 개조

Mozambique drill
모잠비크 사격훈련. Mozambique 사태 이후 Jeff Cooper가 붙인 이름으로, 그 당시 Mike Rouseau가 흉부에 2발을 쏜 뒤 머리에 1발을 쏴서 치명적인 위협에 종지부를 찍었었다. Mozambique 사격훈련은 가슴중앙에 2발을 빠르게 사격한 뒤, 이어서 머리를 향해 1발을 사격하는 것을 말한다.

Movement to breach
실내 돌입 시 움직임

Moving Targets
이동표적 사격

Multiple Targets
다중표적 사격
Muzzle
총구; 발사체가 빠져나가는 총포신의 맨 앞쪽 끝.

Muzzle brake
총을 발사할 때 생기는 반동이나 또는 총구가 위로 튀는 현상을 줄이기 위해 고안된 여러 가지 통기공으로 구성된 장치(Compensator 참조).

Muzzle Jump or Climb
총이 발사될때 총구가 위로 튀는 현상.

Muzzle–Loading gauging
표적지 중앙에서 가장 가까운 총구멍(Shot hole)의 중앙을 기준으로 점수를 매기는 방식. 이러한 방식은 여러 가지 다른 크기의 구경(Calibre)을 가진 총을 사용하는 사격 선수들 간에, 구경별로 따로 평가하는 방식을 따르지 않고, 똑같은 기준에서 공평하게 점수를 매길수 있다(Inward gauging 과 Outward gauging 참조).

N

Natural and improvised shooting positions
자연스러운, 즉흥적인 사격 자세

Non–Standard Response
위협이 제거될 때까지 사격하는 것

No Fire Line(NFL)
사격금지선

Nomenclature
용어설명

Night Vision/I.R. Sighting Devices
야간투시경과 적외선 레이저 표적지시 장비 활용

O

Opening
탄착군 간격

Open sight
눈금이 있는 후부 조준기. 경기용 라이플에는 마이크로 사이트(Micro sight)가 사용되고, 권총용에는 골짜기형의 오픈 사이트가 사용되지만, 대부분 상하 좌우로 눈금을 움직일 수 있게 되어 있다.

Over bore capacity
총신의 내강에 비해 추진제 용량이 과도하게 많은 탄약포를 말할 때 사용하는 용어. 이러한 경우에는, 총알의 속도는 높이지 못하면서 압력만을 높이는 결과를 초래한다.

Over pressure
총의 발사에 의해 생기는 공기압력의 급상승현상으로, 주로 흑색폭약을 사용하는 피스톨의 총구폭발 시 생기는데, 사수와 주위 사람들에 의해 자주 느끼게 된다.

Over-Travel
Hammer가 풀리는 시점이 지난 후에도, 방아쇠가 계속 후진하는 것을 뜻 한다. 과도한 후진은 방아쇠를 원상복귀(Reset) 하는 거리를 길게 하고, 결과적으로 방아쇠를 당기는 (집게) 손가락을 피곤하게 만든다. 특히 여러 발을 쏴야 하는 사격경기나 반자동 라이플을 사용할 때는 더욱 그렇다.

P

Parabellum

9㎜ 구경 권총용 탄약포를 의미한다. 어원은 "If you wish peace, prepare for war"를 의미하는 라틴어에서 유래했다.

Peep sight
피프 사이트. 조준할 때 앞쪽 가늠자를 뒤쪽 가늠자의 작은 구멍 중앙에 맞추는 방식으로 조준하는데, 이와 같이 작은 구멍을 가진 뒤쪽 가늠자를 말한다. 광학 조준기를 제외하고는 최고의 정밀도가 얻어지므로 경기용의 라이플에는 대부분 이 형식이 사용된다.

Penetrating power
관통력

Pepper popper
John Pepper가 창안한 강철로 된 표적으로, 사람과 모양과 크기가 비슷하게 만든 조립식 표적물로서, 충분한 타격을 받으면 아래로 낙하하게 고안되었으며, 수동으로 조작이 가능하여, 전술훈련에 적합하다.

Percussion
격발. 방아쇠를 당겨 탄약이 폭발하고 발사에 이르는 것. 이것은 순간적이지만 그 사이에 총이 정지하는 것이 중요한 요소가 된다.

Percussion cap
뇌관. 소형화기 발사를 위해 기폭약을 넣은 소형의 금속성 캡.

Pistol
피스톨. 일반적으로 말하면, 한 손으로 잡고 발사하는 짧은 총신을 가진 소형화기를 말하지만, 전통적인 의미로는 회전식 연발 권총(revolver)이 아닌 모든 권총(Handgun)을 피스톨(Pistol) 이라고 말한다. Pistol에는 self-loaders, manual repeaters, single-shots, double or multiple pistols, derringers 등이 있다.

Pistol grip
권총 손잡이

Point of aim
조준점

Point of impact
탄착점

Point shooting
가늠자 도움 없이 사격하는 것

Police Pistol 1(PP1)
25미터 떨어진, 사람 크기의 표적을 (재장전을 포함하여) 2분 안에 (6명으로 구성된 2구릅으로 나누어) 12발을 발사한 다음, 12미터 떨어진 표적을 5초 간격으로 2초마다 1발씩 쏴, 모두 12발을 사격하고, 다음으로는 10미터 떨어진 표적을 5초 간격으로 한 번에 2발씩 쏴, 모두 6발을 발사하는 사격 시합을 말한다. 따라서 전체적으로는 모두 30발을 쏘게 되며, 어떤 종류의 총 기능 이상도 인정되지 않는다.

Position(Shooting)
사격할 때의 사수의 자세. ISSF 규칙하에서는, 입사("서서 쏴" 사격자세, Standing position), 슬사("무릅쏴" 사격자세, Kneeling position), 복사("엎드려쏴" 사격자세, Prone position)의 세 가지 사격 자세가 있다. 그 이외에도 ISSF 규칙에는 없지만, 앉아서 하는 사격자세(Sitting position)와 장거리 라이플 사격에서 사용되는, 등을 땅에 대고 누워서 하는 사격 자세(Supine position)가 있다.

Positional Shooting Techniques
다양한 자세에서의 사격술

Power
대상물체의 Image가 망원경에 의해 확대되는 배수를 말한다. 예를 들면, 20X는 20배로 확대되는 것을 말하며 '20Power'라고 말한다.

Precision Rifle Courses
장거리 저격술

Precision Weapon System Nomenclature
정밀사격 저격총기에 관한 용어 설명

Precision shooting at night from various distances
저광량 환경에서 다양한 자세 저격술

Presentation Time and Set Time
강좌소개와 준비

Preparation period
준비시간. ISSF 공식경기에서 "Load (장전)"라는 구령이 내려지기 직전까지의 준비시간을 알리는 구령; 준비시간은, 완사의 경우는 10분, 속사의 경우는 3분이 주어진다. 이 구령이 내리기 전에는 절대로 총을 케이스에서 꺼내지 말아야 한다. 그러나 이 구령이 내려지면, 사대로 올라가서 사격장비들을 설치할수 있다. Dry firing(실탄장전 없이 하는 연습사격)도 할 수 있다.

Presentation
권총을 케이스에서 뽑아 표적을 겨누는 행동을 말하며, 통상적으로 'Draw' 또는 'Draw Stroke'라고 말한다.

Press check
일명 "Chamber check"이라고도 하며, 탄환을 장전한 후 약실내에 탄환이 있는지 여부를 재확인하는 것을 말하며, Action을 약간 열고 육안으로 보든가 또는 손으로 만져 보아 확인하는 방법이다.

Prioritizing Targets
표적식별과 제압 우선순위 설정

Primer
뇌관. 탄약포 케이스 기저에 부착되어 있는 고감도 폭파장치로서, 격침(firing pin)이 뇌관에 타격을 가하면 뇌관이 폭발하여 추진체를 점화시키게 된다.

Prone position
복사 자세. 엎드려 사격하는 자세. Prone position은 주로 라이플총을 사용할 때 사용하는 사격 자세이며, 팔꿈치로 몸의 상체를 받치고 엎드려 사격하는 자세를 말한다. 피스톨도 Prone 자세로 사격이 가능하나, 이 경우 목에 과도한 긴장이 생기며 두손을 모두 사용해야 하는 번거로움이 있다.

Proper grip
올바른 파지법

Proper gear selection and placement
적절한 장비선택과 장착

Proving safe
총에 탄환이 장전되지 않았다는 것을 증명하는 행동

Prone, Standing, and Kneeling, PSK, Three Positional(3P)
라이플총을 가지고 세 가지 사격자세로 실시하는 사격시합을 말하며, 국제대회의 경우 50미터 거리에서 모두 60발을 쏘되, 각 자세별로 20발씩 쏜다. 총은 0.22 rimfire calibre의 단발총을 사용한다.

R

Range
1. 사격장, 사격 연습장
2. 발사체가 총포에서 표적물까지 비행한 거리.

Range estimation
사격거리 추정 훈련

Range Commands
사격장 구령. 사격장 통제를 위해 사수들에게 내리는, 간략하고, 분명한 표준화된 구령으로서, Commence Fire(사격개시), Cease Fire(사격중지)와 같이 단순한 구령에서부터 상황에 따라 복잡한 구령도 있다(*별도 list of range commands 참조할 것).

Range Officer(RO)
사격장 통제관

Range Safety Certificate
사격장 운영에 대해 자세한 내용을 규정한 사격장 안전 증명서로서, 현장 답사후 군에서 발급해 주며(영국의 경우), 동 증명서 없이는 사격장 운영을 할 수 없다.

Ready position
준비자세. 권총 사격경기에서 Stage가 시작되기 직전에 사수가 취해야 할 자세로서, IPSC 경기에서는 두손을 편한하게 양옆에 내리고 서 있는 자세이며, 나머지 다른 경기에서는 두 손을 어깨높이 위로 올리고 서 있는 자세를 취한다. 이러한 준비자세는 사수가 사격준비가 되어 있음을 통제관에 알리는 신호이다.

Ready Positions
사격 준비자세

Reassembly
재조립

Rear sight
후부 조준기. 경기용 라이플에는 마이크로 사이트가 사용되고, 권총용에는 골짜기형의 오픈 사이트가 사용되지만, 그 어느 것이나 상하 좌우 움직일 수 있게 되어 있는 것이 많다.

Recoil Management
사격반동 조절

Receiver
리시버. 노리쇠 및 그 부속 금속기구로, 총신 및 다른 구성 부분과 연결되어 있는 소형화기 발사장치의 기본 구성단위. 1968년 미국총기관리법(Gun Control Act)에 의해 모든 리시버에는 일련번호를 붙이게 되어 있다.

Receiver group
총 몸뭉치

Recoil
반동. 1. 총의 발사 시 생기는 추진체 가스압력에 의해 생기는 후진운동. 2. 후진운동으로 생기는 총의 후진거리. 3. 일반적으로 Recoil을 "Kick"이라고도 한다.

Recoil spring
복좌용수철

Reduce reaction time
반응시간 단축

Reloading
1. 다시 사용하기 위해, 황동으로 만든 탄약포 케이스(brass cartrdge case) 속에 뇌관, 추진체, 총알 등을 다시 집어 넣는 행위를 말한다.
2. 탄환을 재장전 하는 것.

Reloading Tactically
전술적 탄창교환

Revolver
회전식 연발권총. 5~6발의 탄환을 장전할 수 있는 회전식 실린다를 가지고 있는 권총으로(서), 탄환이 발사되기 전에 총신과 일열로 정렬되는 약실 속으로 들어오게 된다. 실린다의 회전과 콕킹방식에 따라서 두 가지 타입의 Revolver가 있다(Double Action 과 Single Action: 사격용어 참조).

S

Safety
안전장치.
1. 탄약이 장전되어 있는 총이 불의의 사고로 발사되는 것을 방지하기 위해 발사장치의 일부 또는 전부를 잠그는 기계장치
2. 회전식 자동권총의 Frame 위에 있는 레버로 작동시키며, 격침 또는 발사장치의 움직임을 차단시켜, 안전사고로 발생할 수 있는 오발을 예방하기 위한 기계장치
3. 총기 안전장치에는 두 종류가 사용되고 있는데, 수동안전장치(Manual Safety)와 자동 안전장치(Automatic Safety)가 있다. 수동의 경우는 사람이 직접 잠그거나 풀어 주는 방식이고, 자동은 그러한 과정 없이 자동으로 잠기고 풀어지는 방식이다.
4. 자동안전장치의 예로, Grip을 꽉 쥐어야 방아쇠가 당겨지는 Grip Safety나, 방아쇠를 당겨야만 공이를 막고 있던 안전블럭이 내려가 공이가 움직일 수 있는 공이 안전장치를 들 수 있다.

Safe use of Firearms
개인화기 안전수칙

Safety Envelope
사격안전구역. 사수권총의 총구(Muzzle)와 사수 전면 수평선에서 45°로 내려와 지상과 만난 지점이 만든 선과, (표적판 뒤에 있는) Backstop 위의 (맨 위를 넘어가지 않는) 임의의 지점과의 사이에 형성된 공간으로, 이 공간 안에서만 안전한 사격이 허용되며, 이 공간을 벗어나는 사격은 위험하며, 금지되어 있다.

Safety measure
안전장치

Safety measures
안전수칙

Semi-automatic
반자동 소형화기. 폭팔하는 탄약포의 힘의 일부를 이용해 탄피를 추출하고, 다음에 발사할

탄환을 약실에 넣어 주게 된다. 그러나 한 발 쏠 때마다 방아쇠를 당겨야 하는 구조로 되어 있다.

Semolina
마카로니를 만드는 데 사용하는 상등질의 밀가루로 주로 흑색폭약의 충전제로 사용되며, 썩어서 환경에 잘 흡수되는 성질을 가지고 있기 때문에 야외 사격장에서 사용하기에 적당하다.

Shooting angle
사격 각도

Shooting on the Move
이동 간 사격

Shooting Scenarios
시나리오 사격, 상황가정 사격훈련

Shooting from vehicles
차량에서의 사격

Shooting positions
사격 자세. 서서 쏘기(Standing), 앉아 쏘기(Kneeling), 엎드려 쏘기(Prone)의 3종류의 사격자세. 경기는 동일 자세로 행하여지며, 3자세 종합과 각 자세로 실시된다. 서서 쏴는 양팔만으로 총을 지지하고 선 자세, 앉아 쏴(무릎 쏴)는 양팔로 총을 지지하여 한쪽 무릎을 세우고 다른 쪽 무릎을 충분히 구부려서 지면에 붙이고, 세운 한쪽 무릎에 한쪽 팔꿈치를 얹은 자세, 엎드려 쏘기는 지면에 배를 대고 양 팔꿈치를 바닥 위에 붙여 양팔만으로 총을 지지하는 자세, 또 앉아 쏘기와 엎드려 쏘기의 양 자세만 슬링의 사용이 허가된다.

Shotgun
산탄총. 어깨에 대고 발사하는 총으로 한 번에 여러 개의 발사물이 동시에 발사되도록 고안된 총으로, 움직이는 목표물을 쉽게 맞출 수 있다. 산탄에는 두 가지 종류가 있는데, 하나는 Birdshot으로 주로 새를 사냥하는 데 사용되고, 다른 하나는 Buckshot으로 사슴 정도 크기의 사냥감의 사냥 또는 대인 살상용으로 사용된다.

Sight
가늠쇠 · 조준경; 목표 대상물을 조준하는 데 도움을 주기 위해 총에 부착한 장치로 (망원 조준기가 아닌 경우는) 두 개의 가늠쇠로 나뉘어 있는데, 앞에 있는 가늠쇠는 총구 위에 있고 나머지 가늠쇠는 가능한 한 총신의 맨 뒤쪽에 있다(telescopic sight 참조).

Sight Management
조준장치 조작법

Sight a gun
영점조준

Sighting practice
조준연습

Single Action(SA)
단동식 · 싱글액션. Revolver의 방아쇠를 당기면 한 발만 발사되고, 다시 발사하려면, 공이치기를 다시 수동으로 세워야 하는, 즉, 발사할 때마다 수동으로 공이치기를 세워야 하는 단동식 구조를 말한다. 이와 같이 방아쇠를 당기면 공이치기가 풀어진다는 한 가지 작동만 하는 구조 때문에 'Single Action'이라는 이름이 붙었다(Double Action 참조).

Situation specific shooting positions
다양한 실전상황에 대응한 사격자세

Slack
(총포의) 방아쇠를 당길 때, 팽팽한 저항이 느껴질 때까지의 방아쇠가 후진한 거리를 말한다. 2단계로 구성되어 있는 방아쇠의 경우, 1단계를 구성하는 것이 Slack이다.

Slide
권총의 총신후미, Frame의 윗쪽에 위치하고 있으며, 총신과 노리쇠 그리고 Action과 연계되어 있어, 발사 시 생기는 반동후진 과정에서 Frame 위에 위치한 track을 따라서 앞뒤로 움직임으로써, 약실 안으로 탄환의 장전, 발사, 발사 후 탄피의 방출 그리고 재장전을 하는 데 중요한 역할을 한다. 자동으로 장전되는 권총의 경우, Slide가 총신을 감싸고 있는 형태도 있고, 반대로 Slide가 Frame 안으로 들어가 있는 형태도 있다.

Slide-action
(소총, 산탄총의 경우) 슬라이드 액션의; 레버를 뒤쪽으로 당겼다가 앞으로 밀면, 탄피가 튀어나오고, 공이치기가 재켜지며, 다음 탄환이 새로 장전된다.

Sling
멜빵: 슬사(무릎 쏴) 및 복사(엎드려 쏴) 시에 총을 지지하는데 사용되는 가죽, 나이론 벨트, 좌상박과 총상 앞부분을 연결하여 팔꿈치와 3각형을 만들면, 총의 지지가 극히 안정해진다.

Sling us, mounting from a slung position
총기 멜빵 사용법

Slow fire
완사. (시간 제한이 없는) 정밀사격.

Smallarm
발사할 때 한손으로 쥐고 발사하는 총을 말한다.

Smooth trigger
Smooth trigger 는 Gritty trigger와는 반대로, 방아쇠를 뒤로 당길 때 저항정도가 지속적으로 증가하며, 마치 매끄럽고 기름친 두 개의 금속조각이 서로 가로지르는 느낌을 준다. Smooth trigger는 "Stack" 하지 않는다.

Softpoint
총알 끝에 납이 노출되어 있는 형태의 총알을 말하는데, 이러한 총알은 목표에 명중됐을 때 그 충격으로 변형되어 좀 더 많은 피해를 목표물에 주게 된다. 사냥용으로 고안된 대부분의 총알이 softpoint이다.

Solvent
화약 잔유물을 용해하는 데 사용하는 액체로서, 총을 닦는 데 사용된다.

Support Side Shooting
좌우수 변환사격

Speed reloads
신속 재장전

Spotter
1. 탄착 감시병. 사격장에서 사수 옆에 서서 표적에 대하여 어느 지점에 탄착하였는지를 판정하는 사람, 또는 (특히 장거리 사격에서) 사격의 정확성을 기록하고 바람조건 등에 관해서 조언하는 조언자 겸 감시자.
2. 시점판. 소총사격 훈련에서 조준점을 분명히 표시하기 위해 표적에 붙인 검은 소형의 금속원반 (small black disc).

Spotting Scope
탄착점 확인기. 표적의 탄흔을 관측하여 탄착과 대체적인 점수 등을 알기 위해 사용하는 망원경. 배율은 10−30배 정도.

Static Turns
안정적인 돌아서 쏴

Stock
총의 개머리. 기본적으로 총을 잡는 손잡이로서, 발사장치 및 부속품들이 stock에 탑재되어 있거나 붙어 있으며, 재료는 나무, 섬유유리, 플라스틱, 고무 등으로 되어 있다.

Strong and weak hand shooting
좌우수 변환사격

Strong and weak hand shooting while both stationary and on the move
좌우수변환 사격과 이동 간 사격

Stress Course
스트레스 사격

Striker
Hammer가 없는 권총의 겨우, Striker는 Hammer에 의해서 작동되는 권총의 주요 부품인 Hammer와 Firing Pin을 대체하고있다. 이 Striker는 Chamber 속에 들어 있는 탄약포의 뇌관을 때리는 원통형 부품으로, 이 부품은 직선으로 움직이며 스프링에 의해서 장전된다.

Strip & Assemble
분해 조립

Stoppage Clearances
기능고장 처리

Sub-machinegun
경(소형)기관총; 어깨에 대고 발사하며, 피스톨 탄약포를 사용하며, 자동발사가 된다.

S&W
1850년대 이후 회전식 권총과 소형화기(라이플, 권총등)를 제조하고 있는 유명 미국회사 Smith & Wesson의 약자. S&W가 처음으로 Breechloading revolver를 상용화하였다.

Swiss
최고급등급의 흑색화약으로, FFFFg 등급보다 높으며, 주로 총구 장전식총의 뇌관으로 사용한다.

T

Tectical presidente(Tectical pres)
El Presidente 사격방식의 문제점에 대한 전술적 해결책으로 고안된 사격방식이다. 서로 1야드씩 떨어져 있는 3개의 표적을 10야드 떨어진 거리에서 사격을 하되, 사수는 양손을 양옆에 붙이고, 총은 케이스에 넣은 상태에서, 얼굴은 표적 반대방향으로 돌린 상태에서 사격을 시작한다. 구령과 동시에 사수는 얼굴을 돌리고, 2개의 표적 중앙에 대해서 각각 1발씩 쏘고, 세 번째 표적중앙에 대해서 2발을 쏘고 나서, 처음에 쏘았던 2개 동일 표적의 머리 부분에 대해서 각각 1발씩 사격한다. 따라서 연속사격은 'one-one-two-head-head'의 형식이 된다. 재장전은 하지 않으며, 표준시간은 5초와 30점이다(El Presidente 참조).

Telescopic Sight Theory and Operation
스코프 사용법과 이론

Terminal ballistics
탄도학

Target Priority
표적 제압순위 선정

Tactical reload
총의 탄약의 일부가 소진되었을 경우. 탄환을 가득 재장전시키는 것으로, 이러한 전술적 재장전은 전투가 소강상태에 들어갔거나 또는 종결되었을 경우에 행한다.

Threat assessment
표적의 위협 정도 평가

Transitioning to the Pistol
무장교환

Trigger
방아쇠. 손가락으로 압력을 주었을 때 다른 기계장치를 풀어 주어 총이 발사되도록 하는 기계장치.

Trigger control
방아쇠 조정

Trigger guard
방아쇠울. 방아쇠의 둘레를 감싸고 있는 안전장치로서, 사격 시 Trigger의 안전과 보호기능을 제공한다.

Trigger weight
발사하기 위해 방아쇠에 가해지는 힘. 통상 공이치기를 후진시켰을 때는 2kg이며, Double-action pistol의 공이치기를 후진시켰을 때는 5~8kg 정도의 힘이 가해져야 한다.

Training Speed & Efficiency
신속 효율적 사격능력 향상과정

Turns and Pivots
뒤돌아 사격과 회전축 활용

Two person tactics
2인 1조 훈련

Two person entry
2인 1조 돌입훈련

U

Use of Cover
엄폐물 사용법

Up to 1200 yards shooting
1000미터 이상 거리 사격

Use of modern combat optics
현대의 총기 광학장비 사용법

Using vehicles and barriers for cover
차량과 엄폐물을 사용한 사격술

Utilizing night vision

야간투시경 활용법

Unload
탄환제거. 총으로부터 모든 탄환을 제거하라는 구령으로, 이어서 탄창과 약실이 비어 있음을 눈과 손으로 확인하는 절차가 따른다.

Unloaded firearm
탄환이 제거된 총. 약실이나 탄창속에 탄약포(탄환)가 제거된 총을 말한다.

Unlocking
림작용. 총알이 발사된 후 가스의 힘에 의해 노리쇠 뭉치가 후퇴하는데, 이것은 약실에 결합되어 있는 노리쇠 선단의 톱니모양의 돌출부가 역회전하면서 풀려나는 것이다.
탄두(총알)가 발사된 후에는 가스통으로 유입된 추진가스의 일부가 가스 활대를 뒤로 밀게 되고, 이때 가스 활대는 노리쇠뭉치를 후퇴시킨다. 이때 노리쇠 뭉치가 후퇴하면서 약실에 결합되어 있는 노리쇠 선단의 톱니모양의 돌출부가 역회전하면서 풀리는 기능이다. 소총의 기능순환 8단계(송탄, 장전, 잠김, 발사, 풀림, 추출, 방출, 공이치기 잠김작용) 중 5단계에 해당한다.

V

Various firing positions and actions for each
다양한 사격자세

W

Weaver stance
두손을 사용하여 권총을 조준 및 사격하는 방식으로, Jack Weaver가 개발한 것이다.

Weapon retention
총기 피탈방지

Weapon Set-Up and Accessories
총기, 스코프, 액세서리 올바른 장착

Z

Zero in
영점조준. 시사(시험사격)를 하면서 조준기를 조정해서 탄착점을 표적의 중심으로 가져가는 것으로, 특정한 거리에서 대여섯 번에 걸친 시험발사 결과를 가지고 영점조준을 한다.

Zero Distance Shooting & Weapon Retention
초근접거리 사격, 총기피탈 방지

Zeroing the carbine and Combat Checks
영점조절과 무기 확인법

Zones of fire
피탄 지점